本书受司法部法治建设与法学理论研究部级青年科研项目的资助

《南台旧闻》校证

（清）黄叔璥◎辑　夏婷婷◎校证

知识产权出版社

全国百佳图书出版单位

——北京——

图书在版编目（CIP）数据

《南台旧闻》校证／（清）黄叔璥辑；夏婷婷校证. —北京：知识产权出版社，2025.5
ISBN 978－7－5130－8585－4

Ⅰ. ①南…　Ⅱ. ①黄…②夏…　Ⅲ. ①监察—研究—中国—古代　Ⅳ. ①D691.49

中国国家版本馆 CIP 数据核字（2023）第 000909 号

责任编辑：秦金萍		责任校对：谷　洋	
封面设计：杰意飞扬·张悦		责任印制：孙婷婷	

《南台旧闻》校证

（清）黄叔璥　辑

夏婷婷　校证

出版发行：**知识产权出版社**有限责任公司		网　　址：http://www.ipph.cn	
社　　址：北京市海淀区气象路 50 号院		邮　　编：100081	
责编电话：010－82000860 转 8367		责编邮箱：1195021383@qq.com	
发行电话：010－82000860 转 8101/8102		发行传真：010－82000893/82005070/82000270	
印　　刷：北京建宏印刷有限公司		经　　销：新华书店、各大网上书店及相关专业书店	
开　　本：720mm×1000mm　1/16		印　　张：19.25	
版　　次：2025 年 5 月第 1 版		印　　次：2025 年 5 月第 1 次印刷	
字　　数：264 千字		定　　价：78.00 元	

ISBN 978－7－5130－8585－4

前言

　　纵观历史，我国很早就形成了世界法制史上独树一帜的中华法系，积淀了丰厚的法律文化，其中监察文化存续的时间久远，形成了独具特色的监察制度、监察法规和监察群体。元代以前制定的监察法以及记载监察制度的典籍多已散佚，虽然我们可以从《唐六典》《通典》《唐会要》《册府元龟》《宋会要辑稿》等各类史籍中寻找查阅，但海量的史料还是给查阅工作带来了诸多不便。

　　《南台旧闻》是清代人黄叔璥所辑，成书于1739年前后，是一部系统地介绍中国古代监察制度的重要文献。该书的优点在于其将秦汉至元明的有关中国古代监察制度的史料囊括其中，为我们研究古代监察制度提供了资料来源和理论源泉。黄叔璥从200余种文献中系统地归类整理了从秦汉到明代有关监察制度、监察人物、监察故事等的各类记载，全书共分13门，共计16卷，分别为提纲一、提纲二、提纲三、宪署、建置、官仪、职任、差判、谠论、切谏、弹劾、按录、风节、鉴戒、杂录上、杂录下。《南台旧闻》一书不仅体例完整、内容详实，黄书璥还对每一选取之事都注明了出处，这为我们的研究提供了重要的引申资料源。

　　随着2018年我国监察委员会的成立，关于中国古代监察文化的研究成为理论发展的重点，无论是学界还是司法实务界都急需有关监察制度的系统资料。值此之际，对《南台旧闻》一书的校证和出版工作尤为必要。故而，在本次校证过程中，一方面是对《南台旧闻》进行句读、繁易简的基础校对工作，另一方面是对作者所摘内容与原始材料不同之处加以解释说明。《〈南台旧闻〉校证》一书的出版，不但可以为研究古代监察文化的法律学者提供史料支持，也可以为我国司法、监察工作人员提供丰富的监察经验。同时，该书的出版亦以传承、弘扬中国古代优秀监察文化为目标，为当今的监察文化建设助力。

《〈南台旧闻〉校证》一书能够顺利付梓出版，首先，要特别感谢恩师沈阳师范大学特聘教授霍存福先生在选题上的指引和研究资料上的帮助；其次，要感谢沈阳师范大学法学院各位领导对该书出版工作给予的大力支持；再次，要感谢沈阳师范大学法学院硕士研究生徐诗雨、高斯两位同学所完成的初录工作，以及辽宁大学博士研究生万文杰同学对原始文献寻找所付出的努力和贡献；最后，感谢司法部"法治建设与法学理论研究"科研项目所给予的资助。另外，在这次整理校对工作中，还得到了许多亲友、同人的无私帮助和支持，在此，我一并向他们表达我最诚挚的谢意和真诚的祝福。

因本人水平有限，本次校对工作难免存在一些遗漏和错误，还请各位读者批评指正。

凡例

一、本次整理勘校的《南台旧闻》所用底本为清乾隆刊本。

二、本次整理主要使用的通校本，如纪传类、编年类、纪事本末类等，以中华书局相关校对版为主要参考对象，当具体内容、文字有较大出入时，则寻底本对照。

三、保留《南台旧闻》的基本写作体例，但将原有的竖排行文格式调整为横排格式，将繁体字转化为简体字。凡涉及人名、地点等具有指称意义的文字，予以保留处理。

四、《南台旧闻》在每条之后都附有出处，但索引较为简略，如后附《后汉书》《唐书》等方向性资料来源并无指明具体出处。故本次勘校将原有出处做进一步细化，并基于不同古籍资料的特点，具体到册、卷、条进行标注。

五、原书辑者黄叔璥在征引之余有所引申论述，为与征引文字相区分，校证者以仿宋字体作标记。

六、《南台旧闻》索引如已散佚或寻而不得，则将索引文献以楷体字形作为提示。

七、文中出现的注释或需要注释加以说明的，用"（ ）"小字的方式呈现，如《通典》《唐六典》中原文小字双行，均改为小字单行，并用

"（ ）"加以界定；对索引古籍，如已散佚或孤本不能使用，但在其他史料中亦可寻得，则用"（另见）""（参见）"小字的方式在文末标明。

八、对《南台旧闻》中出现的漏字情况使用"［ ］"加以补充，如"御史大夫［壁］记"；为使行文更加流畅，须加入原文中的文字，同样使用"［ ］"，如"程钜夫拜侍御史，［行］御史台［事］"。

九、《南台旧闻》的字、词、句如与原文有异，则使用"□［ ］"的方式进行调整，其中有避讳字，如"崇正［祯］""元［玄］宗"；有错字、误字，如"时［持］""神［押］""辨［辩］"；有因版本不同，如"梁冀骄慢［暴］不悛"。

十、对照原文，将原书辑者黄叔璥添入的字、词使用"【 】"加以提示，如"分遣使者问海内【所】患苦""安石大喜，立荐【召】对"，其中"所""召"即为添入字。

十一、《南台旧闻》中出现的讹误，如索引错误、行文书写讹串等情况，用注释的方式加以解释。但涉及文献的引用情况，仅以能清楚地说明问题为限，不以广征博引为能。

十二、本次勘校，仅做客观辨识，不予主观评价。

目录

南台旧闻·陈序

　　古之仕者，心敬其官，官宿其业，而修其方。精能之至，夐入乎神，五行可分而主，神龙可豢而扰。司马、司空，仓庾之属，咸世其官，以为姓氏，非若后世，迁除更代，传舍其署也。降及春秋，其风未改，晋悼公使为太傅者，修范武子之法；为司空者，修士芴之法。是故古之仕者难而易任之专也，后之仕者易而难责之备也。汉以来，职掌繁重，体势轩揭，表里百司，干维攸系，莫过于御史台。北平黄玉圃先生任御史，精白一心，恪居官次，退食之暇，必稽于彝训，而咨于故实，于是有《南台旧闻》之纂。祖范以通家末契得受而读之，读竟作而言曰："有虞命官尚矣！"《周书·立政》篇首，文极奥奇，周公稽首而告，启其端未发也，在廷咸戒于王，不过只诵官名，不益一语，公即继以叹美，"知恤"两字义蕴无穷，何简妙若此。至于周官冢宰一职，挈要提纲，包络巨细，朱子所谓从圣人广大心中流出者，又极其详密，兹编可谓详矣。详而不芜，体要兼该，前八卷"建官命职"之源流也，后八卷"居官奉职"之轨迹也。身为监察，上志提纲，明有统也。官之低昂添省，职之分并重轻，惟上所令，代有不同。至于顾名思义，以"守道为守官，前哲"之话言行事，炳炳烺烺，古今一揆也；易是辙而足为永戒者，亦古今一揆也。先生学古入官典，常作师箴，是编网罗往代，未载本朝。

　　盖以国家令甲藏诸册府，布在有司，较若画一。非如往代传闻异词，数典易忘，待考信而诠次也。且是编用以褆躬而率人，所谓"宿其业，修其方"者，非以为当世得失之林也。故目曰旧闻云尔，不遗梼昧，属为校雠且序其端。范也何敢为序，辞不获已，聊托于子政、子固校书皆序之之例而作序，亦无嫌进越焉。

常熟陈祖范①拜撰

---

① 陈祖范，清史有传。据《清史稿》卷四百八十《陈祖范传》载，陈祖范，字亦韩，常熟人。雍正元年举人，其秋礼部中式，以病不与殿试。居数年，诏天下设书院以教士，大吏争延为师，训课有法。荐举经学，祖范襃然居首。乾隆十八年，卒于家，年七十有九。所撰述有《经咫》一卷，膺荐时录呈御览。文集四卷，诗集四卷，掌录二卷。

南台旧闻·自序

　　《周官》御史为太史之属，掌受冢宰之成法著令，而布之邦国都鄙。职任甚轻，故其下属史至百二十人，以所司惟赞书也。至汉寖重，迨唐贞观元年制谏官，随宰相入阁议事，然后其重与公卿相倚。朱子谓太宗所以致治之根源端由于此。唐以后，任是职者，多自矜奋，以不能其官为耻。余以非材，滥与兹选。又奉简命，巡视台湾，大惧陨越，每览篇籍，凡事关职任、前贤风节可为后世表仪，及枉道徇私、垢污在人齿颊者，辄默识焉以自镜。又念自唐杜易简至前明刘宗周，纪御史台事以为法戒者，无虑数十家而久之，皆凋零磨灭，间有存者，购索甚难。

　　本朝董正治官，列圣明目达聪，诸前辈，谠论嘉猷科抄始出，为海内传诵者不少，而余所闻见多阙。乃按前史，附以所闻知，分为十三类，存其崖略，观省之余，兼与二三同志交相砥砺，至于旁搜博采，备辑章疏，以继历代名臣奏议之后，则博雅君子当别有撰录，非寡昧者所能任也。唐分台职为二，以中书省为西台，御史台为南台，故今所述名曰"南台旧闻"云。①

---

　　① "南台"之名，《四库全书总目》中认为语出王士祯《分甘余话》之语，"今都察院可称南台，不可称西台"，但时任监察御史的黄叔璥自有解释，依据唐制，台分二职，其中中书省为西台，御史台为南台。

　　康熙壬寅初秋，中宪大夫巡察福建、台湾、湖广道监察御史，内升正四品黄叔璥①识。

---

　　① 黄叔璥，清史有传。据《清史稿》卷六十七《黄叔璥传》载，黄叔璥，字玉圃，顺天大兴人。康熙四十八年进士，由户部主事，迁吏部员外郎。以荐擢御史，巡视东城。六十年，台湾乱甫定，上择台臣廉静有才识者往巡视，特遣叔璥。眼考其地攻守、险隘、控制机宜，著《台海使槎录》八卷。雍正初，任满，世宗命以行事告后任，因列海疆十要。既还，或以蛮语中之，遂落职。乾隆初，起河南开归道，调驿盐道。性至孝，以不获迎养作《思归图》以见志。寻以母忧归，服除，补江南常镇扬道，以老致仕。家居七年卒，年七十七。他著有《近思录集注》、《慎终约篇》、《既倦录》、《南台旧闻》（十六卷）、《南征纪程》（一卷）、《中州金石考》（八卷）。

南台旧闻·凡例

《南台旧闻》为监察御史而志也。故事，台无长官，弹劾不相关白，是编当从监察始然，而御史台，表正纪纲。阙之，则事体不备，志提纲。

古御史大夫即今左右都御史，中丞即今左右副佥都御史。《通典》"治书侍御史"，旧御史中丞，因附中丞之后，皆宪长也。其居官事迹卓然可纪者，分附提纲之后，为台官表式焉。

官署异名：曰"府"、曰"台"、曰"院"、曰"寺"。所谓三院、五院者，皆布列于御史台，中无可分也。次宪署。

御史位亚于大夫、中丞，风纪之任则同。隋始置。监察，代有沿革，然检校之职、宪旅之司皆兰台也。唐有台院，侍御史隶焉；殿院，殿中侍御史隶焉；察院，监察御史隶焉。今并其二于察院，则侍御史、殿中侍御史宜并录也。次建置。

《狐裘》表万民之望，《大车》儆淫佚之思，仪之效也。獬冠绛帻，八印三驺，体莫崇焉。然风裁峻整之目，单骑不损重，笼街不加威。次官仪。

官或要而不雄，或雄而匪要。御史则雄要兼之，所以仪型百僚，为耳目纪纲之司，其何以克称厥职。次职任。

监察所掌实繁且剧，国有大政，集阙廷预议。内而狱讼敕下，台推案有故出入，会法司理辨之；外而纠绳四方，与夫督学、监纪、边屯、河漕、盐茶之属，非止一事。次差判。

犯颜廷诤以补衮职，锄奸诘慝以清周行，白简青蒲，鹰鹯搏击，可敬可慕之迹，班班可考。则谠论切谏弹劾，宜连类而志。

乘传而出，衔命而入，澄清矜恤，多所平反，纾九重之忧劳，培万姓之命脉，斯无忝五术六察之任。次按录。

危言正论，倜傥非常之人所树立也。而丰裁峻整，实始基之，一旦临大节，百折不挠，伏铁质而不辞，节概凛然，于今为烈。次风节。

旁搜博采，遇有异事可传，一行可表，不忍弃遗，恨多放失。又或书及先世，知贻谋之有由，事属后昆，见清芬之勿替。凡以申仰止，非徒备谈资也。以杂录终焉。

兹编所载前明事实，从前杂取稗官野史，毁誉失真。乾隆四年，《明史》成，悉为改订，庶可信，今传后。

南台旧闻 · 目录

鉴定

桐城方　苞望溪

宜黄邹　山少水

常熟陈祖范亦韩

参校

门人高从龙云墀

侄　千人证孙　元铎振路　元帱容万　登贤云门

男　守谦若谷

南台旧闻·卷一

北平黄叔璥玉圃辑

提纲一

御史台　都察院

御史掌邦国都鄙及万民之治令，以赞冢宰。凡治者受法令焉。掌赞书。《周礼·春官》

吴氏曰："内史书王命，外史书外令。"御史为二官之属，则赞二官之书。魏氏曰："御史所赞冢宰治令，书写藏其副。"

琼山邱氏曰："御史之名始见于此，然其所职者乃邦国都鄙之治令，以赞冢宰者也，汉因秦制而设此官，则专以司纠察之任，名虽同而制则异矣。"①

御史之名，《周官》有之，[盖]掌赞书而授法令，[非今任也]。战国时亦有御史，秦赵渑池之会，各命书其事。又淳于髡谓齐王曰："御史在

───────────────

　　① 吴氏此言还出自清人李光坡所著《周礼述注》。其内容为："吴氏曰：内史书王命，外史书外令，御史为之属，则赞二官之书。"据《周礼述注》的说明，"吴氏"应为元代吴澄，字幼清，又通过《周礼述注》推断"魏氏"疑为明代魏校，字子才，"琼山邱氏"则为《大学衍义补》的作者邱浚，魏氏所言仅见《南台旧闻》，邱浚所言又见《大学衍义补》。

前[后]，① 则皆记事之职也，至秦汉，为纠察之任。"《通典·职官六》"御史台"

《杜周传》常与两府及廷尉分章。如淳曰："两府，丞相、御史府也。又郡吏大府举之廷尉。"师古曰："大府，丞相、御史之府也。"② 《汉书·杜周传》颜师古注

金吾，车辐棒也，以铜为之，黄金涂两末，御史大夫、司隶校尉得执焉。《古今注·棒一》

汉官尚书为中台，御史为宪台，谒者为外台，是谓三台。自汉罢御史大夫，而宪台犹置，以丞为台主。③《晋书·职官志》

梁及后魏、北齐谓之南台。北齐王高澄用崔暹为御史中尉，宋游道为尚书左丞，谓之曰："卿一人处南台，一人处北省，当使天下肃然。"亦曰："霜台。"④《潜确类书》卷五十七"御史府总"

梁武官班多同宋齐之旧，御史台掌纠察弹劾。中丞一人、治书侍御史二人、侍御史八人，殿中侍御史、检校御史各十二人。炀帝三年，增置谒者、司隶二台，并御史为三台。《隋书·百官志下》

御史为风霜之任，弹纠不法，百僚震恐，官之雄峻，莫之比焉。旧制但闻风弹事，提纲而已。其鞫案禁系，则委之大理。贞观末，御史中丞李乾祐以囚自大理来往，滋其奸［故］，又案事入法，多为大理所反，乃奏于台中置东西二狱，以自系劾。开元中，大夫崔隐甫复奏罢之。其后罕有

---

① "御史在前"还是"御史在后"，恐多有误置。中华书局 1988 年版《通典·职官六》"御史台"中记载为"御史在后"。另据《通典》此处的校勘记看，《史记·滑稽列传》"后"原讹"前"，应当是"御史在后"。《史记·滑稽列传》载淳于髡所言为："赐酒大王之前，执法在傍，御史在后……"而《通典》中还有"执法御史在前后"，是出自《后汉书》。

② 据《汉书·杜周传》注原文载，孟康曰："举之廷尉，以章劾付廷尉治之也。"师古曰："孟说非也。举，皆也。言郡吏大府狱事皆归廷尉也。大府，丞相、御史之府也。"

③ 此段出于《初学记》，唐人徐坚《初学记》卷十二《御史大夫》引谢灵运《晋》的内容，因此《南台旧闻》标注此段出自《晋书》。

④ 此条见于《潜确类书》，但除"亦曰：'霜台'"为《潜确类书》所增添，其余部分皆见于《通典》。

风闻［闻风］弹举之事，多受词讼，推覆理尽，而［然］后弹之。将有弹奏，［则］先牒监门禁止，勿许其入。武［太］后时，改［御史台为肃正台］，［凡］置左右肃政二台，别置大夫、中丞各一人，侍御史、殿中、监察各二十人。（又置肃政台使六人，受俸于本台，略与御史同，寻罢。）左以察朝廷，右以澄郡县。龙朔［神龙］以后，去肃政之名，但为左右御史台。太极初，窦怀贞表请依贞观故事，遂废右台，而本御史台官复旧，废台之官并隶焉。大夫一人、中丞二人、侍御史四人、殿中侍御史六人、监察御史十人、主簿一人。内供奉、里行者各如正员之半。《通典·职官六》"御史台"

员数、品从唐制：［御史］大夫正三品。①（《百官志》一员，《六典》二员。）中丞二员。（《百官志》正四品，《六典》正五品。）侍御史。（《百官志》六员，从六；《六典》四员，正六。）殿中侍御史，从七。（《百官志》九员，《六典》六员。）监察御史，正六。（《百官志》十五员，《六典》十员。）②《乌台笔补牒呈》"员数品从"

唐三省举纲维，御史台肃庶僚。《广治平略》卷十二"官制篇"

唐以门下省为东台，中书省为西台，尚书省为文昌台，而以御史台为南台。故今都察院可称南台，不可称西台。惟唐人称李栖筠为李西台；宋人称李建中为李西台。按建中以分司西京，犹近理；栖筠官御史大夫而呼西台，则不可解矣。《分甘余话》卷四"南台故事"

御史台事总朝纲，职司天宪。《五代会要·御史台》

御史台掌纠察官邪，肃正纲纪。大事则廷办，小事则奏弹。其属有三院，③凡祭祀、朝会，则率其属正百官之班序。《宋史·职官志四》

---

① "大夫"，弘治本、荟要本同元刊明补本；四库本作"御史大夫"。

② 此条中所言《百官志》确切为《新唐书·百官志三》，《六典》为《唐六典》。对校中华书局1975年版《新唐书·百官志》，侍御史为从六品下，殿中侍御史为从七品下，监察御史为正八品下。

③ 《宋史》中关于三院，后有"一曰台院，侍御史隶焉；二曰殿院，殿中侍御史隶焉；三曰察院，监察御史隶焉"的表述，在此条中略去。

宋仍唐制，［有三院。大夫无正员，］止为兼官。中丞除正员外或带他官者，尚书则曰某官兼御史中丞，丞、郎则曰御史中丞兼某官，给事中、谏议则曰某官权御史中丞事。次有知杂御史一员，副中丞判台事。元丰三年，李定请复六察，于是以御史专领六察。其后大正官名，不除大夫，检校官带宪衔者亦除去。以中丞为长，知杂御史为侍御史，言事官为殿中侍御史，六察官为监察御史。旧以中丞兼 检理 ［理检］使，殿中侍御史兼左、右巡使，监察御史兼监 察 ［祭］使，至是使名悉罢。《文献通考·职官考七》

治平元年闰五月，诏御史台（合）门十日，一具细书班簿以进。自今大书为册，月上之。《乌台笔补牒呈》"班簿例"

石介曰："君有佚豫失德，悖乱忘道，荒政咈谏，废忠慢贤，御史府得以谏责之；相有依违顺旨，蔽上罔下，贪宠忘谏，专福作威，御史府得以纠绳之；将有凶悍（《徂徕石先生文集》为"骄悍"）不顺，恃武肆害、玩兵弃战，暴刑毒民，御史府得以弹劾之。君，至尊也，相与将，至贵也，且得谏责纠之，余可知矣。"《徂徕石先生文集·上孔中丞书》①

御史台，太宗会同元年置。御史大夫、御史中丞、侍御。会同九年，见御史大夫耶律 斛 ［解］里。重熙七年，见南面侍御壮骨里。《辽史·百官志三》②

御史台，登闻检院隶焉。御史大夫，［从二品，］掌纠察朝仪、弹劾官邪、勘鞫官府公事。凡内外刑狱所属理断不当，有陈诉者，付台治之。御史中丞，［从三品，］贰大夫。侍御史二员，［从五品。］掌奏事、判台事。治书侍御史二员，［从六品，掌同侍御史。］殿中侍御史二员，［正七品，］每遇朝对立于龙墀之下，专劾朝者仪矩。凡百僚假告事具奏目进呈。监察

---

① 《南台旧闻》并未对此条出处进行说明，查得此条出自宋人石介的《徂徕石先生文集·上孔中丞书》。

② 据《辽史》所载，此段为"御史台。太宗会同元年置。御史大夫。会同九年见御史大夫耶律解里。御史中丞。侍御。重熙七年见南面侍御壮骨里"。

御史十二员，［正七品，］掌纠察内外非违、刷磨诸司察帐并监祭礼及出使之事。《金史·百官志一》

金制，大夫一员，从二。中丞一员，从三。侍御史二员，从五。治书侍御史二员，从六。殿中侍御史二员，正七；监察御史十二员，正七。《乌台笔补牒呈》"员数品从"

张雄飞 奏 ［对曰］："古有御史台，为天子耳目，凡政事得失，民间疾苦，皆得言；百官奸邪贪秽不职者，即纠劾之。如此，则纪纲举、天下治矣。"帝曰："善。"乃立御史台，以［前丞相］ 答 ［塔］察儿为御史大夫，雄飞为侍御史。［且戒之］曰："卿等既为台官，职在直言，朕［为汝君，苟］所行未善，亦当极谏，况百官乎！汝宜体朕意。人虽嫉［妒］汝，朕能为汝地也。"《元史·张雄飞传》

至元五年，命张德辉议御史台条例。德辉奏曰："御史，执法官。今法令未明，何据而行？此事行之不易，陛下宜慎思之。"有顷，复召曰："朕虑之熟矣，卿当力行之。"对曰："必欲行之，乞立宗正府以正皇族，外戚得以纠弹，女谒毋令奏事，诸局承应人皆得究治。"帝良久曰："其徐行之。"《元史·张德辉传》

至元改元之五 年 ［载］秋七月，宪台肇建，于以配肃天德，用昭太微执法之象。诏前平章政事塔察公为御史大夫。① 曰中丞，曰殿中侍御史，以帖赤木、八剌拨灰贰焉；② 曰侍御史，曰治中，曰监察御史，纯用汉人。一切事宜，率循旧典。其里行十有二人，令各举所知以充员数。《乌台笔补·序》

元始建御史台，继设各道按察司。时阿合马专总财利，乃曰："庶务责成诸路，钱谷付之转运。今绳治之，如此，事何由办？"廉希宪曰："立台

---

① "塔察"，弘治本、四库本同元刊明补本；荟要本是文脱。
② "帖赤木、八剌拨灰"，弘治本同元刊明补本；四库本作"塔齐茂、巴尔博果密"。

察，古制也，内则纠弹奸邪，外则察视非常，访求民瘼，裨益国政，无大于此。若去之，使上下专恣贪暴，事岂可集耶！"阿合马不能对。《历代名臣传·廉希宪》

至元五年，始立台建官，设［官七员］。大夫【一员】，从二品，十九年［二十一年］升从一品。至治后定置御史大夫二员，【设】中丞从三品，治书侍御史从六品，十九年升中丞为正三品，治书为正六品。大德十二年，升中丞为正二品，治书侍御史为正三品。至治后置中丞二员，治书侍御史二员。《元史·百官志二》

大夫、中丞为上台，侍御以下为下台。《乌台笔补牒呈》"旧日监察所行"

报午时，省即起，然后台起，六部视台起，然后部起。《乌台笔补牒呈》"旧日监察所行"

元御史台掌纠察朝仪、弹劾官邪、勘鞫官府公事。凡内外刑狱所属理断不当有陈诉者，付台治之。登闻检院隶焉。《南京都察院志》卷四十"志余"①

明太祖吴元年设御史台，左右御史大夫、御史中丞，又有侍御史、治书侍御史、殿中侍御史、监察御史。十五年改都察院，设监察御史八人，以秀才李原明、詹徽等为之。又分设十二道监察御史。十七年升正二品，定设都御史一人，副都御史左右各一人，金都御史左右各一人，十二道各设监察御史。建文元年，罢左右都御史，设都御史一人，副金都御史各一人。二年改为御史府，设御史大夫，革十二道，置察院一，御史二十八人，改诸御史为拾遗补阙。靖难后，复故左右都御史，掌风纪，副金都御史为之贰。十三道监察御史有分道，无专官。一人常兼数道，河南道独掌内外考察

---

① 此条出自《南京都察院志》卷四十，原始出处为《金史·百官志》卷三十六，原文为"御史台。登闻检院隶焉。御史大夫，从二品。（旧正三品，大定十二年升。）掌纠察朝仪、弹劾官邪、勘鞫官府公事。凡内外刑狱所属理断不当，有陈诉者付台治之"。

之事。十三道各奉其职。《明会典》（另见《御定渊鉴类函》卷八十八）

都御史职专纠劾百司，辨明冤枉，提督各道，为天子耳目风纪之司。凡大臣奸邪、小人构党、作威福乱政者，劾。凡百官猥茸贪冒坏官纪者，劾。凡学术不正、上书陈言变乱成宪、希进用者，劾。遇朝觐、考察，同吏部司贤否陟黜。大狱重囚会鞫于外朝，偕刑部、大理谳平之。盖六部至重然有专司，而都察院总宪纲惟，所见闻得纠察。其在外加都御史，或副佥都御史衔者，有总督，有提督、有巡抚、有总督兼巡抚，提督兼巡抚，及经略总理、赞理、巡视抚治等员。其奉敕内地，抚巡［拊循］外地，各专其敕行事。《明史·职官志二》

明初设御史台，其后胡氏之事发，而御史台仅设左右中丞，俱正二品；侍御史正四品而已。十四年始改为都察院，其官有御史而无都御史。十七年定设左右都御史，正二品；左右副都御史，正三品；左右佥都御史，正四品。其巡抚自永乐十九年敕：大臣十三员，各同给事中一员，巡行天下，考察官吏。宣德初年，添设渐多。始命巡抚官每岁八月赴京议事。初，各处巡抚遣尚书侍郎、都御史、少卿等官，而都御史之差，多本院堂上官更代。至正统十四年以后，国家多事，于各方面边防有险要者，始有专职镇抚。景泰四年，以镇守尚书侍郎与巡按御史不相统属，文移往来多碍于是，尽改为都御史。初名巡抚或名镇守，后定为巡抚，兼军务者加总督、赞理，掌粮饷者加总督、兼理，他如整饬兵备，提督边关及抚治流民等项，皆随事异名。若边境有事，又有总督、提督、总制，参赞、赞理及经略巡视之名。各处巡抚员缺，廷推各衙门资望相应者升补，非复本院堂上官更代之旧矣。《广治平略》卷十二"官制篇"

明太祖谕御史台臣曰："为人不可太刚，亦不可太柔，刚则伤物，柔则废事。二者相济，始克有成。往见贪饕之徒，常执谦下，不拂人意，盖缘所守不正，恐举劾其奸，故为此取媚之态，人喜其媚己，以为贤，则堕其术中矣。其不贪者，自谓操守廉洁，无敢谁何，故与人言议稍有不合，辄起争端，此虽刚强，人恶其拂己，以为不肖，则失人矣。"又谓宪台刘基、章溢、周正等曰："纪纲法度为治之本。所以振纪纲明法度者，则在宪台。凡揭纪纲法度以示百官，犹射者之有正鹄也，百司庶职操弓矢以学射者，于台宪何以异。故审己不可以不慎。尔等执法，上应天象，少有偏曲，则纪纲法度废坏，而民不得其安。况或深文以为能，苛察以为智，若宁成、郅都、周兴、来俊臣之徒，巧诋深文，恣为酷虐，终亦不免。于公阴德，子孙贵显，天道昭然，至可畏也。"宣德七年，御制都察院箴，历代建官皆有。御史任之耳目，委以纲纪，纠违绳愆，激浊扬清，用献嘉言，惟直与明。祖宗之制，有长有贰，其下之属，凡十有四。敷达民隐，察举官邪，必究大体，毋刻毋颇，必由中道，毋过不及，毋以贿迁，毋以势慑，敦仁之存，笃义之行，冰霜之清，松柏之贞。凡尔宪臣，敬慎以勖，庶几朝政，资尔以肃。婠婀缄默，徒取充位，职是用弛，国则何赖，必端诸己，庶茂尔绩，庶辅予理。

中外之官，莫难于风宪，莫危于风宪。曷谓难？人之所趋者不敢趋，人之所乐者不敢乐，人之所私者不敢私，所谓峣峣者易缺，皎皎者易污，非难而何？曷谓危？入焉与天子争是非，出焉与大臣辨可否，至于发人之奸、贬人之爵、夺人之官，甚则罪人于死地，一或不察，而反以为辜，则终身无所控诉，非危而何？然君子居其官，则思尽其职。所谓危且难者，固有所不避焉。竭忠吐诚，置死生祸福于度外，庶上不负天子，下不负所学。其或奏对于殿廷之上，平心易气，惟事上陈。理诚直，从容婉转，而益直；理诚屈，虽抗厉激切，而益屈。夫佻佻其色辞，非惟有失事上之体，而于己事，亦无所益。古之攀槛断鞅、曳车轫轮者，皆务危事，迫不得已而为之。苟事不至于是，殆不可以为法。《南京都察院条约》（另见《南京都察院志》卷一"皇纶"）

刘氏曰："御史之官职，古今屡变矣。以御史掌书传命，而兼记事之职者，周与战国也；以御史平章报奏而兼察劾之任者，秦汉以来也；唐之御史，任弹劾之外，而复兼讼狱之事；宋之御史，任弹劾之外，而复兼谏诤之职。此其官职沿革之大略也。御史之官署，古今屡变矣。汉谓之御史府，又谓之御史大夫寺，谓之宪台，又谓之大司空府。唐贞观谓之御史台，天宝谓之肃政台，左台以察朝廷，右台以察郡县。至宋则又有台院、殿院、察院之三院，［则］又有中台、西台、南台之三台。此其官署沿革之大略也。以其名之异，则唐以御史大夫为台长，中丞为之副，侍御史为之属。殿中以纠朝会班序，监察以察祭祀、狱讼。而此外又有御史里行之属。宋之御史大夫为空官，中丞为台长。台院有侍御史，殿院有殿中侍御史，察院有监察御史。而此外又有御史知杂之类，是其名之异也。以言其任之重，则汉之御史中丞，入朝与尚书令、司隶专席而坐。北齐御史中丞，出朝与皇太子、丞相分道而行。赤棒前呵，则王公避路；绣衣行部，则守令解绶。言及乘舆，则天子改容；事关廊庙①，则宰相待罪。白简飞霜，豪强屏迹，朱衣呆日，奸邪授首。是其任之重也。《博物典汇》卷十"台谏"

---

① 廊庙出自《国语·越语下》："廊，殿下屋也；庙，太庙也，国事必先谋于廊庙之所也。"后指代朝廷。

北平黄叔璥玉圃辑

提纲二

御史大夫　左都御史

端门①次东第一星为左执法，廷尉之象，端门西第一星为右执法，御史大夫之象。《史记·天官书第五》注

御史大夫，秦官。汉因之，位【次】上卿，银印青绶，掌副丞相故事。选郡守［相］高第为御史大夫，任职者为丞相。成帝绥和元年，更名大司空，金印紫绶，禄［秩］比丞相。哀帝建平二年，朱博奏请罢大司空，以御史大夫为百僚率［帅］，帝从之。元寿二年，复为大司空，（更始至长安以隗嚣为御史大夫，建元［中元］元年，光武东巡［泰山］，以张纯视御史大夫，从封禅，礼毕罢。）［至］建安十三年，罢三公官，始复置之。魏黄初二年，又改御史大夫为司空，末年复有大夫。而吴有左右焉。晋初省之。此皆为三公，非今御史大夫也。《通典·职官六》

---

① 根据《史记·天官书》中关于十二星的记载，"太微宫垣十星，在翼、轸地，天子之官庭，五帝之坐，十二诸侯之府也。其外藩，九卿也。南藩中二星间为端门"。

高祖之制：御史大夫下相国，相国下诸侯王，御史是宰相之副。事下御史，御史白之丞相，丞相得以可否之。御史中执法下郡守，"中执法"，即中丞也。中丞居殿中受事，虽与人主亲近，权势尊重，然亦是御史大夫之属。事下中丞，中丞白之大夫，大夫亦得而可否之。于是下之郡守，下之诸侯王。盖尊者行其尊，而卑者行其卑也。及其后，以御史大夫抗丞相之权，对立而为两府。郡国事不上丞相，而上御史，御史得自以其意平章之。《太平经国书》卷七

汉绣衣直指即秦时御史大夫。《通典·职官六》①

诸乘传者，持尺五木传信，封以御史大夫印。《汉书·平帝纪》（《康熙字典》中记载为《前汉·平帝传》）

秦置御史大夫，以贰于相。汉光武废丞相与御史大夫，而以三司综理众务。《隋书·百官志上》

自御史大夫改为司空，遂专为政府之官，不与台涉。历代乃以中丞为台长，及隋避忠讳，始复设大夫而省中丞。《阅史约书》

御史大夫之职，掌邦国刑宪、典章之政令，以肃政（《唐六典》为"正"）朝列；中丞为之贰。凡天下之人有称冤而无告者，与三司诘之。凡中外百僚之事应弹劾者，御史言于大夫，大事则方幅奏弹，小事则署名而已。若有制使覆囚徒，则［与］刑部尚书参择之。凡国有大礼，则乘辂车以为之导。《唐六典·御史台》"御史大夫 中丞"

唐李华《御史大夫［厅］壁记》：君以文明照临百官，官纠其邪，职在邦宪。由京师而端下国，王化所系，不惟威行（《全唐文》为"不唯威刑"）。御史大夫其任也，用舍决于天心，得失震于人听，举直错枉，果而不挠，

---

① 黄叔璥认为汉代的"绣衣直指使"为"秦时御史大夫"。根据清人李宗棠在《学诗堂经解》中的说明，汉遣直指使者衣绣衣巡视郡国，称为"绣衣使者"。《通典·职官六》"侍御史"条中亦记载："侍御史，于周为柱下史，老聃尝为之。秦时，张苍为御史，主柱下方书，亦其任也。又云苍为柱下御史，明习天下图书计籍。一名柱后史，谓以铁为柱，言其审固不挠也。亦为侍御史。汉因之，凡十五员。……武帝时，侍御史又有绣衣直指者，出讨奸猾，理大狱，而不常置。"但在"御史大夫"条中并未找到"绣衣直使"的内容。

则公卿屏气，道路生风。率其属以正于朝，瞻我衣冠，不仁者远。苟异于是，为君子羞。政之雄雌，与德轻重。[故名公在位，天下仰赖焉。]秦官有御史大夫，在汉为三公，职副丞相。丞相阙则大夫迁，或名司空，或 名 [复] 旧号，史足征也，议大政必下丞相御史。其廷署，古曰府，近曰台。其衣冠章绶，品秩所视，载于甲令。圣朝臣唐虞高尚之贤，内周汉不宾之俗，登人于五福，荐乐于九歌。帝德广运而瑞草生，天威震动而神羊至，故柱石骨鲠之老更拜焉。距义宁至先天，登宰相者十二人，以本官参政事者十三人，故相任者四人，借威声以棱徼外按戎律者八人。官或改称大司宪台，或分左右肃政，罢置不恒，从其宜也。开元、天宝中，刑措不用，元元休息，由是务简益重，地清弥尊，任难其人，多举勋德。至宰辅者四人，宰辅兼者 一 [二] 人，故相任者一人，兼节度者九人，异姓封王者二人。尊号加孝德之明年，乐成公自尚书左丞兼文部迁，崇德也。《全唐文·李华·御史大夫厅壁记》

御史大夫，宋初不除正员，止为加官。检校官带宪衔，有至检校御史大夫者。元丰官制行，亦并除去。《宋史·职官志四》

御史大夫从二品，朱衣。直宣八人，牵拢官 四十 [三十六] 人，紫衫帽、银偏带、交椅用直背银间妆青丝绦结。邀喝三人，伞用朱浮图，与品官同。惟直宣，御史台称通引，以爆使班祇人充。御史中丞，从三品，引接六人，牵拢官一十八人，及邀喝，服紫衫、银带，银里圈背交椅与品官同，惟中丞引从则给绯衫，并用银水罐、镢锣、盂、碗、牙杖、[内银里]骨朵，大剑各两对，以次执之。服皂衫帽，涂金铜束带。《金史·仪卫志下》

时御史台置二大夫，纲纪无统，【姚】天福言于世祖曰："古称一蛇九尾，首动尾随；一蛇二首，不能寸进。今台纲不张，有一蛇二首患。陛下不急拯之，久则紊不可理。"《元史·姚天福传》

元世祖曾言："中书，朕左手；枢密，朕右手，御史台是朕医两手的。"此其立台之旨，历世遵其道不变。自庚申帝御极，[太平王] 燕帖木儿为相，即用其弟买里古思为御史大夫。太平既败，继用伯颜为相，即用其弟脱脱为御史大夫。脱脱为相亦用其弟野先不花为御史大夫。及脱脱见贬，答麻矫诏酖之，遂以答麻为相，即用其弟雪雪为御史大夫。当时国事已去矣。嗟呼！世祖设是官，本以防权奸胶固、党与盘结之患，使之有所防范，击刺以正国势。及其末世，台省要任，乃皆萃于一门，殊失养猫捕鼠、畜犬防奸之意。而使莽、操、懿、温之伦居之，［元之为元，］已不迨顺帝而后宗社为墟也。"《鸿书·官职部》①

明初设左、右御史大夫，洪武十三年罢。《钦定续文献通考》卷五十四

洪武中，命汤和等为 御史大夫 ［左御史大夫等官］。谕［之］曰："国家新立，惟三大府总天下之政：中书政之本，都督府掌军旅，御史台纠正百司，朝廷纪纲，尽系于此。而台察之任实为清要，卿等当思正己以率下，忠勤以事上。盖己不正则不能正人，是故正人者必先自治，则人有所瞻仰。毋徒拥虚位而漫不可否，毋委靡因循以纵奸长恶，毋假公济私以伤人害物。《诗》云：'刚亦不吐，柔亦不茹'。此大臣之体也。"《春明梦余录》卷四十八

洪熙元年［五月］，谕吏部，咨访可任都御史以闻。［上］曰："都御史，十三道之 长 ［表］。都御史廉，御史虽不才，亦知畏惮。今不才者无复畏惮矣。"时左都御史刘观有贪名。《明史纪事本末》卷二十八"仁宣致治"

内阁张孚敬疏曰："昔唐韦思谦为御史大夫，见王公未尝屈。尝曰：'目官固当特立，雕、鹗、鹰、鹯，岂众禽之偶乎！'宋杜衍为御史中丞，宰相而下畏之，曰：'不肯以恩意假人者也。'国朝顾佐为都御史，在朝大臣有贪墨不法，许穿绯衣当御前面加纠举，就行拿问。故都御史凡衣绯入朝之日，必有纠举，大臣莫不股慄。今此职不举，故大臣无忌惮，朝多贪墨，如之何民不穷且盗也？"故掌院官必在得人，始能倡率抚巡，扬厉百

---

① 《鸿书》即明人刘仲达所撰《刘氏鸿书》。该条内容可另见于《草木子》卷三下"杂制篇"。

司。其守令等官，一有慢令害民者，抚巡官即按之无贷；抚巡官一有不奉法者，掌院官即按之无贷，则法无往不行矣。《春明梦余录》卷四十八

事迹

上以太子仁弱，谓如意类己，欲废太子而立之。御史大夫周昌廷争之强，上问其说，昌为人吃，又盛怒，曰："陛下欲废太子，臣期期不奉诏。"上欣然而笑。吕后谢昌曰："微君，太子几废。"时赵王年十岁，上忧万岁之后不全也；符玺御史赵尧请为赵王置贵强相，及吕后、太子、群王[臣]素所敬惮者。上问其人，尧以昌对。上乃以昌为相赵，而以尧代为御史大夫。《纲目·汉纪》①

丙戌以晁错为御史大夫，丁亥七国反，杀晁错。初，错数上书言吴过，可削。文帝宽，不忍罚。及帝即位，错说上曰："吴王骄溢，即山铸钱，煮海为盐，诱天下之人谋作乱。今削之反，不削亦反。削之反急，祸小；不削反迟，祸大。"七国反以诛错为名，袁盎请斩之。《通鉴纪事本末》卷二下"七国之叛"

韩安国为御史大夫。匈奴来请和[亲]，大行王恢，议击之。安国曰："千里而战，即兵不获利。今匈奴迁徙鸟集，难得而制。得其地也不足为广，有其众不足为强，自上古弗属。汉数千里争利，则人马罢虏，以全制其敝，势必危殆。臣故以为不如和亲。"上许之。《汉书·韩安国传》

张欧，元朔中为御史大夫。上具狱事，有可却，却之；不可者，不得已，为涕泣，面而封之。其爱人如此。《汉书·张欧传》

元朔三年，以公孙弘为御史大夫。春，罢苍海郡。时通西南夷，东至[置]苍海，北筑朔方之郡。公孙弘数谏，以为疲敝中国以奉无用之地，愿罢之。《纲目·汉纪》

---

① 《纲目》即《纲鉴易知录》目录，下同。

《卜式传》元鼎中，征式［代石庆］为御史大夫。式既在位，言郡国不便盐铁而船有算，可罢。上由是不悦式。《汉书·卜式传》

初梁相褚大通五经，为博士，时宽为弟子。及御史大夫缺，征褚大，大自以为得御史大夫。至洛阳，闻兒宽为之，褚大笑。及至，与宽议封禅于上前，大不能及，退而服曰："上诚知人。"《汉书·兒宽传》

魏相迁御史大夫时，霍光子禹复为大将军，兄子【山】秉枢机。［昆弟］诸婿据权势［，在兵官］。光夫人显及诸女皆通籍长信宫，或夜诏门出入，【相因平息侯许伯奏封事言："春秋讥世卿，今霍氏】骄奢放纵，恐寖不制。宜有以损夺其权，破散阴谋，以固万世之基，全功臣之世。"又故事［诸］上书者皆为二封，署其一曰"副"，领尚书者先发副封，所言不善，屏去不奏。相复因许伯白，去副封以防雍蔽。帝善之。《汉书·魏相传》

神爵三年，萧望之代丙吉为御史大夫。五凤中，匈奴大乱，议者多曰匈奴为害日久，可因其坏乱举兵灭之。望之对曰："春秋晋士匄帅师侵齐，闻齐侯卒，引师而还，君子大其不伐丧，以为恩足以服孝子，谊足以动诸侯。前单于慕化向善称弟，遣使请求和亲。未终奉约，不幸为贼臣所杀，今而伐之，是乘乱而幸灾也，彼必奔走远遁。不以义动兵，恐劳而无功。宜遣使者吊问，辅其微弱，救其灾患。如遂蒙恩得复其位，必称臣服从，此德之盛也。"上从其议。《汉书·萧望之传》

宣帝之世，韩延寿守东郡，放散官钱千余万。是时萧望之为御史大夫，即遣御史诘问之。自奏："职在总领天下，闻事不敢不问。"岂自计相罢后，御史总领天下之财计耶。《太平经国书》卷十一

杜延年，字幼公，周之子也，【五凤中，征入】为御史大夫。延年居父官府，不敢当旧位，坐卧皆易其处。《氏族博考》卷十二

贡禹为御史大夫，言："为治者甚众，然而太平不复兴者，何也？以其舍法度而任私意，奢侈行而仁义废也。陛下诚深念高祖之苦，纯法太宗之治，正己以先下，选贤以自辅，开进忠正，致诛奸臣，远放谄佞，放出园

林[陵]之女，罢倡乐，绝郑声，去甲乙之帐，退伪薄之物，修节俭之化，驱天下之民皆归于农，如此不懈，则三王可侔，五帝可及。惟陛下留意省察，天下幸甚。"《汉书·贡禹传》

元帝时，华阴守臣嘉上封事，言："治道在于得贤，御史之官，宰相之副，九卿之右，不可不选。平陵朱云，兼资文武，忠直（《汉书》为"正"）有智略，可使以六百石秩试守御史大夫，以尽其能。"上乃下其事问公卿。太子少傅匡衡对，云素好勇，数犯法亡命，受易颇有师道，其行义未有以异。今御史大夫禹洁白廉正，经术通明，有伯夷、史鱼之风，海内莫不闻知，而嘉猥称云，欲令为御史大夫，妄相称举，疑有奸心，渐不可长，宜下有司案验以明好恶。"嘉竟坐之。《汉书·朱云传》

薛广德为御史大夫。上幸甘泉，因留射猎。广德上言[书]曰："窃见关东困极，人民流离。陛下日撞亡秦之钟，听郑卫之乐，臣诚悼之。今士卒暴露，从官劳倦，愿陛下亟反宫，思与百姓同忧乐，天下幸甚。"上即日还。其秋，上酎祭宗庙，出便门，欲御楼船，广德当乘舆[车]，免冠顿首曰："宜从桥。"诏曰："大夫冠。"广德曰："陛下不听臣，臣自刭，以血污车轮，陛下不得入庙矣！"上不悦。[先驱]光禄大夫张猛进曰："臣闻主圣臣直，乘船危，就桥安。"上乃从桥。《汉书·韩广德传》

谷永疏言："御史大夫内承本朝之风化，外佐丞相统理天下，任重职大，非庸才所能堪。[窃见]少府薛宣，材茂行洁，达于从政，举措时当。有'退食自公'之节。[宣]无私党游说之助，惟陛下留神考察。"上然之，遂以宣为御史大夫。《汉书·薛宣传》

朱博为大司空，奏言："【高皇帝】①置御史大夫，位次丞相，总领百官，上下相监临。故事，选郡国守相高第为中二千石，选中二千石为御史

---

① 据《汉书·朱博传》所载，此处原文应有"帝王之道不必相袭，各由时务。高皇帝以圣德受命，建立鸿业"，后接正文此条内容。

大夫，任职者为丞相，位次有序。今中二千石未更御史大夫而为丞相，非所以重国政也。臣愚以为大司空官可罢，复置御史大夫，遵奉旧制。臣愿尽力，以为百僚率。"哀帝从之，乃更［拜］博为御史大夫。《汉书·朱博传》

丞相王嘉与御史大夫贾延上封事言："［窃见］董贤等三人始赐爵，众庶匈匈，至今流言未解。陛下仁恩于贤等不已，宜暴贤等本奏语言，延问公卿、大夫、博士、议郎，考合古今，明正其义，然后乃加爵土；不然，恐大失众心。"上感其言，止。数月卒，下诏封贤高安侯，孙宠方阳侯、息夫躬宜陵侯。《历代名臣传·王嘉》

汉御史大夫再入三人：孔光、何武、王崇。《困学纪闻》卷十二"考史"

魏元忠圣历二年，迁［左］肃政台御史大夫，兼检校洛州长史，治号威明。张易之家奴暴百姓，横甚，元忠笞杀之，权豪惮服。《新唐书·魏元忠传》

崔隐甫拜御史大夫。初，台无狱，凡有囚则系大理。贞观时，李乾祐［为大夫］，始置狱，由是中丞、侍御史皆得系人。隐甫执故事，废掘诸狱。《新唐书·崔隐甫传》

韦陟除御史大夫。［富平人］将军王去荣杀其县令，帝将宥之。陟曰："昔汉高［帝］约法，杀人者死。今陛下杀人者生，恐非所宜。"《新唐书·韦陟传》

韦思谦进御史大夫，性謇谔，见王公未尝屈礼。或讥之，答曰："耳目之官，固当特立。雕鹗鹰鹯，岂众禽之偶，奈何屈以狎之？"《潜确类书》卷五十七

至德元载，颜真卿至凤翔谒帝，迁御史大夫。方朝廷草昧不暇给，真卿绳治如平日，百官肃然。两京复，帝遣左司郎中李选告宗庙，［祝］署"嗣皇帝"，真卿谓礼仪使崔器曰："上皇在蜀，可乎？"器遽奏改之，帝以

为达识。《新唐书·颜真卿传》

李栖筠为御史大夫，［素］方挺，无所屈。元［皆］载所厚，栖筠并劾之。① 故事，赐百官宴曲江，教坊倡顝杂侍，栖筠以任国风宪，独不往，台遂以为法。《新唐书·李栖筠传》

李勉［人］为京兆尹兼御史大夫。鱼朝恩领国子监，威宠震赫。前尹黎干谄事之，须其人，敕吏治数百人具以饷。至是吏请，勉不从，曰："吾候太学，彼当见享，军容幸过府，则修具。"朝恩衔之。《新唐书·李勉传》

元和初，召李元素为御史大夫。大夫，自贞元［后］难其人不补，而元素以凤望召拜，中外企听风采。既而一不建【白】为，容容持禄，人人失望。《新唐书·李元素传》

自唐初来，历五院惟二［三］人，李朝隐、张延赏［、温造］。② 五院谓监察、殿中、侍御史、中丞、大夫也。《南部新书》乙注

《通鉴》载，李德裕对杜悰称"小子闻御史大夫之命，惊喜泣下"。致堂谓："德裕岂有是哉！杜悰，李宗闵之党，故造此语以陋文饶，史掇取之。以文饶为人大概观焉，无此事必矣。"愚按：此事出张固所撰《幽闲鼓吹》杂说不足信也。《困学纪闻》卷十四"考史"

文宗谓宰臣曰："牛僧孺可为御史大夫？"郑覃曰："顷为中丞，未尝搏击，恐无凤望。"帝曰："不然。鸾凤与鹰隼事异。"《白孔六帖》③（此处应参见了清代张英等人编撰的《御定渊鉴类函》）

大中中，李景让进御史大夫，［甫］视事，劾免侍御史孙玉汝、监察御

---

① 此处缺漏一案。据《新唐书·李栖筠传》载："栖筠素方挺，无所屈。于是华原尉侯莫陈怤以优补长安尉，当参台，栖筠物色其劳，怤色动，不能对，乃自言为徐浩、杜济、薛邕所引，非真优也。始，浩罢岭南节度使，以瑰货数十万饷载，而济方为京兆，邕吏部侍郎，三人者，皆载所厚，栖筠并劾之。"

② "李朝隐"，张本作"李商隐"，为讹误。据明本改。又明本以下还有"也"字。

③ 经查，《白孔六帖》中并无此记载，该记载源于《南部新书》壬卷。

史卢桓，威肃当朝。［贵戚有看街楼阁，皆泥之，畏其纠弹］。①《新唐书·李景让传》

［后唐］天成元年［夏六月］，以李琪为御史大夫，自后不复除。《旧五代史·职官志》

至元十四年，相威拜行台御史大夫，乃上奏曰："陛下以臣为耳目，臣以监察御史、按察司为耳目。倘非其人，是臣之耳目先自闭塞，下情何由上达？"帝嘉之，命御史台清其选。每除目至，必集幕僚御史议其可否，不协公论者即劾去之。《元史·相威传》

至順［元］四年，脱脱进御史大夫，仍提调前职，大振纲纪，中外肃然。扈从上都还，至鸡鸣山之浑河，帝将畋于保安州，马蹶。脱脱谏曰："古者，帝王端居九重之上，日与大臣宿儒讲求治道，至于飞鹰走狗，非其事也。"帝纳其言。《元史·脱脱传》

铁木儿塔识，至元五年拜御史大夫。务以静重持大体，不为苛娆以立声威。建言："近岁大臣获罪，重者族灭，轻者籍其妻孥。祖宗圣制［训］，父子罪不相及。请除之。"著为令。《元史·铁木儿塔识传》

太平，姓贺氏，名惟一，至正六年，拜御史大夫。故事，台端非国姓不以授，太平固［因］辞。［诏］特赐姓蒙古而改其名。《元史·太平传》

明太祖率诸将进攻集庆路。冯国用率五百人先登陷阵，败元于蒋山，直抵城下。诸军拔栅竞进，元南台御史大夫福寿督兵力战，死之。太祖嘉福寿之忠，为棺衾以礼葬之，并建祠。《明史纪事本末》卷一"太祖起兵"

建文二年，御史大夫练子宁执李景隆于朝，数其罪，请诛之。不听。子宁愤激叩首，言："此卖国贼臣，臣备员执法，不能除奸，请先伏诛。"遂罢朝。《南京都察院志》卷四十"志余"

---

① 此一句在《新唐书·李景让传》中并无记载。在明末清初文学家张岱所著的《夜航船》卷六《选举部》中有述，其文曰："贵戚泥楼　汉唐李景让为御史大夫，刚直自持，不畏权幸。内臣贵戚有看街楼阁，皆泥之，畏其弹劾。"

宣德二年，上问朝臣中可使掌宪者。士奇曰："顾佐廉公有威，乃以佐为都御史，与玺书。"于是考察御史不职者二十余人，宪台肃清。《广治平略》卷十四"考课篇"

成化十三年［三月］，左都御史李宾奏拟妄报妖言者坐斩。时西厂旗校以捕妖言图官赏。无藉者多为赝书诱愚民，行事者捕之，加以法外之刑，冤死相属，无敢言者，故宾奏之。《明纪史事本末》卷三十七"汪直用事"

弘治元年，马文升为左都御史。是春，帝籍田，［时教坊司以杂剧承应，或出］杂剧出狎语，文升厉色曰："新天子当知稼穑艰难，岂宜以此渎乱宸聪［耶］！"即斥去［之］。二御史［以］纠仪下狱，文升言［谓］："即位之初，不宜专［辄］罪言官，遂［于是］得释。《皇明通纪》卷二十五"弘治元年"

弘治时，戴珊为左都御史。一日，与刘大夏侍坐。帝曰："时当述职，诸大臣皆杜门。如二卿者，虽日见客何害。"袖出白金赉之，曰："少佐而廉。"且属勿廷谢，曰："恐为他人所忌也。"《明史·戴珊传》

正德年间，少保胡世宁官左都御史。时当考察，执政请禁私谒。公言［世宁曰］："臣官以察为名。人非接其貌，听其言，无以察其心之邪正、才之短长。若屏绝士夫，徒按考语，则毁誉失真，而求激扬之当，难矣！"上是其言。《明史·胡世宁传》①

万历末，朝政废弛。都御史自温纯去后，八年不置代。至四十年十二月，外计期迫，始命【孙】玮以兵部尚书掌左都御史事。玮素负时望，方欲振风纪，而是时朋党势成，言路大横。明年即［始］予告归。《明史·孙玮传》

赵南星拜左都御史。天启三年大计京官。以故给事中亓诗教、赵兴邦、官应震、吴亮嗣先朝结党乱政，议黜之，吏科［都给事中］魏应嘉力持不

① 此条前半部分内容在《明史·胡世宁传》中有所记述，但并无"无以察其心之邪正，才之短长……"之后语。此语出自《钦定古今图书集成·明伦汇编·官常典》卷三百六十三。

可。南星著《四凶论》，[卒与考功郎程正己]置四人不谨。巡方向[者]有题[提]荐之例，南星已奏止之；而陕西高弘图、山西徐扬先、宣大李思启、河东刘大受，复踵行如故，南星并劾奏之，巡方者始知畏法。《明史·赵南星传》

邹元标拜左都御史。明年典外察，去留惟公。已，言丁巳京察[不公]，专禁锢异己，请收录章家桢、丁元荐、史记事[、沈正宗]等二十二人。[由是]诸臣多获昭雪。孙慎行之论"红丸"也，元标亦上疏【言】。元辅方从哲不伸讨贼之义，反行赏奸之典，何以自解于世？【语极激切，及】陛辞，上《老臣去国情深疏》，历陈军国大计，而以寡欲进规，人为传诵。《明史·邹元标传》

高攀龙《辞免重任疏》，都御史者，天下之事皆得而言之，臣工之邪皆得而纠之。居此位者，自心先无阴私，而后可以潜消人之阴私；自心先无隔碍，而后可潜通人之隔碍。至于御史簪笔朝端，公论之明晦由之；持斧寓内，一方之安危由之；必为之长者，联为一体，萃为一心，惟君国之是殉，毋身家之苟营，而后可弘济于艰难。不然御史之失职即都御史之失职，此之关系何如重大！乃以臣之薄劣当之，是易所谓覆𫗧者也。

又《自请罢黜疏》，御史陈九畴，论新推山西巡抚谢应祥及文选司员外郎夏嘉遇，与九畴互相奏辨事，随奉严旨处分矣。臣，谏臣之长，以谏为职，当有显谏，顾伏而思之，臣之事君，如子事父母，父母有怒，为子者当夔夔斋栗，待亲心之自明，亲怒之自霁，何可更为激渎。臣又伏而思之，九畴疏中有"背公植党"之语，前代往往以"党"之一字，空善类，倾人国，亦由当时大臣过激以速成其祸，今日何可别为激渎？然而臣之职失矣。伏乞即将臣罢斥，以为人臣不尽其职者之戒。《高子遗书》卷七①

御史崔呈秀按淮、扬还，攀龙发其秽状。呈秀走忠贤所，[乞]为义

---

① 此条《南台旧闻》原无索引，校查补。

儿，遂摭谢应祥事，谓攀龙党赵南星，诘责引罪去。呈秀必欲杀之，窜名李实劾周起元疏中，缇骑往逮。攀龙闻而笑之曰："吾视死如归，今果然矣。"乃衣冠自沉于池。遗表云："臣虽削夺，旧为大臣，大臣受辱则辱国。"谨北向叩头，从屈平之遗则。《明史·高攀龙传》

崇正[祯]元年，曹于汴拜左都御史。振举宪规，约束僚吏，台中肃然。明年京察，力汰匪类，忠贤余党几尽，仕路为清。故御史高捷、史范[素]阴邪，为清议所摈，吏部尚书王永光力荐之。故事，御史起官，必都察院咨取。于汴恶其人，卒持不予。两人遂日夜谋倾[于汴]，目为"西党"，[于汴]谢事去。于汴操履粹白。立朝，正色不阿，有古大臣风。《明史·曹于汴传》

左都御史刘宗周上言六事："曰建道揆。京师首善之地，先臣冯从吾立首善书院，臣请亟复之，以昭圣明致治之本。曰贞法守。立焚锦衣刑具，清[请]一切狱词专听法司，不必下锦衣。曰崇国体。大臣自三品而上，犯罪者宜令九卿、科、道会详之后，乃付司寇，司寇议辟，始得收系，此于僇辱之中，不忘礼遇之意。曰清伏奸。凡禁地匿名文书，请一切立毁。曰惩官奸。京师士大夫与外官交际，愈多愈巧，臣请[必]为风闻弹劾之，惟祈严断。曰饬吏治。今吏治之败，无如催科火耗，词讼赎锾，已复为常例矣。至于营升谢荐，巡方御史尤甚。臣请以风宪受赃之律，为回道考察第一义。"上是之。《明史纪事本末》卷七十二"崇祯治乱"

姜埰、熊开元以言事下诏狱，都御史刘宗周约九卿共救，入对，反复力谏，帝怒，革职。归二年[而]京师陷。宗周徒步荷戈，诣杭州，责巡抚黄鸣骏发丧讨贼。福王起[宗周]故官。宗周以大仇未报，不[敢]受职，自称草莽孤臣，疏陈时政：如据形胜以规进取；重屏藩以资弹压；慎爵赏以肃军情；劾旧官以立臣纪。娓娓数千言。又劾马士英、阮大铖奸邪卖国，及高杰、刘泽清、刘良佐等诸桀骜不法状。杰辈恚甚，乃遣客往刺宗周。时在丹阳，终日危坐，无惰容。至者不敢加害而去。明年，南都亡，

遂绝食二十三日而死。《明史·刘宗周传》

刑科都给事中孙承泽为宪臣去国可惜，疏言，圣[皇]上起刘宗周于废籍，而为风纪之长，臣适奉差在外，远迩相传，无不加额，以为圣朝美政。盖宗周四朝耆旧，一介孤清，事必合乎古人，行必准诸理道，其迹似迂，其气近戆。要本之忠君爱国，而其学无欺。昨蒙召对，语词过激，众为之危，仰赖圣度宽容，不加严谴。在宗周不知如何感激，如何追悔。行且青衣小帽，策蹇就途。臣见[意]近年来署位之间，规利图便，恬不为非，以致是非不明，功罪罔定。外边内贼，相因益炽。自旧臣登用，始知人间有廉耻事。今宗周就职未久，突不得[及]黔，落职远去，士类[论]能无共惜？至佥宪臣金光辰，冰蘖为心，姜桂成性。往年按豫，爱民如子，嫉贪如仇，一时墨吏，望风解绶。豫之人官于京者，类能言之。幸于[摧折之余，俾以]佐[宪之任。今亦以语言失检，同时获罪。在二]臣，恋主固有热肠，而恬退亦其本性。但兵戈压境之日，岂放逐旧臣之时？伏望圣慈，矜其小过，录其生平，允大小臣工之清，还两臣原旧之职，必能益励晚节，振扬风纪，所裨于国是不小矣。上令部议处，罚俸三月。又次日，刘公骑一驴，一仆负被襆，出顺成门；金公降调，闻艰归。《春明梦余录》卷四十八

李邦华为左都御史。都城被兵，即日请督东南援兵入卫，力疾上道。[明年三月]抵九江。左良玉溃兵，欲东下，留都文武大吏相顾愕眙。邦华乃草檄告良玉，责以大义。用便宜发九江库银十五万饷之，开诚慰劳。[誓杀贼扳国，]一军遂安。及贼陷山西，邦华密疏请帝仿永乐朝故事，太子监国南都。未得命，都城陷，走文信国祠，三揖曰："邦华请从先生于九京矣。"为诗曰："堂堂丈夫兮圣贤为徒，忠孝大节兮誓死靡渝，临危受命兮吾无愧吾。"遂投缳而绝。《明史·李邦华传》

北平黄叔璥玉圃辑

提纲三

御史中丞　　治书侍御史　　副都御史　　佥都御史

秦，中丞，外督部刺史，内领侍御史，受公卿奏事举劾。《事林广记》①

初汉，御史大夫有两丞，一曰御史丞，一曰中丞，亦谓中丞为御史中执法中丞，在殿中兰台，掌图籍秘书，外督部刺史，内领侍御史，十五员，受公卿奏事，举劾案章。及御史大夫转为大司空，而中丞出外为御史台，率即今之御史大夫任也。《周官·小宰注》即今御史中丞②

哀帝元寿二年，御史中丞更名御史长使，后汉光武复改为中丞。《通典·职官六》

武帝以中丞之官不慎周密，[于是始]置中书，居中受事。每诏下，自

---

① 据《汉书·百官公卿表》中记载，御史大夫，秦官，有两丞，一曰中丞，外督部刺史，内领侍御史，受公卿奏事，举劾按章，可知御史中丞为秦官。今查《事林广记》职官类，只有关于御史台职官的简单介绍，并无此句，俟考。

② 此段来源于《通典·职官六》"中丞"，且文中有释：周官小宰之职，掌建邦之官刑，以理王官之政令，凡官之纠禁，又其任也。《周礼·小宰》注曰："若今御史中丞。"

两府下九卿，自九卿下郡国，而不由中丞。于是中丞［之官］不得居中制事，不过为掌治刑狱等官而已。《广治平略》卷十二"官制篇"

御史中丞一人，千石。① 本注曰："御史大夫之丞也。旧别监御史在殿中，密举非法。及御史大夫转为司空，因别留中，为御史台，率后又属少府。"《后汉书·百官三》

建武元年，宣秉拜御史中丞。光武特诏御史中丞与司隶校尉、尚书令会同并专席而坐，故京师号曰"三独坐"。《后汉书·宣秉传》

御史中丞遇尚书［郎］，【即】 驻 ［避］车执板［住］揖，车过乃去。《汉官六种》"汉官典职仪式选用"

魏初，改中丞为宫正，后复为中丞。晋亦因汉，以中丞为台主，与司隶分督百僚。自皇太子以下，无所不纠。梁国初建，又置御史大夫。天监元年，复曰"中丞"。［中丞一人，］掌督司百僚。皇太子［以下，］其在宫门行马内违法者，皆纠弹之。虽在行马外而监司不纠，亦得奏之。陈因梁制。后魏为御史中尉。后周有司宪中大夫二人，掌司寇之法，辨国之五禁，亦其任也。隋以国讳，改中丞为大夫。［大］唐因隋，亦曰大夫。龙朔二年，改为大司宪，咸亨初复旧。

宋中丞一人，每月二十五日，绕行宫垣白壁。铜印墨绶，进贤两梁冠，佩水苍玉，介帻，绛朝服。孝武帝孝建二年制，中丞与尚书令分道，虽丞 相 ［郎］下朝相值，亦得断之。齐中丞［职无不察，］专道而行，驺辐禁呵，加以声色，武将相逢，辄致侵犯，若有卤簿，至相殴击。梁中丞专道而行，逢尚书丞郎，亦得停驻。其尚书令、仆、御史中丞，各给威仪十人。其八人武冠绛韡，执青仪囊，题云"宜告官"，以受词讼；一人缃衣，执鞭仗，依行列行；七人唱呼入殿，引喤至阶；一人执仪囊，不喤。后魏［为］

---

① 《风俗通》曰："尚书、御史台，皆以官苍头为吏，主赋舍，凡守其门户。"蔡质《汉仪》曰："丞，故二千石为之，或选侍御史高第，执宪中司，朝会独坐，内掌兰台，督诸州刺史，纠察百僚，出为二千石。"

御史中尉，其出入，千步清道，与皇太子分路，王公百辟咸使逊避，其余百僚下马驰车止道[路]旁，有[其]违缓者，以【赤】棒棒之。其后，洛阳令得与分道。[自]东魏徙邺，无复此制。北齐武成以其子琅琊王俨兼为御史中丞，欲雄宠之，复[兴]旧制。俨出北宫，凡京畿之步骑，领军之官属，中丞之威仪，司徒之卤簿，莫不毕备。（时俨兼[总领]四职。）武成观之，遣中使驰马趋仗，不得入，自言奉敕，赤棒应声碎其鞍，马腾人颠，观者倾京邑。自周、隋以来，无仪卫之重令，行出道路，以私骑匹马从之而已。《通典·职官六》

梁御史中丞银印墨绶，朝服进贤二梁冠，兽头盘腰剑，佩水苍玉。陈中丞银章龟钮青绶，八寸首二梁冠。法冠一名柱后，或谓之獬豸冠，高五寸，以縰为展筒，铁为柱卷，取其不曲挠也。凡执法官皆服之。《隋书·礼仪志六》

梁天监二年，御史中丞给方盖蹈，形如小伞。后魏熙平元年，左右仆射，御史中丞各给哄士十二人。《隋书·礼仪志五》

治[持]书侍御史旧御史中丞也。初，汉宣帝元凤中，感路温舒尚德缓刑之言，季秋[后]请谳。时帝幸宣室斋居而决事，令[侍]御史二人治[持]书，治[持]书御史始[起]于此也。后汉亦二人，选明法律者为之。凡天下诸谳疑事，掌以法律当其是非。魏置持书执法，掌奏劾，而持书侍御史掌律令，二官并[俱]置。晋置四人，[泰始四年，]又置黄沙狱持书侍御史一人，秩与中丞同，掌诏狱及廷尉不当者皆理之，后并江南，遂省黄沙持书侍御史。[及]太康中，又省持书侍御史二员。魏晋以来，持书侍御史分掌侍御史所掌诸曹，若尚书二丞。宋代掌举劾，齐、梁并同，皆统侍御史。自宋、齐以来，此官不重，自郎官转持书者，谓之"南奔"。梁天监初，始重其选，车前依尚书二丞给三驺，执盛印青囊。后魏掌纠禁内、朝会失时、服章违错，飨宴会见，悉所监之。北齐亦有焉。

后周有司宪上士二人，亦其任也。隋又为持书侍御史，台中簿领，悉以主之。[大] 唐永徽初，[高宗即位，] 以国讳故，改持书侍御史为御史中丞。龙朔二年，改为司宪大夫，咸亨元年改为中丞，三 [二] 人，亦时有内供奉，（本 [有] 一人，圣历中加一人，寻省。先天中复置。）职副大夫，通判台事。（开元二十一年 [三月]，置京畿都采访处置使，以中丞为之。）《通典·职官六》

武后垂拱二年，有鱼保宗者，上书请置瓯以受四方之书。以御史中丞、侍御史一人，为理瓯使。天宝九载，[玄宗以 "瓯" 声近 "鬼"，] 改 [理瓯] 为献纳使，至德元年复旧。《新唐书·百官志二》

宋承唐制，无大夫，以中丞为台长，无正员，以两省给、谏权。自中丞以下，掌纠绳内外百官奸慝，肃清朝廷纲纪。大事【则】廷辨，小事【则】奏弹。凡除中丞而官未至者，自正言而上，皆除右谏议 [大夫] 权。熙宁初，言者以为躐等，诏以本官职兼权。旧台令，两院御史每上、下半年分诣三省、枢密院，取索诸房文字检 [点] 校，监察御史轮诣尚书六曹 [按察]。凡奉行稽迟 [违]、付受差失，咸得弹劾 [纠弹]。渡江后，稍缺不举。绍兴三年，因御史主簿陈祖礼有言，始复其旧。《文献通考·职官考七》

宋天圣七年，上因读唐史，见瓯函达下民冤枉之事，乃置瓯函，仍专命御史中丞为理检使 [应诸色人]，如有指陈军国大事、朝政得失、大假冤枉累经诉理不 [未] 获辨明，或事干机密，并许诣瓯函投进。内 [委] 是急速文字，画时进入。《乌台笔补牒呈》"登闻检院"

元宝中，御史府久缺中丞，一日李淑对仁宗，偶问以宪长久虚之故，李奏曰："此乃 [吕] 夷简欲用苏绅，[臣闻夷简] 已许绅矣。" 上 [仁宗] 疑之。异时，因问 [许] 公曰："何故久不除中丞？" [许] 公奏曰："中丞 [者]，风宪之长，自宰相而下，皆得弹击，其选用，当出自圣意，① 臣等岂

---

① "当出圣意" 在《旧闻证误补遗》中引作 "当出自圣择"。

敢诠量之。"仁宗颔之。《东轩笔录》卷三

辽金俱有御史中丞。元御史台外置行御史台，有御史中丞，持书侍御史。《续文献通考》①

治书侍御史乃是台奏事官，为制一台事也。《乌台笔补牒呈》"旧日监察所行"

洪武初，有御史中丞，十三年罢，十七年设副都御史、佥都御史左右各一人。《明会典》卷七十三

事迹

于定国以侍御史迁御史中丞。昌邑王即位行淫乱，定国上书谏，后王废，宣帝立。霍光奏群臣，谏昌邑王者皆超迁。定国由是为光禄大夫，平尚书事。《汉书·于定国传》

元帝擢陈咸为御史中丞，总领州郡奏事，课第诸刺史，内执法殿中，公卿以下皆敬惮之。［中书令］石显用事颛权，咸颇言显短，素与槐里令朱云善漏泄省中语，下狱髡为城旦。《汉书·陈咸传》

薛宣为中丞，执法殿中，外总部刺史。谷永上疏："窃见［少府］【薛】宣，前为［御史］中丞，执宪毂下，不吐刚茹柔。"《汉书·薛宣传》

赵孝显宗素闻其行，［诏拜谏议大夫，］迁侍中。复征弟礼为御史中丞。礼亦恭让行己，类于孝。帝嘉其兄弟笃行，欲宠异之。诏礼十日一就卫尉府，大［太］官送供具，令共相对尽欢。数年，礼卒，帝令孝从官属送丧归葬。《后汉书·赵孝传》

汉幽州刺史朱君碑，君名龟石碎落，不能详其官阀。其可考者尝以御史中丞，督捕益州蛮，又为幽州刺史，御鲜卑，而灵帝光和二年卒。②《隶释》卷十

---

① 此条出自《续文献通考》，收载于《御定渊鉴类函》卷八十八。
② 根据宋人洪适在《隶释》中的记载，"右汉故幽州刺史朱君之碑，篆额有阴，在亳州"。

崔洪，博陵人。武帝世，为御史治书。时长乐冯恢为弘农太守，爱少子淑，欲以爵传之。恢父终，服阕，乃还乡里，[结草为庐，]阳瘖不能言，淑得袭爵。恢始仕为博士祭酒，散骑常侍翟婴荐恢高行迈俗，侔继古烈。洪奏恢不敦儒素，令学生番直左右，虽有让侯微善，不得称无伦辈，婴为浮华之目。遂免婴官，朝廷惮之。寻为尚书左丞，时人为之语曰："丛生荆棘，来自博陵。在南为鹢，在北为鹰。"《晋书·崔洪传》

熊远迁御史中丞，中宗每叹其公忠谓远曰："卿在朝正色，不茹柔【不】吐刚，忠亮至劲，可谓王臣。"《晋书·熊远传》①

傅咸为御史中丞，每有奏劾，或[值]日暮，[则]捧白简，整簪带，竦诵[踊]不寐，坐以待旦。于是贵游慑服[伏]，台阁风生。②

咸御史中丞箴：煌煌天文，众星是环；爱立执法，其晖有焕[焕]。执宪之纲，秉国之宪；鹰扬虎视，肃清违慢。蹇蹇[謇謇]匪躬，是曰王臣；既直其道，爰顾其身。身之不顾，孰有弗震。邦国若否，[惟仲山甫，]山甫是明，专[焉]用彼相；莫扶其倾，淮南构逆，实悍汲生。赫赫有国，可无忠贞；忧责有在，绳亦必直。良农耘秽，勿使能植；无礼是逐，安惜翅翼。嗟尔庶僚[寮]，各敬乃职，无为罚先，无怙厥力。怨及朋友，无惭于色；得罪天子，内省有恧。是用作箴，维[惟]以自敕。《晋书·傅玄传》③

邓飏为御史中丞，劾奏南中郎将王含以族强显贵，骄傲自恣，事虽被

---

① 《晋书·熊远传》原文为："帝每叹其忠公，谓曰：'卿在朝正色，不茹柔吐刚，忠亮至到，可谓王臣也。吾所欣赖，卿其勉之！'"《南台旧闻》摘录有所差异。

② 此处记述有讹误。在《晋书·傅玄传》中有载："玄天性峻急，不能有所容；每有奏劾，或值日暮，捧白简，整簪带，竦踊不寐，坐而待旦。于是贵游慑伏，台阁生风。"所以，这是对傅咸其父傅玄弹劾进奏的描述，而并非针对傅咸。

③ 此御史箴并未收录在传记中，且因流传版本不同，个别文字上有差误。对傅咸《御史中丞箴》的专门研究，可参看霍存福教授的《西晋傅咸〈御史中丞箴〉研究——检察·监察文化研究之一》，载于《北方法学》2017 年第 6 期。

寝,王氏深忌嫉之,隗之弹奏不避强御,皆此类也。《晋中兴书》①

王恬为御史中丞,值海西公废,太宗即位,未解严。大司马桓温屯中堂,夜吹警角。恬奏劾大不敬,请治罪。明日桓见奏事,叹曰:"此儿乃敢弹我,真可畏尚。"《晋中兴书》

余居中丞,曾以法鞭皇太子傅,亲友莫不致谏。余笑而应之:"堂高由陛,皇太子所以崇于上,由吾奉王者法。吾其枉道曲媚【乎】。"[后]皇太子将见,延请赐以清谯,于是太子礼敬之如师。《两晋杂传》卷九"梅陶自序"

汉刘曜陷长安,帝出降。御史中丞吉朗叹曰:"吾智不能谋,勇不能死,何忍君臣相随,北面事贼虏乎!"乃自杀。《纲目·晋纪》

宋永初二年,孔琳之为御史中丞,明宪直法,无所屈挠,奏劾尚书令徐羡之亏违宪典。羡之使琳之弟璩之解释,琳之不许,曰:"我触忤宰相,正当罪止一身,汝必不应从坐,何须勤勤邪!"自是百僚震肃,莫敢犯禁。《南史·孔琳之传》

庾徽之为御史中丞,性豪丽,服玩甚华。孔觊代之,衣冠器用,莫不粗率。兰台令史并三吴富人,咸有轻之之意。觊蓬首缓带,风貌清严,皆重迹屏气,莫敢欺犯。《南史·庾徽之传》

武帝以蔡廓刚直,补御史中丞。多所纠奏,百僚震肃。时朝廷仪典,多取定于中书令傅亮。亮每事咨廓然后行,亮意若有不同,廓终不为屈。《南史·蔡廓传》

颜延之为御史中丞,何尚之[与延之]【遗】书曰:"绛骑清路,白简光朝[深劾]。[取之仲容,或有亏耶。]"《通典·职官六》

刘瑀为人,恃性使气。为御史中丞,弹萧惠开云:"非才非望,非勋非德。"弹王僧达云:"荫藉高华,人品冗末。"朝士莫不畏其笔端。《南史·

---

① 此条出自何法盛《晋中兴书》卷七,载《九家旧晋书》,亦载于《北堂书钞》卷六十二。同时,《晋书·邓攸传》中亦有载。

刘瑀传》

齐武帝即位，沈冲转御史中丞。冲与兄淡、深［渊］^①名誉有优劣，世号为"腰鼓兄弟"。淡、深［渊］并历御史中丞。中丞案裁之职，被恶者多结怨。冲母孔氏在东，邻家失火，疑为人所焚爇，大呼曰："我三儿皆作御史中丞，与人岂有善者。方恐肌分骨散，何但焚如！"兄弟后并历侍中。《南史·沈冲传》

江淹为御史中丞。齐明帝曰："君为南司，足以振肃百僚［也］。"淹曰："［可谓］当官而行，恐不足仰称明旨。"于是弹中书令谢朏等［并以托疾］不预山陵公事。又奏收［前益州］刺史刘悛、［梁州刺史］阴智伯，并赃货巨万。诸郡二千石大县官长，多被劾，内外肃然。明帝曰："自宋以来，不复有严明中丞，君今日可谓近世独步。"《南史·江淹传》

颜见远博学有志行。初，齐和帝镇荆州，以为录事参军；及即位，兼御史中丞。梁武帝受禅，见远不食，发愤数日而卒。帝闻之曰："我自应天顺人，何预［豫］天下士大夫事？而颜见远乃至于此。"《南史·颜协传》

梁天监中，自尚书三公郎为书侍御史。旧郎官转为此职者，世谓之"南奔"。【谢】几卿颇失志，多陈疾，台事略不复理。《南史·谢几卿传》

乐蔼，天监初，累迁御史中丞。初，蔼发江陵，无故于船得八车幅［辐］，如中丞健步避道者，至是果迁。蔼性公强，居宪台甚称职。《南史·乐蔼传》

陆杲，天监五年位御史中丞。性悻［婞］直，无所顾望。时山阴令虞眉［肩］赃污数百万，杲奏收劾之。中书舍人黄睦之以眉［肩］事托杲，杲不答。梁武闻之以问杲，睦之时在御侧，杲谓曰："君小人，何敢以罪人属南司。"睦之失色。领军将军张稷侍宴诉帝［曰］："陆杲是臣亲遇［通亲］，

---

① 《南齐书·沈冲传》中，其兄弟名为"沈淡""沈渊"。

小事弹臣不贷。"帝曰："杲职司其事，卿何得为嫌。"《南史·陆杲传》

王僧孺兼御史中丞，僧孺幼贫，其母鬻纱布以自业，尝携僧孺至市，道遇中丞卤簿，驱迫坠沟中。及是拜日，引骑清道，悲感不自胜。《南史·王僧孺传》

任昉为御史中丞，后进宗之时，刘孝绰、陆倕等及到溉、到洽，车轨日至，号曰"兰台聚"。倕赠昉诗："任君本达识"①。时谓昉为任君，比汉之三君。《南史·任昉传》

王准之自曾祖彪之博闻多识，练悉朝仪，其[自是]家世相传，并谙江左旧事，缄之青箱，世谓之"王氏青箱[学]"。除御史中丞，为百僚所仰。自彪之至准之四世此职焉。《南史·王准之传》

宣城王长史张缙，迁御史中丞。武帝遣其弟[中书舍人]绚宣旨曰："为国之急，惟在执宪直绳，用人之本，不限升降。晋、宋时，周闵、蔡廓兼以侍中为之，卿勿疑[是左迁]。"《南史·张缙传》

张缅为御史中丞。[缅居宪司，]推绳无所顾望，号为劲直。武帝[乃]遣人图其形于台[省]，以励当官。《南史·张缅传》

陆缮父任御史中丞。绍泰元年，除缮中丞以父任所终，固辞。陈文帝复拜御史中丞，固辞不许，乃权换廨字，徙以居之。《南史·陆缮传》

徐陵天嘉六年除御史中丞。时安成王顼权倾朝野，直兵鲍僧睿假王威风，抑塞词[辞]讼，陵奏弹之。文帝见陵章服严肃，若不可犯，为敛容正坐。陵进读奏状时，安成王殿上侍立，流汗失色。陵遣殿中郎引王下殿，朝廷肃然。《南史·徐陵传》

褚玠迁御史中丞，刚毅有胆决，甚有直绳之称。《南史·褚玠传》

袁宪太建三年，累迁御史中丞。时豫章王叔英不奉法度，逼取人马。宪依事劾奏，免叔英，自是朝野严惮。宪详练典章，尤明听断，至有狱情未尽

---

① 《南史·任昉传》中记载了此诗的全文："和风杂美气，下有真人游。壮矣荀文若，贤哉陈太丘。今则兰台聚，方古信为俦。任君本达识，张子复清修。既有绝尘到，复见黄中刘。"

而有司具法者，即伺间[闲]为帝言之，所申理甚众。《南史·袁宪传》

元志（拓跋志）为洛阳令，与[御史]中尉李彪争路，俱入见。彪曰[言]，御史中尉辟[避]承华车盖，驻论道剑鼓，安有洛阳令与臣抗衡？志曰[言]，【臣】神州[乡]【赤】县主，普天之下谁非[不]编氓[户]，岂有俯同众官，【趋】避中尉？孝文遂令分路。《魏书·拓跋志传》

临洮王举哀，兼尚书左仆射元顺不肯送名，又不送簿，中尉举弹之。顺奏曰："尚书百揆之本，令、仆纳言之责[贵]，不宜下隶中尉，送名御史。"诏许之。后元子思为御史中尉，朔旦，台移尚书索应朝名帐，[忽为]尚书郎裴献伯移[后]注云："按蔡氏《汉仪》，御史中尉逢台郎于复道，中尉下车[避]执板，郎中车上举手礼之。以此而言，明非敌体。"子思奏曰："臣按汉书御史中丞为独坐。又按汉[魏]书崔琰传曰：'既为中丞，百僚震恐。'则中丞不揖省郎，亦已久矣；宪台不属都堂[坐]，亦非今日。又按【孝文帝】职令[云]：'朝会失时，则御史弹之。'若[即]不送名，到否何验。献伯等乱常变纪，请付法。"诏曰："国异政，不可据以[之]故[古]事。检孝文帝旧格以闻。"寻从子思奏。《魏书·拓跋子思传》（另见《通典·职官六》）

李彪为孝文[高祖]所宠，性刚直，遂多劾纠，远近畏之，豪右屏气。帝[高祖]尝呼[彪]为"李生"。谓群臣曰："吾[之]有李生，犹汉之有汲黯。"《魏书·李彪传》

魏自正光以后，[政刑驰纵，]在位多贪污。高欢启以宋游道为御史中尉。【北齐王】【高】澄请以崔暹为之，以【宋】游道为尚书左丞，谓曰："卿一人处南台，一人处北省，当使天下肃清[然]。"澄与诸公出之东山，遇暹于道，前驱为赤棒所击，澄回马避之。尚书令司马子如，太师咸阳王

垣[坦]贪黩，遍弹之，削其官爵，[其余死黜者甚众]。《纲目·梁纪》

崔暹为御史中尉，选毕义云、卢潜、宋钦道、李愔、崔赡、杜焚[蕤]、稽华[晔]、郦伯伟、崔子武、李广皆为御史，世称其知人。魏帝宴于华林园，谓神武曰："[自顷]所在百司，多有贪暴，朝廷中有用心公平，直言弹劾，不避亲戚者，王可劝酒。"神武降阶跪言："惟御史中尉崔暹一人，谨奉明旨，敢以酒劝，[并臣所射赐物千段，乞以回赐]。"《北史·崔暹传》

高[游]肇兼御史中尉。肇儒者，动存名教，直绳所举，莫非伤风败俗。持法仁平，断狱务于矜恕。宣武嘉其刚梗。《北史·高[游]肇传》①

熙平元年，御史中尉元匡奏，于忠以鸿勋盛德，受遇累朝，幸国大灾，专擅朝命，无人臣之心。裴、郭受冤于既往，宰辅黜辱于明世。又自矫旨为仪同三司、尚书令，宜加显戮。灵太后[令]，以忠事经肆眚，遂不追罪。《北史·于忠传》

匡复欲舆棺谏诤，尚书令、任城王澄劾匡大不敬，诏恕死。辛雄奏理匡曰："窃惟白衣元匡，历奉三朝，每蒙宠遇。谔谔之性，简自帝心。故高祖锡之以匡名，陛下任之以弹纠。当高肇之时，匡造棺致谏，主圣臣直，卒以无咎。假欲重遣[造]，先帝已容之于前，陛下亦宜宽之于后。"未几，匡除平州刺史。《北史·辛雄传》

高恭之除御史中尉，仍兼黄门。外执直绳，内参机密，凡益国利人之事，必以奏闻。谏诤尽言，无所顾忌[惮]。选用御史，皆当世名辈，李希宗、李绘、阳休之、阳斐、封君义，邢子明、苏淑、宋世良等三十人。仆射尔朱世隆当朝权盛，因内见，衣冠失仪，道穆【（恭之字）】便即弹纠。帝姊寿阳公主行犯清路，执赤棒卒呵之不止，道穆令卒棒破其车。公主深恨，

---

① 此段出自《北史·游肇传》，并非《南台旧闻》所记"高肇"。

泣以诉帝。帝曰："高中尉清直人，彼所行者公事，岂可私恨责之也。"《北史·高道穆传》

高祖武德初，孙伏伽上言，隋失天下者何？不闻其过也。【陛下】勿以得天下之易，而忘隋失之不难也。帝大悦，擢治书侍御史。是时，军兴赋［敛］重，伏伽数请厘损。帝语裴寂曰："隋为无道，上下蔽蒙，【朕】虚心尽下，冀闻嘉言。若李纲、孙伏伽，可谓谊臣矣。俯首嗫默，岂朕所望哉？"《新唐书·孙伏迦传》

宋璟迁左台御史中丞，以频论得失，内不能容，［乃］敕璟往扬州推按。奏曰："臣［以不才，］叨居宪府，按州县乃监察御史事［耳］，今非意差臣，不识其所由，请不奉制。"无何，复令按幽州都督屈突仲翔。璟奏曰："御史中丞，非军国大事不 敢 ［当］出使。且仲翔所犯赃污耳，［今］高品有侍御史，卑品有监察御史，今敕臣，恐非陛下［之］意，当有危臣，请不奉制。"月余，［优］诏令副李峤使蜀。璟上言曰："臣以宪司，位居独坐。今陇蜀无变，［不测圣意］令臣副峤，何也？恐乖朝 廷 ［庭］故事，请不奉制。"《大唐新语·刚正》

会飞书告张昌宗引相工观吉凶者，璟请穷治，后曰："易之等已自言于朕。"璟曰："谋反无容以首原，请下吏明国法。［易之等贵宠，臣言之且有祸，然激于义，虽死不悔。］"后不怿，姚璹［遽］传诏令出，璟曰："今亲奉德音，不烦宰相擅宣王命。"后意解，许收易之等就狱。俄诏原之，敕二张诣谢，璟曰："公事公言之，若私见，法无私也。"《新唐书·宋璟传》

裴度进御史中丞，宣徽五坊小使方秋阅鹰狗，所过挠官司，厚得饷谢乃去。下邽令裴寰，［才吏也，］不为礼，因构寰［出丑言］，送诏狱，当大不恭。度［见延英，］言寰无辜，帝［恚］曰："寰诚无罪，杖小使；小使无罪，且杖寰。"度曰："责若此固宜，但寰为令，惜陛下百姓，安可罪？"帝［色霁，］乃释寰。《新唐书·裴度传》

卢 奕 ［弈］拜中丞。自怀慎、奂，及 奕 ［弈］三 世 ［居］其官，清节

似之，时传其美。《新唐书·卢弈传》

宋中丞刘温叟好古执礼。一日晚过明德门西阙前，太祖方与黄门数人登楼，温叟知之，令传呼依常而过。翌日请对，且言："人主非时登楼，则下必希望恩赏。臣所以传呼而过，欲示众以陛下非时不登楼也。"帝善之。《山堂肆考》卷六十二"臣职"

仁宗五年九月，以程琳为御史中丞，张知白最器琳，当除命，喜曰："不辱吾笔。"［琳］上疏请罢诸土木营造，蠲被灾郡县逋租。帝嘉纳之。《纲目·宋纪》

明道二年，太后遗诏，尊太妃杨氏为皇太后。御史中丞蔡齐入，白执政曰："上春秋长，习知天下情伪，岂可使女后相继称制乎？"由是上尊太妃杨氏为皇太后，帝始亲政。《纲目·宋纪》

至和二年，仁宗谕执政曰："张昇清直，可任风宪，乃以为御史中丞。"时富弼为相，欧阳修为翰林学士，论者以为三得人也。仁宗以昇指切时事无所避，曰："卿孤立乃能如是。"昇曰："臣愚，仰托圣主，致位侍从，是为不孤。今陛下之臣，持禄养望者多，而赤心谋国者少，窃以为陛下乃孤立耳。"帝为感动。《宋实录》（另见《宋史·张昇传》）

嘉祐中，以包拯为中丞。拯言："东宫虚位日久，天下以为忧，夫万物皆有根本，太子者，天下之根本也。根本不立，祸孰大焉。"帝曰："徐当议之。"《归田录》①

御史台故事：三院御史言事，必先白中丞。自刘子仪为中丞始，榜台

---

① 查现有《归田录》（四库版），并无此段内容。对此事的详细记载是在《续资治通鉴长编》卷一百八十七，此条是《欧阳修集编年笺注》（第七册）之《谏仁宗立皇子事》"枢密院副使包公拯"的注。且此条内容做了较大的缩略，全文为："（嘉祐三年六月）龙图阁直学士、左司郎中、权知开封府包拯为右谏议大夫、权御史中丞。拯言：'东宫虚位日久，天下以为忧，虽臣数有言者，卒未闻有所处置。未审圣意持久不决，何也？夫万物皆有根本，而太子者，天下根本也。根本不立，祸孰大焉。愿采诗人维城之义，固天下根本之地。'帝曰：'卿欲谁立？'拯曰：'臣非才备位，所以乞豫建太子者，为宗庙万世计尔。陛下问臣欲谁立，是疑臣也。行年七十，且无子，非邀后福者，唯陛下裁察。'帝喜曰：'徐当议之。'"

中，令后御史有［所］言，不须先白中丞［杂端］。至今如此。《归田录》卷上

孙［参政］抃为御史中丞，荐唐介、吴中复为御史。［人］或问曰："闻君未尝与二人相识，而遽荐之，何也？"答曰："昔人耻呈身御史，今岂求识面台官耶！"后二人皆以风力闻［称］天下。孙晚［年］【为】执政，尝叹曰："吾何功以辅政，唯荐二台官为无愧耳。"《东轩笔录》卷十二

御史［台］有阍吏，隶台中四十年，以所执之梃，待中丞贤否。贤则横，否则直。范讽为中丞，一日视其梃直，问曰："尔梃忽直，岂［睹］我之失耶？"吏曰："昨日中丞召客，［亲］谕庖人造食，［中丞］指挥者数四，去又教戒之数四。大凡役人者，授以法观其成，何俟［事］喋喋之烦［繁］？若宰天下如此，不亦劳［而可厌］乎！某心鄙之，不【自】知其梃之直也。"范大惭。明日视之，梃复横矣。《东轩笔录》卷四

杜衍为御史中丞，论常平法曰："岁有丰凶，谷有贵贱，豪商大贾，乘时贱收，水旱之岁，则闭籴高价以图厚利，而困吾民。请量州郡远近，户口众寡，严赏罚，课官吏，出纳无壅，增损有宜。公籴未充，则禁争籴以规利者；籴毕而储之，则察其以供军为名而假借者。州郡缺毋钱，愿出官帑助之。"皆见裨益。《历代名臣传·杜衍》

孔道辅权御史中丞。会郭皇后废，道辅率谏官孙祖德、范仲淹、宋郊、刘涣，御史蒋堂、郭劝、杨偕、马绛、段少连十人，诣垂拱殿伏奏："皇后天下之母，不当轻议绌废。愿赐封，尽所言。"帝使内侍谕道辅等至中书，令宰相吕夷简以皇后当废状告之。道辅语夷简曰："大臣之于帝后，犹子事父母［也］；父母不和，可以谏止，奈何顺父出母乎？"夷简曰："废后有汉、唐故事。"道辅复曰："人臣当道君以尧、舜，岂得引汉、唐失德为法耶？"夷简不答。《宋史·孔道辅传》

傅尧俞擢御史中丞，奏言："人各［才］有能有不能，如使臣补阙拾遗以辅盛德，明善攻［正］失以平庶政，举直错枉以正大臣，臣虽不才，敢

不尽力。若使窥人阴私，抉人细故，则非臣所能，亦非臣之志也。"《宋史·傅尧俞传》

吕公著拜御史中丞，入对帝语及西陲事。公著曰："惟当严修武备，来则应之。以逸待劳，若临遗大臣，张皇武事，或议深入，或求奇功，皆非国家至计也。"《历代名臣传·吕公著》

吕诲拜御史中丞，上疏劾安石曰："大奸似忠，大佞似信。安石外示朴野，中藏狡诈，陛下悦其才辨而委任之。安石初无远略，惟务改作立异，罔上欺下，文言饰非，误天下苍生，必 此［斯］人也。"疏上，出知邓州。《历代名臣传·吕诲》

熙宁间，王安石初拜参政。吕诲将入对，司马光亦将侍讲，迓英于路问曰："今日请对，欲言何事？"诲举手曰："袖中弹文，乃新参也。"光愕然曰："奈何论之？"诲曰："王安石虽有时名，【然】好执偏见，不通物情，置 之政府［置之宰辅］，天下必受其 弊［祸］，此乃腹心之患，顾可缓耶？"未几安石变法，百姓［天下］骚然。光退居洛阳，每曰："吕献可之先见，吾不及也。"《邵氏闻见录》卷十

王安石用事，老成多引去。杨绘时为御史中丞，上言："老成人不可不惜。当今朝廷旧臣，范镇年六十有三，吕诲 六［五］十有八，①欧阳修六十有五，而皆致仕，富弼年六十有八而引疾，司马光、王陶皆五十而求散地，陛下可不思其故乎！"安石怒，罢为侍读学士。《读史节要》

司马光晋御史中丞，疏论修心之要三：曰仁、曰明、曰武；治国之要三：曰官人、曰信赏、曰必罚。其说甚备。《历代名臣传·司马光》

苏辙擢御史中丞，时元丰旧党，多起邪说以撼在位。吕大防、刘挚患之，欲稍引用，以平夙怨，谓之"调停"。辙面斥其非，复上疏曰："君子

---

① 记载此事的史料较多，《纲鉴易知录》《通鉴集要》《宋史纪事本末》《续资治通鉴》等史料均有记述，《南台旧闻》中提及的吕诲年龄与诸史料不符。

小人，势同冰炭，同处则必争。一争之后，小人必胜，君子必败。何者？小人贪利忍耻，击之则难去，君子洁身重义，沮之则引退。此辈若返，岂肯但已哉？必将戕害正人，渐复旧事，以快私忿。人臣被祸，盖不足言，所恤者，祖宗朝廷也。"疏入，"调停"之说遂已。《历代名臣传·苏辙》

徽宗立丰稷除御史中丞，首论蔡京之罪，京贬；又论章惇误国，惇黜；又言宣仁［佑］佐哲宗，退黜小人，洎小人复用，遂造诬谤，今宜辨明。又史官修神宗实录，辄以王安石日录乱之，愿择史臣，申饬成书。又数言近习之非，会曾布由内侍进，将拜相，公［稷］谓台属曰："盍共论之。"迁工［部尚］书，布遂相。《宋名臣言行录》续集卷一

［宋］孝宗以黄治为御史中丞，治尝奏曰［云］："因言固可以知人，轻听亦至于失人。是故听言不厌其广，广则［庶几其］无壅。择言不厌其审，审则［庶几其］无误。"上深然之。《万世玉衡录》卷三"知人"

冯璧权治书侍御史。诏问时务所当先者，璧上六事，大略言减冗食，备选锋，缓疑似以慎刑，择公廉以检吏，屯戍革朘削之弊，权贵严请托之科。又条自治之策四，谓别贤佞，信赏罚，听览以通下情，贬损以谨天戒。诏以东方饥馑，盗贼并起，以御史中丞完颜伯嘉为宣慰使，监察御史道远从行。道远发永城令簿奸赃，伯嘉与令有连［连违］，付令有司，释簿不问，燕语之际又许参佐克忠等台职，璧皆劾之，伯嘉竟得罪去。《金史·冯璧传》

御史中丞孟铸奏弹纥石烈执中"贪残专恣，不奉法令。释罪之后，累过不悛。失师帅之体，不称京尹之任"。上曰："执中粗人，似有跋扈尔。"铸对曰："明天子在上，岂容有跋扈之臣。"上意寤，取阅奏章，诏尚书省问之。《金史·逆臣列传》

至元二十三年［四月］，陈天祥除治书侍御史。六月，命理算湖北、湖南行省钱粮。天祥至鄂州，即上疏劾平章岳束木凶暴不法。时桑哥窃国柄，与岳束木姻党，为其爪牙羽翼，诬天祥以罪，欲致之死，系狱几四百日。

《元史·陈天祥传》

阿合马方用事，置总库于其家，以收四方之利，号曰"和市"。监察御史范方等斥其非，论甚力。阿合马知何荣祖主其谋，奏为左右司都事以隶己。未几，御史台除治书侍御史，升侍御史，又出为山东按察使，而阿合马莫逞其志矣。《元史·何荣祖传》

至元二十五年，董文用拜御史中丞。文用曰："中丞不当理细务，吾当先举贤才。"乃举胡祇遹、王恽、雷膺、荆幼纪、许楫、孔从道十余人为按察使，徐琰、魏初为行台中丞，当时以为极选。方是时，桑哥当国，恩宠方盛，自近戚贵人见之，皆屏息〔逊避，无敢谁何〕。文用以旧臣任中丞，独不附之。《元史·董文用传》

至元二十六年，立云南行御史台，起程思廉为御史中丞。始至，蛮夷首长来贺，词若逊而意甚倨，思廉奉宣上意，绥怀远人，且明示祸福，使无自外，闻者慑服。云南旧有学校，而礼教不兴，思廉力振起之，始有从学问礼者。《元史·程思廉传》

陈天祥升江南行台御史中丞。上章曰："去岁，行省右丞刘深远征八百媳妇国，其地为僻陋无用之地，人皆顽愚无知，取之不足以为利。深欺上罔下，帅兵伐之，经过八番，虐害居民，中途变生，所在皆叛。深仓皇退走，以致大败。丧兵十八九，弃地千余里。朝廷发四省诸军以图收复，大起丁夫运送军粮计二十余万。正当农时，兴此大役，驱愁苦之人，往回数千里，军劳民扰，未见休期。须上承天意，下顺人心，早正深罪。续下明诏示，彼一方自有归顺之日。"疏奏不报。《历代名臣传·陈天祥》

董士选拜御史中丞。时丞相完泽用刘深言，征八百媳妇国。士选率同列言之，奏事殿中毕，同列皆起，士选乃独言："今刘深出师，以有用之民而取无用地。就令当取，亦必遣使谕之，〔谕之〕不从，然后聚粮选兵，视时而动。岂得轻用一人妄言，而致百万生灵于死地？"帝色变。士选犹明辨不止，帝曰："事已成，卿勿复言。"士选曰："以言受罪，臣之所当。他日

以不言罪臣，臣死何益！"帝麾之起，左右拥之以出。《元史·董士选传》

至元二十九年，御史中丞崔彧奏："四方之人，来聚阙下，率言事以干进。[臣等以为，]中书、枢密，宜早为诠定，应格者与之，不当与者，明语【言之】[其故]。当者，即议施行，否则罢遣。"帝嘉纳之。又奏："纳速剌丁灭里、忻都、王巨济，党比桑哥，[恣为不法；]衔命江南，理算积[久]逋[赋]，期限严急，胥卒追逮，民至嫁妻卖女，殃及亲邻，维扬、钱塘受害最惨，无故而损其生五百余人。实桑哥及其凶党之为也，莫不愿食其肉。臣等共议：此三人者，既已伏辜，宜令中书省、御史台，从公论罪，以谢天下。"从之。《元史·崔彧传》

张珪拜江南行台御史中丞，因上疏，极言天人之际、灾异之故，其目有修德行、广言路、进君子、退小人、信赏必罚、减冗官、节浮费，以法祖宗成宪，累数百言。劾大官之不法者，不报；并及近侍之荧惑者，又不报。遂谢病归。《元史·张珪传》

【时】有言近臣受赂者，帝怒其非所当言，将诛之，[时]张珪为御史中丞，叩头谏，不听。杨朵儿只言于帝曰："诬告者，失刑；违谏者，失谊。世无谏[诤]臣久矣，张珪真中丞也。"帝喜，竟用珪言，拜朵儿只为侍御史。《元史·杨朵儿只传》

大德二年，命不忽木行中丞事。有因父官受贿赂，御史必欲归罪其父。不忽木曰："风纪之司，以宣政化，厉风俗为先。若使子证父，何以兴孝！"枢密臣受人玉带，微赃不叙，御史言罚太轻。不忽木曰："礼，大臣贪墨，惟曰簠簋不饬[饰]。若加笞辱，非刑不上大夫之意。"人称其平恕。《元史·海真传》

朵尔直班拜御史中丞。监察御史劾奏别儿怯不花，章甫上，黜御史懿怜直班[真班]。朵尔直班曰："若此则台纲安在？"乃再章劾奏，[并留大夫]，不允。台臣皆上印绶辞职。帝谕朵尔直班曰："汝[其]毋辞。"对

曰："台［宪］纲隳矣，臣安得独留？"帝为之出涕。《元史·朵尔直班传》

郝天挺拜御史中丞。入见，首陈纪纲之要，以猎为喻，曰："御史职在击奸，犹鹰扬焉，禽之弱者易获也。其力大者，必借人力。不然，不惟失其前禽，仍或有伤鹰之患矣。"帝嘉言。既出，台臣皆以为贺，风纪大振。又上疏陈七事，曰：惜名爵、抑浮费、止括田、久任使、论好事、奖农务本、励学养士，诏中书省举行之。《元史·郝天挺传》

李好文除陕西行台治书侍御史，时台臣皆缺，好文独署台事。西蜀奉使，以私憾摭拾廉访使曾文博、佥事兀马儿、王武事，文博死，兀马儿诬服，武不屈，以轻侮抵罪。好文曰："奉使代天子行事，当问民疾苦，黜陟邪正，今行省以下，至于郡县，未闻举劾一人，独风宪之司，无一免者，此岂正大之体乎！"率御史力辨武等之枉，并言奉使不法者十余事。《元史·李好文传》

张养浩延祐初为御史中丞。时关中大旱，民相食。既闻命，登车就道，遇饥者赈之，死者［葬］［瘗］之。经华山，祷雨岳祠，泣拜不能起。天忽阴翳，一雨三日。及到官，复祷于社坛，大雨如注，禾黍自生。四月未尝居家，止宿公署。夜祷于天，昼出赈饥，无少怠。《在官法戒录》卷三"法录下"

洪武元年，章溢拜御史中丞，务存大体，不屑细故，或以为言。溢曰："宪台，百司仪表，居其职者，当养人廉耻，使避而不犯，岂直恃搏击为哉？"《明名臣记》（另见《续藏书》卷二"开国名臣"）

靖难兵起，佥都御史程本立，出为江西副使，未及行，值北师渡江，本立悲愤自缢死。《明史纪事本末》卷十八"壬午殉难"

左佥都御史景清见文皇。［清自是］恒伏利剑于衣袿中。朝毕，出御门，清奋跃而前，将犯驾。文皇急命左右收之，得所佩剑。清植立嫚骂，抉其齿，且抉且骂，含血直喷御袍。乃命剥其皮，草楺之，械系长安门。后驾过［长安门］，索忽断，所械皮趋前数步，为犯驾状，上大惊，乃命烧之。已而上昼寝，梦清仗剑追绕御座，觉曰："清犹为厉耶！"命赤其族。

《明史纪事本末》卷十八"壬午殉难"

右副都御史练子宁缚至阙，语不逊。文皇大怒，命断其舌，曰："吾欲效周公辅成王耳！"子宁手探舌血，大书地上"成王安在"四字。文皇益怒，命磔之。《明史纪事本末》卷十八"壬午殉难"

佥都御史司中，召见，不屈，命以铁帚刷其肤肉，至尽而死。姻娅同死者八十余人。《明史纪事本末》卷十八"壬午殉难"

右副都御史茅大方，闻燕王起兵，遗诗淮南守将梅殷曰："幽燕消息近如何？闻道将军志不磨。纵有火龙翻地轴，莫教铁骑过天河。关中事业萧丞相，塞上功勋马伏波。老我不才无补报，西风一度一悲歌。"文皇登极，大方逮至，责问不屈，与其子顺童、道寿、文生同日弃市。《明史纪事本末》卷十八"壬午殉难"

万历十一年秋，丘橓擢左副都御史，以一柴车就道。既入朝，陈吏治积弊八事。【其】言：考绩、请托、访察、举劾、提问、资格、佐贰、馈遗诸弊。痛切指陈，不避忌讳。橓强直好搏击，清节为时所称。①《明史·丘橓传》

天启二年，吏部将用【太仆卿】钟羽正为左副都御史。羽正辞曰："冯公从吾佥院已久，吾后入，先之，是长竞也。西台何地，【而】可以是风有位乎？"乃受佥都御史而让从吾为副。甫入署，即言："方从哲无谋无[鲜]断，似佞似欺，宜免其官秩，[使]为法受过。沈漼结内援，招权贿，宜遄决其去。"会朱童蒙以讲学击邹元标及从吾，羽正言书院之设，实为京师首善劝，不当议禁，因自劾乞休。《明史·钟羽正传》

冯从吾擢左佥都御史，甫两月，进左副都御史。廷议"三案"，从吾言："李可灼以至尊尝试，而许其引疾，当国何心！至梃击之狱，与发奸诸臣为难者，即奸人也。"由是群小恶之。已，与邹元标共建首善书院，[给

---

① 《明史·丘橓传》对积弊八事记述详实，此条作提纲挈领。

事中] 朱童蒙遂疏诋之。因引归。明年，起南京右都御史，累辞未上。《明史·冯从吾传》

天启四年，左副都御史杨涟疏参魏忠贤二十四大罪，斥其违祖制而乱朝政，亲乱贼而仇忠义，窃威权而擅杀逐，恣诬陷而摇宫禁。末云，从来乱臣贼子，只争一念，放肆遂至不可收拾，奈何养虎兕于肘腋间乎！此又寸脔忠贤，不足尽其辜者。疏入，忠贤 [初闻疏，] 惧甚。其党王体乾及客氏力为保持，遂 [令魏广微] 降 [调] 旨切责 [涟]。自是，忠贤日谋杀涟。① 《明史·杨涟传》

左光斗拜左佥都御史。是时，韩爌、赵南星、高攀龙、杨涟诸人咸居要地。光斗与相得，甄别流品，正人咸赖之，而忌者浸不能容。杨涟劾魏忠贤，光斗与其谋，又与攀龙共发崔呈秀赃私，【己】草奏劾忠贤及魏广微三十二斩罪，先遣妻子南还。忠贤诇知，先 [二日] 假会推事 [与涟俱] 削籍。复构汪文言狱，逮至酷讯，与涟同日为狱卒所毙。《明史·左光斗传》

崇正末，命左副都御使方岳贡，以本官兼东阁大学士。故事阁臣无带都御史衔者，自岳贡始。《明史·方岳贡传》

甲申，贼薄近郊。左副都御史施邦曜语兵部尚书张缙彦檄天下兵勤王，缙彦慢弗省，邦曜太息而去。城陷，趋长安门，闻帝崩，恸哭曰："君殉社稷矣，臣子可偷生哉！"即解带自缢 [经]。仆救之苏，恨曰："是儿误我！"乃命家人市信石杂烧酒，即途中服之，血迸裂而卒。《明史·施邦曜传》

南北朝有书侍御史，多以大将军府参军郎中为之，与治书侍御史不同，官制不载。按《南史》云：何思澄自廷尉迁书侍御史。宋、齐以来，此职甚轻。天监初始重其选。又《北史·杨固传》，宣武末迁书侍御史，中尉王显起宅既成，集僚属享飨。酒酣问固曰："此宅何如？"固 [对] 曰："晏

---

① 《明史·杨涟传》对杨涟疏列魏忠贤的二十四大罪有详细记录，此条作提纲挈领。

婴湫隘，流传于今；丰屋生灾，著于《周易》。此盖传舍耳，惟有德能卒。愿公勉之。"显默然。则中尉与书御史非同官，明矣。又高道悦征兵秦雍，以使者书侍御史薛聪、侍御史主文中散元志等稽违［期会］，奏举其罪。或谓"书侍御史"应作"侍书御史"主文中散，《魏书》无"史"字。①

___

① 此条后无索引，经查出处，其来源于《南史·何思澄传》《北史·杨固传》《魏书·高道悦传》，应为黄叔璥纂以作按语。

南台旧闻·卷四

北平黄叔璥玉圃辑

宪署　登闻鼓院附

成帝时，以御史大夫为大司空，御史府吏舍百余区井水皆竭；又其府中列柏树，常有野乌数千栖宿其上，晨去暮来，号曰"朝夕乌"，乌去不来者数月，长老异之。后果废御史大夫为大司空。《汉书·朱博传》

御史所居之署，汉谓之御史府，亦谓之御史大夫寺（寺在大司马门内，无壂，其门署用梓板，不腆色，颜[题]曰："御史大夫寺"），亦谓之宪台。后汉以来，谓之御史台，亦谓之兰台寺。梁及后魏、北齐或谓之南台。后周曰司宪，属秋官府。隋及唐皆曰御史台。龙朔二年改为宪台，咸亨元年复旧。门北辟，主阴杀也。（北齐杨楞伽邺都故事[云]："御史台在宫阙西南，其门北开，取冬杀之义。"今东都台门不北向者，盖欲变古之制，或建造者不习故事耳。龙朔中，改司经局为桂坊，置司直，为东宫之宪府，亦开北门，以象御史台，其例明矣。或云：隋初移长安城，造御史台，时以兵部尚书李圆通检校御史大夫，欲于尚书省近，故开北门。非也。）《通典·职官六》

御史台御史厅前有两株柏。总章中，李元同、张仁祎为侍御史所植也。杜易简为之赞曰："爰有贞柏，徙植清台。麕条霜劲，蚕叶风开。始逢雀

［鹊］喜，终见乌来。"《续通典·职官二十九》

武后时改为肃政台，置左右二台，其左台本御史台也。又别置右台，右台地即今太仆寺是也。本隋长秋监地，武［太］后改为司宫台，移于街北。遂以其地置右台。太极初，左台大夫窦怀贞表请依贞观故事，遂废右台，以其地为御史台使院，开元八年，移太仆寺于此。《通典·职官六》

唐会昌中，监察御史郑路所葺体察厅谓之"松厅"，【盖厅内】［南］有古松也。《因话录》

舒元舆《御史台新造中书院记》：王者执生杀之柄造天下，使百度顺而已矣，其或不顺与顺而不得其度者，皆属于御史府。府之动静，为朝廷纪纲之职，与百司绝类。盖百司坐其署，但专局而已［矣］，入于朝与启事于丞相府，亦不出乎其位，是以朝罢而各复其司，以无事于朝堂与中书也。若御史台每朝会，其长总领属官，谒于天子，道路谁何之声，达于禁扉，至含元殿西庑，使朱衣从官传呼，促百官就班。迟晓，文武臣僚列于两观之下，使监察御史二人，立于朝堂砖道以监之，鸡人报点，监者押百官由通乾观象入宣政门，及班于殿庭［廷前］，则左右巡使二人分押于钟鼓楼下。若两班就食于廊下，则又分殿中侍御史一人为之使以莅之，内谒者承旨唤仗入东西阁门，峨冠曳组者皆趋而进。分监察御史二［一］人，立于紫宸屏下，以监其出入。炉烟起，天子负斧扆听政。自螭首龙池南属于文武班，则侍御史一人，尽得专弹举不如法者，由是吾府之属。［得］入殿内，其职益繁，其风益峻，故大臣由公相已下，皆屏气窃息，注万目于吾曹。吾曹坐南台则综核天下之法，立内朝则约绳千官之失，百司有滞疑之事，皆就我而质。故乘舆所在，下马成府，厘朝廷之纲目，与坐台之判决者相半。是以御史府故事，于中书之南，常有理所，先时惟中丞得专寓于尚舍一院，若杂事与左右巡使，则寓于西省小胥之庑下。遇大朝会时，吾属皆来，则息憩于杂事巡使之地，既寓于小胥，则我实客也。每亡事而去，则主人必垒而入，喧哗狼藉，其态万变，向之霜棱，尽为涕唾矣。岂吾君以天下纲纪属之于我之意耶！太和三年，御史知杂事，琅琊王君以寓直省院为叹，乃议于中丞曰："此前日之阙也！中丞能 为 [革] 之，岂直柏署之光乎！实羽仪吾府之多也。"事得闻于上，上 [即] 诏度支，出钱百万以资焉。乃 于 [以] 政事堂直阵之南选地以作之，合 为三院 [三院为一]，由东为首，其一为中丞，其二为杂事，其三为左右巡使。若中丞升为大夫，改官不改院；若三院毕朝集，台院附于杂事，殿察附于巡使，其名总号为御史台中书南院。院门北开，以取其向朝廷也。若百官之请事，群吏之【参】谒，入吾门，[将] 抵伺于屏者，见吾轩堂阶阆之严，固不俟戒而自肃 [焉]。为此者何？尊天子也。吾府为天子耳目，宸居堂陛，未有耳目聪明、堂陛峻正而天子不尊也。天子尊，未有奸臣贼子而不灭也，奸臣贼子尽灭矣，可以自朝廷至于海隅，[荡荡然何所不理哉]。《全唐文》卷七百二十七之舒元舆《御史台新造中书院记》

张良器《乌台赋》：士有利于鸿渐者，观乎宪台。降太液，迩蓬莱，风威四惊 [警]，霜气傍 [旁] 摧。地疏曹而独秀，居对禁而分开。提纲必理，举职惟才。门凌晨而豸出，树夕阳而乌来。严城岑寂，灵台寒产。直状临而愈明，伪迹投而遽划。故座有彝法，门无滥板，理纵扰而庭幽。事虽烦而人简，及夫贪吏无厌，豪宗不戒，酷奋黔俗，洪威桎梏，是司也。故以矜远声，哇长喟，奉丝纶以遄察，腾锦车而遥届，则跋扈颜沮，强梁志惫。望骢马而局踏，仰绣衣而下拜，是知上能赞圣，下足安凡。顾盼而朝班已肃，摧弹而邦度增严。庶究厥能，请循其始。官则秦置，台则汉起，或掌方书，或称柱史。朱何以忠雅标懿，桓陈以刚直著美。上封则起于郑均，埋轮则远闻张纪，虞诩之人方侧目，暴胜之名兼直指，皆玉秀珠明，鹰瞬鸮视，既干时而助化，亦图国而远耻，莫不才挟主以成功，主因才而共理。唐缵玉叶，荩臣惟哲，法省赢刘，台兼员薛，昂凉阶宇，奋迅霜雪。耿独坐而情雄，邈群司而位绝，岂徒以耸动僚寀。逡巡朝列，倘吾道之将行，庶从兹而振节。《全唐文》卷七百六十二之张良器《乌台赋》

石林叶氏曰："唐三院御史，谓侍御史与殿中侍御史、监察御史也。侍御史所居曰台院，殿中曰殿院，监察曰察院，此其公宇之号，非官称也。侍御史自称端公，知杂事则称杂端，而殿中、监察则称侍御。近世殿院、察院乃以名其官，盖失之矣。而侍御史复不称台院，止曰侍御，端公、杂端则[但]私以相号，而不见于通称，各从其所沿袭而已。"《文献通考·职官考七》

宋仍唐制，有三院，中兴前又有三京留司御史台，管勾台事各一人。《文献通考·职官考七》

石林叶氏曰："两京留台皆有公宇，[亦]榜曰'御史台'。旧为前执政重臣休老养疾之地，故例不事事。皇祐间，吴正肃公为西京留台，独举其职。时张尧佐以宣徽使知河南府，郡政不当，有诉于台者，正肃即为移文诘之。尧佐惶恐，奉行不敢异。其后司马温公熙宁、元丰间相继为者十七年，虽不甚预府事，然亦守其法令甚严，如国忌行香等，班列有不肃，亦必绳治。自创置宫观后，重臣不复为，率用常调庶官，比宫观给使，请俸差优耳。朝廷既但以此为恩，故来者奔走府廷，殆与属吏无异矣。"《文献通考·职官考七》

曾肇《重修御史台记》：恭惟神宗皇帝，受命承序，十有九年，建立经常，皆应[相]古义。好恶无私，赏罚不僭，而纲纪是张。宫室勿营，池籞苟完，而府寺是崇。故能垂精风宪之司，以启后嗣之意。二圣恭己，开辟言路。耳目之地，宠遇莫抗。故能新是栋宇，以成前人之志，是宜著在文字，刻之金石，垂休无穷。虽然，臣尝闻之，责人非难，责己惟难。御史责人者也，将相大臣非其人，百官有司失其职，天下有败法坏纪服谗蒐慝者，御史皆得以责之。然则，御史独无责乎哉？居其位有所不知，知之有所不言，言之有所不行，行之而君子病焉，小人幸焉，此御史之责也。御史虽不自责，天下得以责之。惟其不难于责己，则施于责人，能称其任矣。能称其任，然后危冠盛服，崇墉峻宇，游焉息焉，可以无愧。苟异于

是，得无馁于中哉！［臣］故不自揆，辄因承诏，诵其所闻，以告在位者，使有以仰称列圣褒大崇显之意焉。《汴京遗迹志》官署一

苏轼《御史台榆槐竹柏》四首："我行汴堤上，厌见榆阴绿。千株不盈亩，斩伐同一束。及居幽囚中，亦复见此木。蠹皮溜秋雨，病叶埋墙曲。谁言霜雪苦，生意殊未足。坐待春风至，飞英覆空屋。"（《榆》）。"忆我初来时，草木向衰歇。高槐虽经秋，晚蝉犹抱叶。淹留未云几，离离见疏笑。栖鸦寒不去，哀叫饥啄雪。破巢带空枝，疏影挂残月。岂无两翅羽，伴我此愁绝。"（《槐》）。"今日南风来，吹乱庭前竹。低昂中音会，甲刃纷相触。萧然风雪意，可折不可辱。风霁亦［竹］已回，猗猗散青玉。故山今何有，秋风荒篱菊。此君知健否，归扫南轩绿。"（《竹》）"故园多珍木，翠柏如蒲苇。幽囚无与乐，百日看不已。时来拾流肪，未忍践落子。当年谁所种，少长与我齿。仰视苍苍翰，所阅固多矣。应见李将军，胆落温御史。"（《柏》）《苏轼诗集》"御史台榆槐竹柏四首"

陈贾《御史台厅壁记》：宋朝三院御史皆得论政事，纠官邪。元丰、绍圣著于甲令，其用峻故其选精，一时列职其间，悉由天子亲擢。太上中兴，大明国是，耳目所寄，必惟其人。绍兴更化，诏除公正之士，以革缔交合党之风。已而又降札书，刊元丰手诏于台院，盖欲遵用忠纯体国之人，以成笃厚之政。先后丁宁，昭若日月，龙蛇飞动，琬琰光辉，圣意相传，家法不改，实我宋维持纪纲之盛事，凡职于此者宜有考焉。《全宋文》第二百五十四册卷五千七百一十四之陈贾《御史台厅壁记》

登闻鼓院。宋朝鼓在宣德门南街之西廊，院在外门西之北廊，旧曰"鼓司"，景德四年五月改今名。凡文武臣僚阁门无例通进文字者，诸色人进状并先经登闻鼓院，除告军机密事及论诉在京臣僚，即依例实封。如进入后审状有异同、虚妄及夹带他事，并科违制之罪。淳化三年，置理检使院在宣德门外西北廊鼓院之西，令登闻鼓司进状。人有称冤滥沉屈者，即引送理检院审问。未经鼓院进状，检校不得收接；未经检院，不得接驾进

状。违者依法科罪。《乌台笔补牒呈》"登闻鼓院"

登闻检院。唐置匦。宋朝太平兴国九年，改匦为检，东延恩，曰①崇仁；南招谏，曰思谏；西申冤，曰申明；北通 元 [玄]，曰招贤。改匦院，曰登闻院，院在宣德门东廊之北。景德四年五月，改为登闻检院。[是月，]敕："如急速文字，画时进入。常程文字，一例每五日一次于检院内通进。"《乌台笔补牒呈》"登闻检院"

辽南面有御史台。金御史台登闻鼓院隶焉，元立宪台。《续文献通考》②

鼓院在掖门东，检院在掖门之西。无故入御史台，杖六十。挝鼓者先杖八十。《乌台笔补牒呈》"旧日监察所行"

王恽状，窃 [切] 见一等狂妄小民，苦无冤抑，如婚姻、田宅、户门等事，往往辄便接驾唐突。圣主爱民心切，[其唐突者，]必奉 [将] 敕旨，令有司理问。则是万乘帝王之尊，下行有司之事，[万无此理！] 合无建立登闻检鼓院，如有指陈军国大事，朝政得失，大段冤抑累经诉理未获辨明，或事不 [干] 机密者，许令投进以闻。[如此，] 使天下冤抑之情得以上达，而朝廷尊严之势，[彼] 狂妄小民亦不能咫尺轻近矣。《乌台笔补牒呈》"请立登闻检鼓院事状"

明初制一循元旧。洪武十四年，始改为都察院，建文初，改为御史府，十三道御史曰左右两院监察御史。永乐鼎革悉复洪武之制，其后移都察院于北京，而留都曰"南京都察院"，略如六部矣。《钦定续文献通考》卷五十四

登闻鼓院在西长安门，小厅三间，东向，傍一小楼悬鼓，俾冤民击之，[通达下情。] 每日科道官各一员、锦衣卫官一员轮司其事。民有冤抑，有司不为申理，具状通政司，又不为转 奏 [达] 审实，列其状以闻。《春明梦

---

① "曰"，荟要本、四库本同元刊明补本；弘治本作"白"，形似而误。
② 此条出自《续文献通考》，收录在《御定渊鉴类函》卷八十八中。

余录》卷之六

方孝孺《御史府记》：［皇］上嗣位之初，即下明诏，行宽政，赦有罪，蠲逋租巨万计，去事之妨民者。明年，分遣使者问海内【所】患苦，赏廉平吏，罪至死者多全活之。于是刑部、都察院论囚，视往岁减三分之二，人皆重于犯法。二年春二月甲子，有诏："［若曰］顷以诉状繁，易御史台号'都察院'。［其更都察院］仍汉制为御史府，专以纠贪残，举循良，匡政事，宣教化为职。省御史定为二十八人，务为忠厚，以底治［平］。"三月戊辰，赐御史衣。明日己巳，以都察院旧署在太平门之北，于朝谒为难，命即詹事府为御史府，赐宴于新治，敕令臣某记其事，【臣】惟御史之官，始于周，其职之所治与权任之 轻重 ［重轻］，虽累变不常，然得其人则纲纪振，而国体尊，非其人则人望不肃而是非错谬。然专任以刑狱，则自近代始。往 ［曩］者，法吏持刑深刻，犯者滋众，先皇帝甚厌苦之，欲有更改而未暇。今皇上以德养人，群生喜悦，讼者衰止。复古官名以修善政，实行先帝之遗志。自今居是府者，其敬承圣训，凡便于国利于民者，则言之；为 国 ［民］之蠹，为 民 ［国］之病者，【则】去之。毋溺于私，而枉其所守；毋摄于势，而屈所当为。一以道辅佐天子行德 政 ［教］，使黎民醇厚如三代【盛】时，斯不负建官图治之意。苟为不然，舍其大，而务其细，或事小忠末节以市名，或为诡行恑言以规荣利，于民之治否、国之安危无预焉，则是官之名虽更，而实之可厌苦者，自若也，奚可哉？臣幸执笔从太史【之】后［夫纪政教］，故书其事以为居位者规。《皇明经济文录》卷之五《御史府记》

南台旧闻·卷五

北平黄叔璥玉圃辑

建置

侍御史

法驾每出，侍御史执法以督整车骑，谓之护驾。《后汉书·舆服上》

侍御史，于周为柱下史，老聃尝为之。秦时，张苍为御史，主柱下方书，一名柱后史，亦为侍御史。汉因之，凡十五员（《汉旧仪》曰：汉御史员四十五人，皆六百石。其十五人［衣绛］，【俱】给事殿中，为侍御史，宿庐在石渠门外，二人尚玺，四人持书，给事二人侍前，中丞一人领录［余］三十人留寺，理百官事）。惠帝初，遣御史监三辅郡，其后又置监御史。后汉亦有侍御史员，察举非法，受公卿郡［群］吏奏事，有违失，举劾之。凡郊庙之祀及大朝会、大封拜，则一［二］人监威仪，有违失则劾奏。以公府掾属高第补之，或故牧守、议郎、郎中为之。初上称守，满岁拜真，出剧为刺史、二千石，平迁补县令。见中丞，执板揖。顺帝复绝他选，专用宰士，有三缺、三府各一，举劾案章，事无大小，尚书受成而已。又按二汉侍御史所掌凡有五曹：一曰令曹（掌律令），二曰印曹（掌刻印），三曰供曹（掌斋祀），四曰尉马曹（掌厩马），五曰乘曹（掌车驾）。魏置［御史］八人。晋侍御史九人，颇用郡守为之。品同持书，而有十三曹（吏曹、课第曹、直事曹、印曹、中都督曹、外都督曹、媒曹、符节曹、水曹、中垒曹、营军曹、法曹、算曹。东晋［及江左］初，省课第曹，置库曹，后分库曹，置内左库、外右库二曹）。宋代多并诸曹，凡十御史焉。齐有十人，梁陈皆九人，居曹纠察不法。后魏御史甚重，必以对策高第者补之。侍御史与殿中侍御史昼则外台受事，夜则番直内台。御史旧式不从台主简代。延昌中，王显有宠于宣武，为御史中尉，始请革选。北齐有八人，［亦重其选。］后周有司宪中士，则其任也。隋侍御史八人，犹踵后魏革选；［自］开皇之后，始自吏部选用，仍依旧入直禁中。大业中，始罢御史，直宿台内，文簿皆持书主之，侍御史但侍从纠察而已。唐自贞观初以法理天下，尤重宪官，故御史最为雄要。其将除拜，皆吏部与台长官、宰相议定，然后依选例补奏，其内诏别拜者，不在其限。麟德以来，用人尤重，选授之命，不由铨管。及李义甫掌大选，宠任既重，始得补之。自义甫之后，无出于吏部者。侍御史凡四员，内供奉二员。掌纠察内外，受制出使，分判台事。又分直朝堂，与给事中、中书舍人同受表里冤讼，迭知一日，谓之"三司受事"。其事有大者，则诏［下］尚书、刑部、御史台、大理寺同按之，亦谓此为"三司推事"。武［太］后时，刑狱滋章，凡二台御史，以诛暴为事，猜阻倾夺，更相陵构。神龙以来稍革之，其后名流谨［慎］选，侔于贞观、永徽矣。侍御史之职有四，谓推（推鞫）、弹（弹举）、公廨（知公廨事）、杂事（总判台事）。定殿中、监察以下职事及进名、改转，台内之事悉主之，号为"台端"，人称之曰"端公"。其知杂事者，谓之"杂端"，最为雄剧。食坐之南设横榻，谓之"南床"。殿中、监察不得坐。凡侍御史之例，不出累月，则迁登南省，故号为"南床"。太极以前，二台朝列之制，侍御史与殿中随仗入，分居两行（东行在侍中、黄门侍郎、给事中后，起居郎、常侍、［正］谏议大夫、御史中丞下。西行在中书令、侍郎、舍人后，起居舍人、常侍、谏议大夫、御史中丞、大夫下）。承诏者各五日。

有旨召御史，不呼名，则承诏者出（承诏御史旧在西，开元初制在东）。侍御史或阙，则假殿中承之（［自］至德以来，诸道使府参佐，多以省郎及御史为之，或兼或摄。诸使官亦然）。《通典·职官六》

持书侍御史者，本汉宣帝元凤中，因路温舒上书宜尚【德】缓刑，帝深采览之。季秋清澈时，帝幸宣室，斋居而决事，令侍御史二人持书，故曰"持书侍御史"。《乌台笔补牒呈》"持书故事"

御史有三院：一曰台院，侍御史隶焉；二曰殿院，殿中侍御史隶焉；三曰察院，监察御史隶焉。《新唐书·百官志三》

侍御史掌纠举百僚，推鞫讼狱。其职有六：一曰奏弹，二曰三司，三曰西推，四曰东推，五曰赃赎，六曰理匦。凡有制敕付台推者，则按其实状以奏；若寻常之狱，［推］讫，断于大理。凡事非大夫、中丞所劾而合弹奏者，则具其事为状，大夫、中丞押奏。《唐六典》卷十三"侍御史"

侍御史一人，掌二台政。《宋史·职官志四》

宋仍唐制，［侍御史］二中丞，隶台院。天禧中，置言事御史，后久不除。庆历五年复置。《文献通考·职官考七》

辽会同元年置侍御史，金侍御史二员。《续文献通考》①

至元五年设御史，从五品。十九年升正五品。大德十一年升从二品，后定置二员。《元史·百官志二》

明初有侍御史，后罢。《明会典》

明太祖谕侍御史原吉②等曰："比来台臣久无谏诤，岂朝廷庶务皆尽善，抑朕不能听受故尔默默乎？尔等以言为职，所贵者忠言日闻，有益于天下国家。若君有过举而臣不言，是臣负君；臣能直言而君不纳，是君负臣。

---

① 此条出自《续文献通考》，收录于《御定渊鉴类函》卷八十九。
② 经核，此处官职与人名均与《典故经闻》所载有出入，《典故经闻》此处所言为："太祖曾谓御史大夫文原吉曰。"

朕[尝][每]思，一介之士，于万乘之尊，其势悬绝，平居能言，临对之际，或畏[避]不能尽其词[辞]，或仓卒不能[尽][达]其意，故常霁色以纳之，惟恐其不尽言也。至于言无实者，亦略而不究。盖见秦汉以来，季世末主护短恶谏，诛戮忠直，人怀自保，无肯为言者，积咎愈深，遂至不救。夫日月之行，犹有薄食，人之所为，安能无过？惟能改过，便可成德【矣】。"《典故记闻》卷二①

殿中侍御史

魏兰台遣二御史居殿中，察非法，即殿中侍御史之始也。晋置四人，江左多置二人。梁有四人，掌殿中禁卫内事。后魏、北齐[皆]有之。隋初，改曰殿内侍御史，置十二人，至炀帝省。[大]唐置六员（初有二员，贞观二十二年加二员，开元中加二员），内供奉三员，初掌驾出于卤簿内，纠察非违，余同侍御史，唯不判事。咸[通][亨]以前，迁转及职事与侍御史相亚。[自]开元[初]以来，权归侍御史，而迁转犹同，兼知库藏出纳及宫门内事，知左右巡，分京畿诸州诸卫兵禁隶焉，弹举违失，号为"副端"。阁门内外，百僚班序有离立失列、言嚣而不肃者，则纠罚之。或缺，[则]吏部以他官摄之。其郊[社][祀]、巡幸，大备卤簿，出入由旌门者，监其队伍。初，武[太]后时有殿中里行及员外殿中御史官，或[有]起家为之而即真者。神龙以来，无监察则有里行。《通典·职官六》

殿中侍御史掌殿廷供奉之仪式。凡冬至、元正大朝会，则具服升殿。若皇帝郊祀、巡省，则具服从，[于]旌门往来检察，视其文物之有亏，缺则纠之。凡两京城内则分知左、右巡，各[视][察]其所巡之内有不法之[人][事]。《唐六典》卷十三"殿中侍御史"

---

① 此条《南台旧闻》原无索引，校查补。

唐天成二年，御史台奏【曰】："每遇入阁日，欲依常朝例，差殿中侍御史二员，押[于]钟鼓楼位。[各]缀供奉官班，出入所冀[事]，共[具]为纠察，从之。"《五代会要》卷十七"殿中侍御史"

[宋制，]殿中侍御史二人，正七品【官】。掌言事，分纠大朝会及朔望、六参官班序（东西对立，弹其失仪者）。旧制，侍御史兼知杂事，殿中侍御史兼左、右巡使，监察御史兼察使。官卑而入殿中、监察御史者，谓之里行。元丰八年，诏殿中侍御史兼察事，监察御史兼言事。《文献通考·职官考七》

殿中侍御史二员，正四品。至元五年始置，秩正七品，后升正四品。凡大朝会，百官班序，其失仪失列，则纠罚之；在京百官到任假告事故，出三日不报者，则纠举之；大臣入内奉事，则随以入，不可与闻之人，则纠避之。《元史·百官志二》

监察御史

始[初]，秦以御史监理诸郡，谓之"监御史"（宋魏鹤山《古今考》载，通秦以御史监理诸郡，谓之监史。《战国策》有韩安邑之御史，则以御史监郡，六国亦有之，非自秦始也）①，汉省[罢]其官[名]。晋太元中，始置检校御史，以吴混之为之，掌行马外事（《晋志》[云]："古司隶掌行马外事。晋过江，罢司隶官，[故]置检校御史，以[专]掌行马外事。"），亦兰台之职（又有禁防御史）。宋、齐以来无闻。后魏太和末亦置此官，宿直外台，不得入宿内省。北齐检校御史十二人，后周司宪旅下士八人，盖亦其职。《通典·职官六》

制诏御史："诸侯王或欲推私恩分子弟邑者，令各条上，朕且临定其号名。"《史记》卷二十一《建元已来王子侯者年表第九》

《前汉·百官表》："其治书符玺者，印绶比二百石以上皆铜印黄绶。"

---

① 此为黄叔璥注。

《汉官仪》："尚玺四人，掾史赵尧为符玺御史，尚玺者也。"《晋·职官志》："符节御史，秦符玺令之职也。汉因之，位次御史中丞，掌绶节、铜虎符、竹使符。及泰始中，武帝省并兰台，置符节御史掌其事焉。"《乌台笔补牒呈》"符节御史"

《晋·职官志》："按《魏晋官品令》，又有防禁御史第七品，兰台之职也。"《乌台笔补牒呈》"防禁御史"

[《晋·职官志》]："光武建武初征伐四方，始权置督军御史，事竟，罢。东晋孝武太元六年复置。"隋炀帝时监军御史。《乌台笔补牒呈》"督军御史"

北齐司马子端《选御史表》："周兴铁柱，汉制绣衣，簪白笔而绳违，驭骢马而明目，故能出则督察万里，入则纠劾百僚。扬攉而言，惟贤是寄，必须名高河朔，价重汉南。谔谔清风，翩翩妙技。心焉靡石，直也如弦，有兼此者，实所饥渴。"《职官分纪》卷十四①

御史台，省殿内御史员，增监察御史员十六人，加阶为从七品。开皇中，御史直宿禁中，至是罢其制。五年，增侍御史为正七品，唯掌侍从纠察，后又增置御史，从九品，寻又省。《隋书·百官志下》

隋开皇二年，改检校御史为监察御史，凡十二人。炀帝增置十六员，掌出使检校。[大]唐监察御史十员（初[有]四员，贞观二十二年加二员，显庆中加二员，开元中加二员），里行五员。开元初，革以殿中掌左右巡，监察或权掌之，非本任也。职务繁杂，百官畏惧，其选拜多自京畿县尉。又有监察御史里行者，太宗置，自马周始焉（[初][始]马周以布衣有诏令於监察御史里行，遂以为名。[后]高宗时，王本立自忻州定襄县尉为之。凡里行皆受俸于本官，多复本官者，自王大宾后，罢本官俸，方有即真者）。武[太]后时，复有员外监察、试监察，或有起家为之而即真者。又有台使八人，俸亦於本官请，

---

① 此条《南台旧闻》原无索引，校查补。

馀同监察（时人呼为六相）。吏部式其试监察。神龙以来，无复员外及试，但有里行。凡诸内供奉及里行，其员数各居正官之半，惟俸禄有差，职事与正同。《通典·职官六》

高宗时，方置内供奉及里行官，皆非正官也。开元初，又置御史里使及侍御里使、殿中里使、监察里使等官，并无定员，［义与里行同。穆思泰、元光谦、吕太一、翟章并为里史，］寻省。建中三年［九月］，御史台请置推官二人，常与本推御史同推覆，奉敕依。《通典·职官六》注

唐龙朔元年，置侍御里行、殿中里行、监察里行。武后文明后，颛以里行名官。长安二年，复置内供奉官。旧例，掌殿庭供奉之仪式，每朝与侍御史随仗入，位在中丞下，给事中、中书舍人后。《乌台笔补牒呈》"侍御等里行例""供奉例"

宋初，御史多出外任，风宪之职以他官领之。太平兴国三年，诏本司自荐属官，俾正名举职。天禧元年，诏别置御史六员，不兼他职，月须一员奏事，专任弹举，有急务听，非时入对。嘉佑四年，中丞韩绛请置里行，从之。《文献通考·职官考七》

明道二年，诏宰相毋得进用台官。言者谓台官必由中旨，乃祖宗法也。帝曰："祖宗法不可坏。宰相自用台官，则宰相过失无敢言者矣。"故诏："自今台官，非中丞、之［知］杂保荐者，毋得除授。"《纲目·宋纪》

皇祐三年，仁宗宣谕宰臣曰："谏官、御史必用忠厚纯直，通世务、明治体之人，以革浮薄之俗。"自是，诏举御史，必载帝言降勅。《宋会要》[①]

治平二年，兼侍御史知杂事吕诲上言："台谏者，人主之耳目。旧三院御史常有二十员，而后益衰减。今台阙中丞，御史五员，惟三人在职，封章十上，报闻者八九。谏官二人，一他迁，一出使，言路壅塞，窃为陛下

---

① 黄叔璥引用的应为《宋会要辑稿》。此条在《宋会要辑稿·职官一七》中的原文为："三年十月，仁宗宣谕宰臣曰：'谏官、御史必用忠厚淳直、通明治体之人，以革浇薄之弊。'"《南台旧闻》所述与其意思一样，行文有异。

惜之。"《历代名臣传·吕海》

治平四年，中丞王陶言："奉诏举台官，而才行可举者多以资浅不应格。"乃诏举三[丞][任]以上知县为里行。《宋史·职官志四》

熙宁三年，除秀州军事推官李定权监察御史里行。宋敏求缴词头，云："去岁骤用京官，今又幕职官便升朝著峻，处纠绳之地，臣恐未厌众议。"[元丰]五年，诏秘书、殿中、内侍省不隶六察，如有违慢，委言事御史弹奏。七年，以六察官为监察御史。八年，诏监察御史兼言事。乾道二年，诏："自今非经两任县令者，不得除监察御史，著为条令。"《文献通考·职官考七》

唐张九龄言于元宗曰："凡不历县令，[虽有善政，]不得任台郎、给、舍。"宋孝宗定知县以三年为任，[未][非]经两任，不除监察御史。此开元、乾道之吏治所以独高于近代也。《日知录集释》卷九"京官必用守令"

大观时，胡舜陟为监察御史。奏："御史以言为职，故自唐至本朝皆论时事，击官邪，与殿中侍御史同。崇宁间，大臣欲便己，遂变祖宗成宪，南台御史始有不言事者。多事之时，以开言路为急。乞下本台，增入监察御史言事之文，以复祖宗之制。"又奏："上殿班先台后谏，祖宗法也，今台臣在谏臣下，乞今后台谏同日上殿，以台谏杂压为先后。"《宋史·胡舜陟传》

王炎《双溪集》曰："昔汉部刺史以六条察州，五条以察二千石，而一条以察大姓强宗。墨绶以下不与焉，非[故][固]严于其大而略于其小也，以为大吏有所畏忌，则其小者不治而自肃也。今外之台府与内之台谏[均]，不论贵近而论庶僚，不按郡守而按小吏，则人情不服而法不平矣。"闻南轩先生有言曰："帅桂四年，但按四郡守。微如簿尉，纵有奸赃，为害也小，不若先治其大者。"此至论也。《全宋文》第二百七十册"王炎七"

金选监察御史，尚书具才能者疏名进呈以听，制俟任满，御史台奏其能否，仍视其所察公事具书于解由，以送尚书省。如所察事皆无谬戾为称，则有升擢。庸常者临期取旨，不称者降除，任未满者不许改除。大定二十七年前，尝令六十以上者为之。后，台官以年老多废事为言，乃敕尚书省于六品、七品内取六十以下廉干者备选。二十九年，令台官得自辟举。明昌三年，复命尚书省拟注，每一缺则具三人或五人之名，取旨授之。承安三年，敕监察给由必经部而后呈省。泰和七年，敕尚书自今初授监察者，令进利害帖子以待召见。贞祐元年，减定监察御史为十二员。四年，命台官辟举，以名申省，定其可否。兴定四年，减四员。五年，敕监察御史所弹事同列不得与闻，著为令。《钦定续文献通考》卷五十四

察院，秩正七品。监察御史三十二员。司耳目之寄，任刺举之事。至元五年，始置御史十一员，悉以汉人为之。八年，增置六员。十九年，增置一十六员，始参用蒙古人为之。至元二十二年，参用南儒二人。《元史·百官志》

洪武元年，诏：御史台监察御史，提刑按察司，耳目之寄，肃清百司。今后慎选贤良方正之人，以副朕望意。宣德三年，令都察院选进士、监生教官堪任御史者，于各道历政三个月，考其贤否，第为三等，上中二等授御史，下等送回吏部。正统四年，令凡都察院各道监察御史并首领官、按察司官并首领官，自今务得公明廉重、老成历练之人，奏请除授，不许以新进初仕及知印承差吏典人员充用。又令吏部于进士、监生教官儒士出身，曾历一任者，选送都察院理刑半年，考试除授。六年奏准，凡御史员阙，于行人、博士、知县、推官、断事、理问及各衙门司务、各按察司首领官、进士、监生出身一考两考者，吏部拣选送院，问刑半年，堂上官考试除授。景泰六年奏准，进士年三十以上并历事听选监生原系举人者，及考满在部教官该升者，通取赴吏部考选，试职一载，满日仍从本院堂上官考察。成化十年令：御史缺，选进士三十以上者，问刑半年，考试除授。博士、行人、推官、知县兼选仍试职。弘治元年奏准，行人、知县等官送都察院理刑半年，满日听本院考察，各注考语送吏部选用。嘉靖六

年奏准，御史有缺，兼取主事、评事资望相应者，考补。隆庆四年奏准，历俸将及三年，中书、行人并已及三年，博士、助教等官及各部员外郎主事选改。万历二年，命各部员外郎不准改授御史。《明会典》卷一百六十四①

洪武十七年，以秀才宋矩等十七人为监察御史。《明史纪事本末》卷十四"开国规模"

御史分十三道，御史巡按以至他公委，出则奏请，还则考核。然御史独不系都察院，以示得相纠察［之意］。《续文献通考》②

永乐六年巡狩，侍从御史二十四员。［恭］遇万寿、圣节、公侯、驸马、伯文、武官四品以上，近侍官及监察御史预宴，五品以下赐钞［一锭］。经过郡县，分令给事中、监察御史存问高年，颁布帛酒肉。嘉靖十八年南巡，扈从十三道监察御史二员。③

永乐七年，命［兵部尚书］署吏部事方宾，简南京御史之才者召来，宾奏御史张循理等二十八人可用。上问其出身，宾言循理等二十四人由进士、监生，洪秉等四人由吏。上曰："用人虽不专一途，然御史，国之司直，必有学识，达治体，廉正不阿，乃可任之。若刀笔吏，知利不知义，知刻薄不知大体，用之任风纪，使人轻视朝廷。"遂黜秉等为序班，谕自今御史勿复用吏。《日知录集释》卷十七"通经为吏"

御史分为十三道，凡四等，寄以言责。仿保氏之掌谏委以代巡，仿撢人之巡行天下，合清军巡监、省惟三人，仿王制岁使大夫监于诸侯之国，国三人者也。《广治平略》卷十二"官制篇"

御史考核，即汉宣命御史考殿最也；书以考语，即唐人第其善最也；

---

① 《明会典》此条收录于《钦定古今图书集成·明伦汇编·官常典》卷三百三十五。
② 《续文献通考》查无，今见《钦定古今图书集成·经济汇编·铨衡典》卷六十七"明代官制"、《弇山堂别集》卷五十二"都察院左右都御史表"。
③ 此条索引原写"同上"，较为含糊，且查《续文献通考》并无记载。此条应来源于《弇山堂别集》卷六十六"巡幸考"。

稽其牌册，引以奏对，即宋人之引对磨勘也。《春明梦余录》卷三十四

景泰初，御史张子初、练纲等言："御史从大臣保举而任，则大臣有过，必钳口卷舌而不敢言。其有请嘱，必俯首帖耳而不敢异。愿停之，以清弊源。"下部议，部是御史言［已］。《春明梦余录》①

旧制，御史百余 官 ［员］。至万历末，十三道止五人，一人领数职。在外巡按率不得代。都御史数年空署。帝素恶言官，前此考选除授者，率候命二三年，及是候八年。宰臣请至数十疏，竟不下。帝自以海宇承平，官不必备，有意损之。《明史·方从哲传》

---

① 查《春明梦余录》不得此条内容，见于《广治平略》卷十三"铨选篇"，另见于《钦定古今图书集成·经济汇编·铨衡典》卷十八。

南台旧闻·卷六

北平黄叔璥玉圃辑

官仪

汉直指使持斧,衣绣衣。《乌台笔补牒呈》"直指使"

法冠,一曰柱后。高五寸,以纚为展筩,铁柱卷,执法者服之,侍御史、廷尉正监平也。或谓之獬豸冠。獬豸神羊,① 能别曲直,楚王 常 [尝] 获之,故以为冠。胡广说曰:"《春秋左氏传》有南冠而絷者,则楚冠也。秦灭楚,以其君服赐执法近臣御史服之。"《后汉书·舆服志下》

大驾属车八十一乘。皆尚书、御史所载。最后一车悬豹尾。(薛综注:侍御史载之)《后汉书·舆服志上》

侍御史,一名柱后史,谓【冠】以铁为柱,言 [其] 审固不挠也。威烈赫奕,莫之敢犯。真御史守中丞、持书,服其冠 [绂],上事言守,关移称真。自汉以来,皆朝服法冠。《通典·职官六》

---

① 《异物志》曰:"东北荒中有兽名獬豸,一角,性忠,见人斗,则角触不直者;闻人论,则咋不正者。楚执法者所服也。今冠两角,非象也。"

杜诗，岁中三迁为侍御史。世祖召见，赐以棨戟。①《后汉书·杜诗传》

明帝见殿中侍御史簪白笔侧阶而立，问此何官。辛毗曰："此为御史，簪笔书过，以纪不依古法者，今直备位毦笔耳。"《三国志·魏书三》（《事类赋注》卷十五《什物部一》引述了《魏书》中的内容）

齐代旧事，籍田使御史乘马车，载耒耜，于五格。后梁天监十二年，以御史掌视，为车轻省，以侍中奉耒耜。《隋书·礼仪志二》

初定法冠，一名獬豸冠，铁为柱，其上施珠两枚，为獬豸角形，法官服之。开皇中，御史戴却非冠，而无此色。新制又以此而代却非。御史大夫以金，治书侍御史以犀，侍御史以[已]下，用廌[羚]羊角，独御史、司隶服之。《隋书·礼仪志七》

侍御史弹劾，则大夫、中丞押奏。大事，法冠、朱衣、纁裳、白纱中单；小事，常服。殿中侍御史元日、冬至朝会，则乘马、具服、戴黑貂升殿。《新唐书·百官志三》

[唐台仪] 旧制：御史以鹭羽饰车，以白鹭察泉中鱼，象御史察隐微之罪。《唐台仪》②

御史有八印：台印、随从印、左巡印、右巡印、监仓印、监库印、监察印、出使印。《唐台仪》③

每出入行步，侍御史在柱里，殿、察两院在柱外。《唐语林》卷八

朝日，殿上设黼扆、蹋席、熏炉、香案。御史大夫领属官至殿西庑，从官朱衣传呼，促百官就班，文武列于两观。监察御史二人立于东西朝堂

---

① 《汉杂事》曰："汉制假棨戟以代斧钺。"崔豹《古今注》曰："棨戟，前驱之器也，以木为之。后代刻伪，无复典刑，以赤油韬之，亦谓之油戟，亦曰棨戟，王公已下通用之以前驱也。"

② 此条注引自《唐台仪》，经查，《新编古今事文类聚》以及《钦定古今图书集成·经济汇编·考工典》卷一百七十七均认为其出自《唐台仪》。但"鹭羽车"在宋人笔下的记载是出自南宋《锦绣万花谷·后集》卷十《御史》"鹭羽车"条。

③ 校证者都是从其他史料中确证《唐台仪》中有御史八印。例如，宋人谢维新《古今合璧事类备要》中提到了《唐台仪》的八印之事；清人朱象贤《印典》中称《旧唐书》中有御史八印；那志良在《鉨印通释》中还提到"八叠——明监察御史印用之，取唐台仪八印义"。

砖道以荵之。平明，传点毕，内门开，监察御史领百官入。次黄麾仗，殿中侍御史分导左右，各令御史一人骑从，居黄麾后。《新唐书·仪卫志上》

元宗诏：殿中侍御史纠察诸卫大将军、中郎以下给袍者，皆易其绣文。《新唐书·车服志》

御史故事，殿中得立五花砖，用紫 鞍 ［案］褥之类，号为七贵。《唐国史补》卷下

御史遭长官于途，皆免帽降乘，长官戢辔，辞而止焉。乾封中，王本立为御史，意气颇高，途逢长官，端揖而已。自是［诸人］或降而立，或一足至地，或侧鞍弛蹬，轻重无 常 ［恒］。开元以来，但举鞭耸揖而已。① 监察御史服之獬豸冠，其梁上刻木为獬豸角，碧粉涂之，梁数从本品。立笔，古人臣簪笔之遗象。其制削竹为干，裹以绯罗，以黄丝为毫，拓以银缕叶，插于冠后。宋初，御史［台］皆重戴，余官或戴或否。太宗淳化二年，御史台言："旧仪，三院御史在台及出使，并重戴，事已久废。其御史出台为省职及在京厘务者，请依旧仪，违者罚奉一月。"从之。《宋史·舆服志五》

知杂御史遇尚书侍郎、诸司三品、金吾大将军、统军诸位上将军，分路而行。熙宁二年定，臣僚御路上马之制，近上臣僚并于御路上行马，御史中丞、知杂御史、金吾并摄清道，呵止行人。《宋史·礼志二十一》

官告之制，大观初著新格。凡文武官绫纸五种，分十二等。大绫纸一等八张，盘球锦褾，大牙轴，色带。左右司郎中、司业、侍御史等用之，内殿中侍御史、监察御史用九张，此其小异者也。绍兴二年，诏：四品以下官及［职事官］监察御史以上官，告并用锦褾外，其余官并封赠权用缬罗代充。《宋史·职官志三》

禁中惟有三官得告：宰相告于中书；翰林学士告于本院；御史告于朝

---

① 此段内容载于《通典·职官六》。

堂。皆用朱衣吏，谓之"三官告"。《宋会要》①

曹修古尝偕三院御史十二人晨朝，将至朝堂，黄门一[二]人行马不避，呵者止之，反为所詈。修古奏："前史称，御史台尊则天子尊。故事，三院同行与知杂事同，今黄门侮慢若此，请付所司劾治。"帝闻，立命笞之。《宋史·曹修古传》

嘉祐六年，司马公以修《起居注》，同知谏院上章乞立宗室为继嗣。对毕，诣中书，略为宰相韩公言其旨。韩公摄飨明堂，殿中侍御史陈洙监祭，公问洙："闻殿院与司马舍人甚熟，近日曾闻其上殿言何事？"洙答以"彼此台、谏官不相往来，不知言何事"。国朝故实，台、谏官元不相见。故赵清献公为御史论陈恭公，而范蜀公以谏官与之争。元丰中，又不许两省官相往来。鲜于子骏乞罢此禁。今两省[者]合为一府，居同门，出同幕，与故事异，而执政祭祀行事，与监祭御史不相见云。《容斋续笔》卷三"台谏不相见"

元丰元年详定。[国朝]卤簿，车十二乘，虚设于法驾之后，实近旷左之嫌。请令尚书、御史乘之。大驾卤簿，国初导驾官。侍御史二人，分左右，御史中丞二人，分左右。次黄麾幡二，殿中侍御史□人，骑②。（令史四人骑从。）绍兴前部黄麾仗，第一部殿中侍御史二员、骑；二部、三部、四部、五部、六部殿中御史并如初部。《宋史·仪卫志三》

从五品侍御史等官，凡同品者，本破七人，侍御引从则给绯衫。正七品殿中侍御史等官，凡同品者，本破四人。（本破，如牵拢之职内外，正四品以下设之，以射粮军充。）③ 监察御史，獬豸冠，青绶。《金史·仪卫志下》

黄麾【杖】前第一部［二百七十二人］：殿中侍御史二人，朝服。第四

---

① 《宋会要辑稿》中无完整记述，该条的完整记述可查最早的是宋人沈括的《梦溪笔谈》"告喝打伏"，黄叔璥标明此段出自《宋会要》，应是参考了清人张英的《御定渊鉴类函》。

② 《南台旧闻》此处空白未录，经查《宋史·仪卫志》，应为"殿中侍御史二人，骑"。

③ 此为黄叔璥作注。

部［二百七十二人］：殿中侍御史二人。《金史·仪卫志上》

殿中黄麾［队］：殿中侍御史二人，本品服，［皆］骑。次黄麾一，舍人、殿中侍御史从者凡四人，服同前队。检校官：（分布中道之外，外仗之内。）顿递队，监察御史二人。次武卫钑戟队，监察御史二人。次殿中伞扇队，监察御史二人，皆本品服。《元史·舆服志二》

导驾官：引进使二人，分左右前行。次给事中一人左，起居注一人右，侍御史一人左，殿中侍御史一人右，次御史中丞一人左，同知枢密院事一人右，次御史大夫一人左，知枢密院事一人右。册宝摄【衣】官，殿中侍御史二人，监察御史四人。《元史·舆服志二》《元史·舆服志三》

殿下执事——纠仪官［凡四人］：尚书、侍郎各一人，监察御史二人。知班三人，视班内失仪者，白纠仪官而行罚焉。皆东向立，右仗之东，以北为上，左仗同。各服其本品之服。《元史·舆服志三》

旧日，监察出使带牌起驿马。《乌台笔补牒呈》"旧日监察所行"

监察御史朝服：冠二梁加獬豸，革带用银，佩用药玉；绶用黄、绿、赤三色丝织成练鹊花锦，下结青丝网；绶环二，用银；笏用槐木。公服：青袍，用小杂花，径一寸；幞头，乌角带。常服：银带豸补。《南京都察院志》卷四"职官二"

［初］，太祖［重御史之职］，分河南等十三道，每道铸二印，文曰："绳愆纠缪"，守院御史掌其一，其一藏内府，有事则受以出，复命则纳之。洪武二十三年，都御史袁泰言各道印篆相类。乃命改铸某道监察御史，其奉差者，则曰"巡按某处监察御史"，铜印直纽，有眼，方一寸五分，厚三分，八叠篆文。《明史·舆服志四》

国初朝仪，专叙品级，不分散要。左班面西侍立，一品、二品为第一行，三品［为］第二，四五品京堂［为］第三，宫坊五六品［为］第四，翰林六七品［为］第五，两房中书［为］第六，此为一段。其下，则六科第一，吏部第二，中书舍人第三，此为一段。其下，则御史第一，五部次之。自此以下，品级官次紊不可纪矣。右班面东侍【立】，六科升立甬道左右，东西向，御史立甬道左右，北向。其行礼班次，则一二品第一，三品第二，四五品京堂翰林第三，科道、中书第四，其下颇紊。《谷山笔尘》卷一

旧制，御史皆乘驴。宣德间，御史胡智言："御史任纪纲之职，受耳目之寄，纠劾百僚，肃清庶政。若巡按一方，则御史以朝廷所差，序于三司之上，或同三司出理公务，三司皆乘马，御史独乘驿驴，颇失观瞻。自今请乘驿马。"许之，著为令。《明通纪》（另见《明会要·职官五》《春明梦余录》卷四十八）

正统四年定，巡按下学拜谒礼毕，退诣明伦堂，生员讲说经史。御史中坐，本处提调七品以上正佐官，序坐于左，谕训[导]序坐于右。问答之际，教官生员不许行跪礼。凡[一]方面官与御史初相见，左右对拜；首领官初见，行拜礼，御史中立答拜；卫指挥、盐运司运使、同知、知府初见，御史上手立对拜；盐运司副使、判官、府同知通判、推官、知州、州同、判官、知县及守御千户初见，御史中立答拜；各卫并盐运司首领官、县丞、主簿初见，行拜礼，御史起身举手；典吏及仓场库务、阴阳医学、僧道等官，行拜礼，御史坐受举手。《明会典》卷一百五十六

天顺间，御史李蕃、杨琎巡按宣抚、辽东，所过军卫，有司俱令摆列官军，远出迎送。上闻之，大怒，俱令拿问，仍降敕申饬。以后有司迎送路跽，甚至鼓吹、放炮、开门，一如制抚，则万历以后事也。《春明梦余录》卷四十八

御史出巡察，则给印，事竣则纳之[，稽出入之令，而辨其数，其事至重也]。《春明梦余录》卷二十六

天顺八年，开经筵，侍仪御史、给事中俱青[金]绣服。《蹇斋琐缀录》一"经筵礼仪"

御史于巡抚，始犹投刺称晚生，侍坐也。辛卯以后，则金坐矣，寻称

晚侍生正坐矣，又称侍教生矣，已而与巡抚彼此俱称侍教生矣。盖由南北多警，迁擢既骤，巡抚不必耆宿，御史多有与之同台者，又功罪勘报，其权往往属之御史，积渐凌替，故非一朝也。正德以前，都御史曾于都察院上任者，御史执属官礼。嘉靖中叶，都御史曾于本院协管堂事者，尚执属官礼。二十年来虽管堂事者，俱勿论矣。《觚不觚录》

百年前，京堂翰林［翰林京堂］诸公使事还里，及以礼致仕若在告者，谒巡按按察司兵道，则入中门走［驰］甬道；［谒］巡抚布政司府州县，则由旁［傍］门走东阶。盖以桑梓之重，与持宪者有分别耳。《觚不觚录》

故事，巡按御史行部，必竣事而后与乡士大夫还往。当徐文贞公柄国日，其父赠公在乡贤祠，时直指之陈姓者，三日谒文庙毕，即谒赠公主于祠，而后听诸生讲。讲毕，即造文贞第谒家庙，设坐于堂，拜之而后出。一时他直指皆效之，郡遂定为仪注。后直指温见仪注大骇，泚笔去之，谕郡毋入此条，而身行礼亦不敢废。尝为予言如此。及文贞公谢政归，直指无谒乡贤祠者，而其访文贞亦必待竣事矣。《觚不觚录》

南台旧闻 · 卷七

北平黄叔璥玉圃辑

职任

荧惑火之精，御史之象，主禁令刑罚，收捕纠正。《黄石公阴谋秘法》（《太平御览》有引）

上至东都，诏："自今已后，诸授勋官并不得回授文武执事。若吏部辄拟用者，御史即宜纠弹。"《隋书·炀帝纪》

监察御史掌分察百僚，巡按郡县，纠视刑狱，肃整朝仪。凡将帅战伐，大克杀获，数其俘馘，审其功赏，辨其真伪。若诸道屯田及铸钱，其审功纠过亦如之。凡岭南及黔府选补，亦令一人监其得失。凡决囚徒，则与中书舍人、金吾将军监之。若在京都，则分察尚书六司，纠其过失，及知太府、司农出纳。凡冬至祀圜邱，夏至祀［祭］方邱，孟春祈谷，季春［秋］祀明堂，孟冬祭神州，五郊迎气及享太庙，则二人共监之。若朝日、夕月及祭社稷，孔宣父、齐太公，蜡百神，则一人率其官属，阅其牲牢，省其器服，辨其轻重，有不修不敬则劾之。凡尚书省有会议，亦监其过谬。凡百官燕会、习射亦如之。《唐六典》卷十三"御史台"

柳宗元《监祭使壁记》：汉以侍御监祠。唐《开元礼》：凡大祠若干，中祠若干，咸以御史监视，祠官有不如仪者以闻。其刻印移书，则曰监祭使。宝应中，尤异其礼，更号祠祭使，俄复其初。又 凡制 [制，凡] 供祠之吏，虽当斋戒，得以决罚，由是礼与敬无不足者。事于天地，示有尊也，不肃则无以教敬；事于宗庙，示广孝也，不肃则无以教爱；事于有功烈者，是 [示] 报德也，不肃则无以劝善。凡肃之道，自法制始。奉法守制，由御史出者也。故将有事焉，则祠部上其日，吏部上其官，奉制书以来告，然后颁于有司，以谨百事。太常修其礼，光禄合其物，百工之役，先一日咸至于祠而考阅焉。御史会公卿有司，执简而临之，故其粢盛牲牢酒醴菜果之馔，必实于庖厨；钟鼓笙竽瑟琴戛击之乐，箕簸缀兆之数，必具于庭内；樽彝罍洗，俎豆簠簋之器，必洁于檀堂之上。奉奠之士，赞礼之童，乐工舞师泊执役而卫者，咸列数其实，设箠朴于堂下，以价 [修] 官刑，而群吏莫敢不备物；罗奏牍于几上，以严天宪，而众官莫敢不尽诚。而祭之日，先升立于西阶之上，以待卒事。其礼之周旋，乐之节奏，必周知之，退而视其燔燎瘗埋，终之以敬也。居常则饬四方视 [祀] 贡之物，以时登于王府。服器之修具，祠宇之缮理，牛羊毛涤之节，三宫御廪之实，毕备而听命焉。旧以监察御史长居是职，贞元九年十二月，御史多阙，余 [予] 班在三人之下，进而领焉。明年，中山刘禹锡始复旧制。于是始为记，求【于】簿书，得为是职者若干人书焉。《柳宗元集》卷二十六

[大] 唐监察御史十员，里行五员，掌内外纠察并监祭祀及监诸军、出使等。（隋末亦遣御史监军。垂拱三年 [十一月]，凤阁侍郎韦方质奏："旧制有御史监军，今未差遣 [，恐亏失节度]。"武 [太] 后曰："比来御史乃有控制，军中大小之事，皆须承禀，非所以委专征也。以卑制尊，理便不可。"不许。）监察御史职知朝堂，正门无籍，非因奏事不得入，至殿庭，在西凤阙南，待 [视] 殿中

侍御史以上从观象门出,若从天降。至开元七年［三月］,敕并令随仗入阁。罪人当笞于朝者,亦监之(开元三年,贬御史大夫宋璟为睦州刺史,坐监朝堂,杖人杖轻故也,据此唐人监杖,即御史大夫亦然)①,分为左右巡,纠察违失。以承天、朱雀街为界,每月一代。将晦,即巡刑部、大理、东西徒坊、金吾及县狱。若蒐狩,则监围,察断绝失禽者［,量宜劾奏］。《通典·职官六》

监察御史,从七品,掌吏、户、礼、兵、刑、工之事,分 僚 ［京］百司而察其谬误。凡察事,小事则举正,大事则纠劾,［各］籍记其多寡、当否。岁终条具殿最,以诏黜陟。《宋史·职官志四》②

旧制,御史台不受诉讼。有通辞状者,立于台门 俟 ［候］御史,御史竟往门外收采。知可弹者,略其姓名,皆云"风闻访知"。永徽中,崔义玄为大夫,始定受事御史,人知一日,劾状题告人姓名或诉讼之事。《南京都察院志》卷四十"志余"

初,贞观之制,御史弹百官,对仗读弹文。及许敬宗、李义府用事,奏事多俟仗下密奏。宋璟为相,复贞观之政治:"自今事非的须秘密者,皆令对仗奏闻。"《广治平略》卷九"相业篇"

台中自监察御史而下,旧皆得颛事,无所承咨。崔隐甫始一切令归禀乃得行,有忤意辄劾正,多贬绌者,台吏侧目。《新唐书·崔隐甫传》

御史故事,大朝会则监察押班,常参则殿中知班,入阁则侍御监奏。含元殿最远,用八品;宣政殿其次,用七品;紫宸殿最近,用六品。《唐国史补》卷下

开元二年制:"［如］闻百 姓 ［官］家多以僧尼道士［等］为门徒,往

---

① 此为黄叔璥注。
② 《南台旧闻》此条引注认为源自唐代职官志,查得该条应源自《宋史·职官志四》,且与《宋史职官志补正》中的记载一致,此作更改。

还妻子［等］无所避忌。自今已后，百官不得辄容僧尼道士等至家缘吉凶。要须设斋，皆于州县陈牒寺观。"然后依数听去。仍令御史、金吾明加捉搦。《册府元龟》卷一百五十九"帝王部·革弊"

旧例弹奏，皇帝视事日，御史奏之。景龙后，皆先进状听进止。许则奏之，不许则止。《乌台笔补牒呈》"弹奏进止例"

三京留司御史台。元和十三年后，但以侍御史、殿中侍御史、监察御史共主留务。宋朝西京于分司［官］内差［一员］官权掌。南京止令留守通判权掌。北京置台专差官。《乌台笔补牒呈》"三京留司御史台"

监察御史六人，掌分察六曹及百司之事，纠其谬误，大事则奏劾，小事则举正。迭监祠祭。岁诣三省、枢密［院］以下轮治。百官应赴台参谢，辞者以拜跪书札体验。其老疾，凡事经郡县、监司、省曹不能直者，直牒阁门，上殿论奏。《宋史·职官志四》

宋仍唐制，有三院。［大夫］无正员，止为兼官。太平兴国三年，以张巽为监察御史，正名举职自此始也。唐制，御史不专言职。至天禧中，始置言事御史。唐朝有御史里行。至景祐中始置，以处御史之官卑者。唐仪，台案有六监司。元丰三年，李定请复六察。（时，御史台请以吏部及审官东西院、二［三］① 班院隶吏察，户部、三司及司农寺隶户察，刑部、大理寺、审刑院隶刑察，兵部、武学隶兵察，礼祠部、太常寺隶礼察，少府、将作等隶工察，从之。）熙宁五年，诏秘书、殿中、内侍省不隶六察。七年，以言事官为殿中侍御史，六察官为监察御史。八年诏，监察御史兼言事，殿中侍御史兼察事。徽宗时，［如］辟雍大成府等学，大［太］官局、翰林仪鸾司、东西上阁门、客省引进、四方馆，皆不隶台察。崇宁间，大臣欲其便已，而南台御史亦有不言事者。自大观臣僚申请，而殿中六尚、辟雍大成府等学、大

---

① "请以吏部及审官东西院、三班院隶吏察"，"三"原作"二"，今中华书局 2011 年版《文献通考》根据《宋会要·职官一七》将"二"改作"三"。

［太］官局、翰林仪鸾司皆隶六察。自余应求有言，而东西上阁门、客省引进、四方馆复隶御史。自胡舜陟申请，而本台始增入御史言事之文。《文献通考·职官考七》

咸平四年，以御史二人充左右巡使，分纠不如法者。文官，右巡主之，武官，左巡主之；分其职掌，纠其违失，掌［常］参班簿、禄料、告假［假告］皆主之。祭祀则兼监察［祭］使，掌受誓戒致斋，检视纠劾。又有廊下使，专掌入阁监食，又有监香使，掌国忌行香，二使临时充。通称曰五使。《宋史·职官志四》

景德二年诏："自今宴会，宜令御史台预定位次，各令端肃，不得喧哗。违者，殿上委大夫、中丞，朵殿委知杂御史、侍御史，廊下委左右巡使，察视弹奏。"朝省集议，设监议御史于堂之西南，北向。又设三院御史于中丞之后。知名表郎官以所议事授所司群官，以一副纸书所议事节署字于下，授四坐。监议御史命吏【官】［告］云："所见不同者请不署字。"《宋史·礼志十六》《宋史·礼志二十三》

旧制：百官台参、辞谢臣僚于朝堂，先赴三院御史幕次，又赴中丞幕次，得以体按老疾。今止于御史厅一员对拜，不惟有失旧仪，兼恐不能公共参验，请如旧制［朝堂拜揖］。《宋史·礼志二十三》

大祀前期十日誓［誓］明，誓戒有司，设行事、执事及陪祀文武官位于尚书省。又设行事、执事官陪祀亲王、宗室位于太庙斋坊［房］。监察御史二人，自下分引群官各就位。左仆射读誓于尚书省，右仆射读誓于太庙斋坊［房］，文曰"今年十一月冬至日，皇帝谒款于南郊。各扬厥［其］职，其或不恭。国有常刑。"读讫，群官以次退。《宋会要》（参见《文献通考·郊社考五》）

仁宗时，侍御史知杂事司马池言："文武官年七十以上不自请致仕者，许御史台纠劾以闻。"《宋史·职官志十》

御史台故事：三院御史言事，必先白中丞。自刘子仪为中丞，始榜台中："御史有所言，不须先白中丞。"至今如此。《孔氏谈苑》卷四

监察御史里行张戬、程颢言："每欲奏事，必俟朝旨，或朝政有阙及闻外事而机速，后时则已无所及；况往复俟报，必由中书，万一事干政府，则或致阻格。请依谏官例，牒阁门求对，或有急奏，即许越次登对，庶几遇事入告，无忧失时。"《宋史·礼志二十一》

崇宁二年，都省申明："台官职在绳愆纠谬，自宰臣至百官，三省至百司，不循法守，有罪当劾，皆得纠正。"旧《台令》，御史上下半年分诣三省、枢密院点检诸房文字，轮诣尚书六曹按察；奉行稽违，付受差失，咸得弹纠。《宋史·职官志四》

宋陈忠肃公在言路，知无不言，然议论持平，务存大体。弹击不以细故，未曾及人私过。曾言："人主托言者以耳目，固不当以浅近见闻惑其聪明，况以奸为忠，无补于时，反伤治体。"《南京都察院志》卷四十"志余"

乾道八年，宰相进呈，御史台事，分隶六察。虞允文奏曰："祖宗时，监察御史却许言事。"帝曰："今既分隶六察，可许随事弹奏。"自此台纲肃清矣。《宋会典》（另见《宋史全文·宋孝宗四》）

嘉祐 元 ［六］ 年，司马公以修《起居注》 ［同］ 知谏院，上章乞立宗室为继嗣。对毕，诣中书，略为 ［宰相］ 韩公言其旨。韩公摄缋明堂，殿中侍御史陈洙监祭，公问洙："闻殿院与司马舍人甚熟。"洙答以"顷年曾同为直讲"。又问："近日曾闻其上殿言何事？"洙答以"彼此台、谏官，不相往来，不知言何事"。此一 段 ［项］，温公私记 ［之］ 甚详。然则国朝故实，台、谏官元不相见。故赵清献公为御史论陈恭公，而范蜀公以谏官与之争。元丰中，又不许两省官相往来。鲜于子骏乞罢此禁。元祐中，谏官刘器之、梁况之等论蔡新州，而御史中丞以下，［皆］以无章疏罢黜。靖康时，谏议大夫冯澥论时政失当，为侍御史李光所驳。今两者合为一府，居同门，出同幕，与故事异。《容斋续笔》卷三"台谏不相见"

台谏分职不同，各自有故实。元丰中，赵彦若为谏议大夫，谓[论]大臣不以道德承圣化，而专任小数，与群有司较[校]计长短[，失其瞻体]。因言门下侍郎章子厚、王安礼不宜处位。神宗以彦若侵御史论事，左迁[转]秘书监。盖许其论议，而责其弹击为非也。元祐初，孙觉为谏议大夫。是时谏官、御史论事有分限，毋得越职。觉请申《唐六典》及天禧诏书。凡发令造事之未便，皆得奏陈，然国史所载，御史掌纠察官邪，肃正纪纲，谏官掌规谏讽谕，凡朝政阙失，大臣至百官，任非其人，三省至百司，事有失当，皆得谏正。则盖许之矣。唐人朝制，大【夫】率重谏官而薄御史，中丞温造道遇左补缺李虞，志[恚]不避【道】，捕从者笞辱。左补缺[拾遗]舒元褒等建言："故事，供奉官惟宰相外无屈避，造弃蔑典礼，辱天子侍从[臣]。遗、补虽卑，侍臣也；中丞虽高，法吏也。侍臣见陵，法吏自恣，请得论罪。"乃诏台官，供奉官共道路，听先后行，相值则揖。然则居此二雄职【官】者，在唐日了不相谋云。《容斋四笔》卷十四"台谏分职"

御史许风闻论事，自晋、宋以下如[此]。【北】齐沈约为御史中丞，奏弹王源曰："风闻东海王源。"苏冕《会要》云："故事，御史台无受词讼之例，有词状在门，御史采状有可弹者，即略其姓名，皆云风闻访知。其后疾恶公方者[少]，递相推倚，通状人颇壅滞。开元十四年，[始]定受事御史，人知一月[日]劾状，遂题告[事]人姓名，乖自古风闻之义。"然则向之所行，今日之短奏[卷]是也。《容斋四笔》卷十一"御史风闻"

唐元和中，御史中丞王播奏："监察御史，旧例在任二十五月转，准具员不加，今请仍旧；其殿中侍御史，旧十二月转，具员加至十八月，今请减至十五月；侍御史，旧十月转，加至十三月，今请减至十二月。"从之。

案，唐世台[臣]〔官〕，虽职在抨弹，然进退从违，皆出宰相，不若今之雄紧，观其迁叙定限可知矣。国朝未改官制之前，任监察满四年而转殿中，又四年转侍御史，又四年改[改]〔解〕台职，始转司封员外郎。元丰五年以后，升沉迥别矣。《容斋四笔》卷十一"唐御史迁转定限"

御史〔则〕主封驳之司，处搏击之任。锦衣鹰服，【为】铁简银鱼，【以】〔之〕侍天颜而纠百僚，执朝纲而肃宪度，袖怀谏草而台阁生风，手出弹文而朝端增气，足以回万乘之心而寒奸谀之胆，是御史之为职亦甚重且艰矣。是故，口衔天语，面带霜威，何其壮也。天潢贵戚，豪华鼎盛，而望铁面则屏气矣。大臣权门依凭宠灵为城狐社鼠之势，营蟠结据之奸，牢不可动，而睹铁面则落胆矣。武夫悍将拥兵擅权，专制方面不受约束，而亦不免夺于铁面之威。嬖人佞幸出入宫掖，如鬼如蜮，而亦不免慑于铁面之势。鄙夫懦士箝口结舌以特禄取容，而思铁面之臣则汉颜无地矣。甚而天子且改容以谢过者有矣，臣子骈首于请室者有矣。《古今人物论》卷二十九"屠隆赵抃论"

至和以后，仁宗在位久，熟知人情伪与群臣才性之善恶，故虽委事大臣，而听用台谏官，广开言路，使耳目无壅蔽。大臣有不法者，辄去之，故任事者虽专亦不能自肆。治平初，台谏官言事，一切不听，或尽逐台谏，不留一人。京师为之语曰："绝市无台官，其弊至此。"《南丰杂识》①

元丰新制：省、曹、寺、监以长治属，正而治之者也，故其法详；御史非其长，而以察为官，旁而治之者也，故其法略；都省无所不总，统而治之者也，故其法考。成于是，长吏察月，御史察季，都省察岁，法至备矣。《广治平略》卷十二"官制篇"

高宗曰："台谏论事，虽许风闻，要须[要须]〔须要〕审实。如排击人才，岂

---

① 据考，"绝市无台官"语，《南丰杂识》有原注，在《古谣谚》卷二十"京师为台官语"中有说明。朱熹所撰《宋名臣言行录》前集卷五有载。

无好恶。若果务大体，不指摘纤瑕细务，强置人于过，岂惟 为[阴]德不浅，亦可【以】销刻薄之风，成忠厚之俗。"赵鼎曰："圣训广大如此，言事官宜奉以周旋也。"《宋名臣言行录》别集下卷四

宋制：入台有十旬不言事，辄举辱台之罚。窃谓过矣。使时无可言，固将强聒也。故当谓台谏之言事，当论其大小，不当论其疏数；当论其缓急，不当论其早暮。《春明梦余录》卷四十八

金监察御史十二 员[人]，掌纠察内外非违、刷磨诸司宗帐并监祭礼及出使之事。泰和元年制：猛安谋克并隶按察司，监察御史止按部提举，有罪则并坐监临之官。又御史台奏："按察司官比任终遣官考核，然后尚书省遣官复察之。今监察御史添设员多，宜分路巡行，女直、汉人各一人同往。"仍分为四路。四年制，以给由具所察事之大小、多寡，定其优劣。八年定制，事有失纠察者以怠惰从事。贞祐二年，定《监察御史黜陟格》，以所察大事至五、小事至十为称职，数不及且无切务者为庸常，内有二事不实者为不称职。兴定元年，以县官或非才监察，一过不能备知，遂令每岁两遣监察御史巡察。三年，定御史上下半月勾检省中制敕文字。《钦定续文献通考》卷五十四

大定十九年，上谓宰臣曰："监察专任纠弹。宗州节度使阿思懑侵扰百姓。完颜守能为招讨使，贪冒［狼藉。凡达官贵人，］皆未尝举劾。自今，监察御史职事修举，然后迁除。不举职者，大则降罚，小则决责，仍不得去职。"《金史·完颜守能传》

元世祖时，立御史台掌纠察百官善恶、政治得失。以姚天福为监察御史，每廷折权臣，上嘉其直，赐［名］巴儿恩，谓其不畏强御［悍］，犹虎也。仍厚赐之。天福曰："臣职居纠［抨］弹，惟尸［爵］禄是惧，敢贪重赏，以重臣罪乎？"至元十九年敕，御史台得选用御史中丞崔彧言："国政得失，生民休戚，百官邪正，虽王公将相亦宜纠察。今惟御史有言，臣以台官皆当建白，又选用台察，若由中书，必有偏狗，合从本台选择［御

史]，初用汉人十六员[人]，今用蒙古十六员[人]，相参巡历。"从之。至正三年，诏作新风宪，在内之官有不法者，监察御史劾之；在外有不法者，行台御史劾之。岁以八月终出巡，次年四月中还司。《续文献通考》①

违禁之物，付告捉人充赏。有司禁治不严，从监察御史、廉访司究治。《元史·舆服志一》

叶李既至京师，世祖召见披香殿，寻拜御史中丞，固辞，得许。因叩首谢曰："臣今虽不居此[是]职，然御史台天子耳目，常行事务，可以呈省。至若监察御史奏疏、西南两台咨禀，事关军国，利及生民，宜令便宜闻奏，以广视听，不应一一拘牵[律]，遂成文具。[臣]请诏台臣言事，各许实封。"制曰"可"。《元史·叶李传》

旧例，只日台院受事，双日殿院受事。《乌台笔补牒呈》"受事例"

[谓]廊下使，入阁监食使、监香使，掌国忌、行香二使，临时充，通谓之五使。《乌台笔补牒呈》"五使例"

监察到台，特诏庭见以肃其气，优禄秩以厉其严。朱衣梓[象]②板，虽以七品就列，秩望清峻，天下事无非所当言者。其出使四方，佩金符，分属掾，驰驿传，中外具瞻，凛然耸绣衣直指之望。至有恨其崇资不得与之同事者。内则号下台，通论驳，设六察，画坊厢纵游，誉[察]小大事，月限以数。于是腾章抗状，纷番迭作，霜逐简花，风声动台阁矣。《乌台笔补序》

监察有急事，至撒合门纳帖子，无问早晚，自宫中传入，奉御传于门娘，门娘转于承御，承御闻奏。上如熟寝，承御直夜者不敢声言，击所悬之玉，为之"袭声"。既寤，进读某人奏到帖子如此等事，若上即裁决，令

____

① 经查，该条主要来源于《钦定续文献通考》卷五十四，但其中没有关于姚天福不畏强权的记载，此事例记载于《元史·姚天福传》中。故此处校以《元史》为据。
② 弘治本、四库本作"衮"。

承御批送省、部、台，上用小方玉印印之。所司得旨，登时勾当，趁明日朝奏对。《乌台笔补牒呈》"旧日监察所行"

［旧日］监察，外路有体究公事，差部官一员并部令史。事得其实，官人申台，吏人杖一百已下，皆决之。若有大段公事，台司覆察得实，关所该部分，差部官与监察一同致勘。如所察不实，监察所得罪止是罚俸赎铜。［旧日］三品以上官有罪，监察体究得，① 申台呈省闻奏。若宣勘本官不问虚实，即便承伏，如中间实有冤枉，令家属告登闻检院，不理，然后挝鼓以闻。《乌台笔补牒呈》"旧日监察所行"

殿中侍御史下设知班十人。如百官朝会，知班四人于四方临视，如有失仪堕简者，知班向其人前问何姓氏，然后具状纠弹。［旧例，］百官入朝，知班一人于宫门受百官及命妇入宫帖子。其止书某官某职某爵，上用职印，令 职 ［执］ 事人受知班，盖使知其百官。是日有疾病、有故者，其所告状为之曹状。《乌台笔补牒呈》"知班纠弹例""知班受百官及命妇入宫帖子例"

四推莅太仓左藏出纳 ［例］。旧例，以殿中侍御史第一人同知东推，莅太仓出纳，第二人同知西推，莅左藏出纳，号"四推御史"。《乌台笔补牒呈》"四推莅太仓左藏出纳例"

［凡］冬至、元正大朝会，则具服升殿。若皇帝郊祀、巡省，则服从旌门往来检察，视其文物之有亏，缺则纠之。［凡］冬至祀圆（邱），夏至祀方邱，孟冬祈谷，季夏祀明堂，季冬祀神州，五郊迎气及享太庙，则二人共监之。朝日夕月及祭社稷、孔宣父、齐太公、蜡百神，则一人率其官属阅其牲牢，省其器服，辨其轻重。有不修不敬，则劾之。［凡］京都忌斋日，则与殿中侍御史分察寺观。七品已上 ［清官皆顾］ 行香，不到则牒送法司。《乌台笔补牒呈》"大朝会例""监祭例""监斋例"

尚书省监司七品已上官会议，先牒报台，亦一人往监。若据状有违，

---

① 荟要本、四库本此处皆作"监察体究得实"，弘治本同元刊明补本无"实"字。

及不委议意而署名者，纠弹。凡有敕令，一御史往监，即监察。受命而行，亦监其过谬。《乌台笔补牒呈》"会议例"

　　旧例，吏部将除定员数及拟到州县付之监察，于吏部别置监察一幕，御史阅数临视而已。若中①间或有资历先后，品从高下及不应等事，许授除官陈告，御史即推究根因，与之改正。《乌台笔补牒呈》"监选例"

　　赵天麟请定宪台品秩疏：御史之职乃天子视听之官，是以霜简鹭车，柏林石室，昭其清也；授以立秋，象以荧惑，昭其严也；鹰击之喻，豸冠之服，昭其威也；千步清道，王公逊避，昭其重也；中书、门下，并为三司，昭其贵也。五者备矣，然后能 触佞指邪 [指佞触邪]，彰善瘅恶，使雄奸巨媚，胆破声消，封豕长蛇，骨寒心颤，则狐狸眇害，蜂虿微毒，将不治而自息矣。今 [国家令] 御史台凡百官之非违，诸司之案牍，朝会祭祀之事理，断失宜之类，以至于该载不尽、应合纠察者，并行纠察之。其制可谓恢而不漏矣。阿合马擅政于前，桑哥弄权于后，虽牛马走，亦知侧耳而憎也。而 [于是] 台官以下，察院之属，闭口吞声，见如不见，宴居高位，闻若不闻。此 由 [其] 省府之职秩悬隔，而不敢抗衡故也。伏望陛下厉宪台之风采，崇其品秩，委任而礼貌之，使专纠行台。南台之不如法者，则邪佞难蔽，而中外永清矣。《历代名臣奏议》卷一百六十二

　　明洪武二十六年定，凡文武大臣，果系奸邪小人，构党为非，擅作威福，紊乱朝政，致令君泽不宣，灾异迭见，但有见闻，不避权贵，具奏弹劾。凡百官有司，才不胜任，猥琐阘茸，善政无闻，肆贪坏法者，随即纠劾。凡在外有司，扰害善良，贪赃坏法，致令田野荒芜，民人受害，体访得实，具奏提问。凡学术不正之徒，上书陈言，变乱成宪，希图进用，或才德无可称述而挺身自拔者，随即纠劾，以戒奔竞。正统四年定，凡风宪任纪纲之重，为耳目之司，内外大小衙门官员，但有不公不法等事，在内

---

① 弘治本同元刊明补本皆为"中"，荟要本与四库本作"甲"，非也。

从监察御史，在外从按察司纠举。［其纠举之事，］须要明著年月，指陈实迹，明白具奏。若系机密重事，实封御前开拆，并不许虚文泛言。若挟私搜求细事，及纠言不实者，抵罪。凡纠举官员，生杀予夺，悉听上命。若已有旨发落，不许再劾。凡都察院［按察司］堂上官，及首领官、各道监察御史、吏典，但有不公不法及旷职废事、贪淫暴横者，许互相纠举，并要明具实迹，奏请按问，明白 劾 奏。区处其有挟私妄言者，抵罪。正德元年令：凡不公不法之事，奉有明旨，科道官记著务要即时纠举，不许隐匿遗漏。十四年令，抚按官不许互相荐举，如有不公不法，仍照宪纲互相纠劾。洪武二十六年定，凡十二道监察御史遇刑名，各照道分送问发落。其有差委监察御史出巡追问审理刷卷等事，请旨点差。正统四年定，凡都察院并监察御史纲纪所 在 ［系］，其任非轻。行事之际，一应诸衙门官员人等，不许挟私沮坏，违者杖八十。若有干碍合问人数，敢无故占恡不发者，与犯人同罪。凡都察院官及监察御史官、吏人等，不许于各衙门嘱托公事，违者比常人加三等，有赃 ［者，］从重论。凡监察御史行过文卷，从都察院磨勘，如有违错，即便举正。中间果有枉问事理，应请旨者，具实奏闻。凡国家政令得失，民生利病，一切兴利除害等事，并听监察御史各陈所见，直言无隐。若建言创行，事理必须公同评议，互相可否，务在得宜，方许实封陈奏。凡监察御史追问公事，中间如有仇嫌之人，并 得 ［听］移交陈说回避。若 ［朦胧］怀私按问， 敢 ［致］有违枉者，于反坐上加二等科罪，所问虽实，亦以不应科断。凡监察御史有追问诸衙门官员取受不公刑名等事，除京官、军官、并勋旧之臣及在外文职五品以上官具奏请旨，方许取问。其余六品以下取问，明白从公决断之后，仍具奏闻。若奉特旨委问者，须将终始缘由议罪回奏，取自上裁。凡风宪官问定官员赃罪，如有冤屈，许本犯从实申诉。若果真犯实迹，不肯伏罪，或捏造挟仇等项为词，撼入原问者，于本犯上加二等科罪，仍押至午门前听候再审。天顺二年令，

[凡] 每年霜降后，本院以各道问拟该决重囚具奏，引赴承天门外，会官审录。弘治 [十] 七年令，凡捕获强盗，押[绑] 赴衙前引奏者，【著】同刑部、大理寺、锦衣卫堂上官，于午门前会问。嘉靖四十五年题准，五年大审狱囚。河南道掌道御史，亦与审。凡朔望日皇极殿朝参，丹墀、皇极门外各侍班二员。每日常朝，丹墀、午门外各侍班二员。凡贺万寿圣节、正旦、冬至，皇极殿行礼，殿上侍班四员，丹墀十二员。贺大祀礼成，册立皇后，东宫、殿上、丹墀各侍班二员。贺圣驾视学还，皇极门行礼，丹墀侍班二员。凡颁诏，殿上侍班四员。丹墀、午门外、承天门外各二员。登极颁诏，殿上侍班四员，丹墀十二员，午门外、承天门外各二员。凡册立东宫传制，亦如之。大祀誓戒，及一应传制，殿上、丹墀各侍班二员。凡祭郊、庙、社稷、神祇、诸陵、历代帝王、先师孔子，俱监礼二员。圣驾幸学、行释奠礼，监礼四员。凡庆成宴，殿上侍班二员，丹墀纠仪四员。凡经筵，侍班二员。凡冬夏至、大祀斋戒，点斋二十四员。凡救护日月食，纠仪六员。凡贺皇太子，文华殿行礼，殿上、门外各侍班二员。凡祭酒等官率诸生上表谢圣驾视学，状元率诸进士上表谢恩，及进春、进历，殿上、丹墀俱侍班二员。进实录，殿上侍班四员，丹墀十二员。凡大朝会行礼，若有失仪，听纠仪御史举劾。常朝，大小衙门官员奏事，理有未当及失仪者，听侍班御史并给事中劾奏 [，依律罚俸]。凡朝会行礼，敢有搀越班次、言语喧哗、有失礼仪及不具服者，随即纠问。凡大小祭祀，敢有临事不恭、牲币不洁、亵渎神明、有乖典礼、失于举行及刑余疾病之人，陪祭执事者，随即纠劾。凡祭祀郊社、宗庙、山川等神，若有怠于执事及失仪者，并听纠仪御史【纠】[举] 劾，依律责罚。凡早朝遇雨雪，司礼监传旨，有事进，无事退。有事者，即从东西廊，行至皇极门上，东西对坐。纠仪御史序班，俱北向立。凡京堂四品官员失仪，照三品事例，具本劾奏。凡在外布政司、按察司并监运司，苑马寺、太仆寺在内，顺天府五品以下堂上官，考满赴部，俱从本院考劾。凡在京各衙门郎中、员外郎、主事等

官，及直隶府州等官，各衙所首领官，在外按察司首领官，考满，本院俱发河南道考劾，各出考语牒，送吏部该司候考。凡在外司府州县等衙门官，每三年朝觐吏部，会同本院考察。在京五品以下官，六年一次，吏部会本院并各该衙门掌印官及堂上官考察。凡天下诸司官，三年朝觐，除考察黜退外，其存留官员公事未完等项露章面劾。凡京官五品以下，六年一次考察，及四品以上自陈有遗漏者，科道纠举。南京都察院：凡本院问拟刑名、审录取决重囚及提问职官等项，俱与南京刑部同。凡南京各衙门考满郎中等官，本院发河南道考核，牒送南京吏部该司，覆考停俸，赴京给由。凡兵马司兵马考满，先赴兵部考劾，咨送本院行河南道覆考。凡六年一次，会同南京吏部考察，南京五品以下官员，与都察院同。凡各道御史纠劾言事，与北道同。《明会典》卷一百六十四"纠劾百司"

洪武元年，置登闻鼓于午门外，日令御史一人监之。凡民间词讼，皆自下而上。或府州县官及按察司不为伸理，及有冤抑重事不能自达者，许击登闻鼓，监察御史随即引奏，敢阻告者死。其户婚田土诸细事，皆归有司，不许击鼓。《南京都察院志》卷四十"志余"

永乐时，都御史陈瑛言："御史章（一作"车"）舒怠惰不事。谪［舒］戍边。"因谓瑛曰："御史当用清谨介直之士。清则无私，谨则无忽，介直则敢言，不能是者，黜之。"《春明梦余录》卷四十八

成祖谓蹇义等曰："为国牧民，莫切于守令。守令贤，则一郡一邑之民安矣。如其不贤，当速去之。盖吏部选授出一时，仓卒未能悉其才行，必考满，乃见贤否。其令巡按御史，凡府州县官到任半岁之上者，察其能否贪廉之实，上奏。"《万世玉衡录》卷三"严吏治"

宣德十年谕：监察御史有贪赃及失职者，令都御史及各道御史纠举黜退。按察司官有赃滥及不称职者，令按察司及其同僚纠举黜退。仍令吏部，今后初仕者，不许铨除风宪。凡监察御史有缺，令都察院堂上及各道官务要开具实行闻奏，吏部审察不谬，然后奏除，其后有犯赃及不称职，举者

同罪。《南京都察院志》卷一"皇纶"

十三道各协管两京、直隶衙门；浙江道协管中军都督府，在京府军左、金吾左、[金吾]右、[金吾]前、留守中、神策、应天、和阳、广洋、武功中、[武功]后、茂陵十二卫，牧马千户所，[及直隶]庐州府，庐州、六安二卫。□□江西道协管前军都督府，在京府军前、燕山左、龙江左、[龙江]右、龙骧、豹韬、天策、宽河八卫，[及直隶]淮安府，淮安、大河、邳州、九江、武清、龙门各卫。□□福建道协管户部，宝钞提举司，钞纸、印 造 [钞]二局，承运、广惠、广积、广盈、赃罚、甲乙丙丁戊字、天财、[军储]、供用、行用各库，在京金吾后、武成中、飞熊，武功左、[武功]右、[武功]前、献陵、景陵、裕陵、泰陵十卫，[及直隶]常州、池州二府，定边、开平中屯二卫，美峪千户所。□□四川道协管工部，营缮所，文思院，御用、司设、神宫、尚衣、都知等监，惜薪司，兵仗、银作、巾帽、针工、器皿、盔甲、军器、宝源、夜 [皮]作、鞍辔、织染、柴炭、抽分竹木各局，僧、道录司，在京府 库 [军]，济州、大宁前、蔚州左，永清左五卫，番牧千户所，[及直隶]松江府、广德州、金山、怀来、怀安 [怀安、怀来]各卫，神木千户所，播州 [宣慰司]，石砫、酉阳 [等宣抚司]，天全六番 各 [招讨]司。□□陕西道协管 [后军都督府，]大理寺，行人司，后军都督府、康陵，昭陵八卫，在京府军后、鹰扬、兴武、义勇右、横海、江阴、敢勇，报效二营，韩、秦、庆、安化四府，和州，保定左、右、中、前四卫。[1] □□云南道协管顺天府，广备库，在京羽林前、通州二卫，[及直隶]永平、广平二府，通州左、[通州]右，

---

[1] 《南台旧闻》中此段关于陕西道协管的内容，疑有讹乱。《明史·职官志二》中的原文记载为："陕西道协管后军都督府，大理寺，行人司，在京府军后、鹰扬、兴武、义勇右、横海、江阴、康陵、昭陵八卫，敢勇，报效二营，韩、秦、庆、安化四府，及直隶和州，保定左、右、中、前四卫。"

［涿鹿、］涿鹿左、［涿鹿］中，密云中、［密云］后，永平，山海，庐龙，抚宁，东胜左、［东胜］右，大同中屯，营州五屯，［延庆、］延庆左、［延庆］右、万全左、［万全］右各卫，居庸关、黄花镇、宽河、武定各千户所。□□河南道协管礼部，都察院，翰林院，国子监，太常寺，光禄寺，鸿胪寺，尚宝司，中书舍人，钦天监，太医院，司礼、尚膳、尚宝、直殿等监，酒醋［面］局，钟鼓司，教坊司，在京羽林左、留守前、［留守］后、神武左、［神武］前，鼓［彭］城六卫，伊、唐、周、郑四府，［及］两淮盐运司，［直隶］扬州、大名二府，扬州、高邮、仪真、归德、宁山、潼关、神武右各卫，泰州、通州、汝宁各千户所。□□广西道协管通政司，六科，在京燕山右、［燕山］前、大兴左、腾骧左、［腾骧］右、武骧左、镇南、沈阳左、会州、富峪、忠义前、［忠义］后十二卫，及［直隶］安庆、徽州、保定、真定四府，安庆、新安、镇武、真定各卫，紫荆关、倒马关、广昌各千户所。□□广东道协管刑部，应天府，在京虎贲左、济阳、武骧右、沈阳右、武功左、［武功］右、孝陵、长陵八卫，［及］直隶延庆州，开平中屯卫。□□山西道协管左军都督府，在京［锦衣、］府军右、留守左、骁骑左、［骁骑］右、［龙虎、］龙虎左、大宁中、义勇前、［义勇］后、英武、水军左十二卫，晋府长史司，［及直隶］镇江、太平二府，镇江、建阳、沈阳中屯各卫，平定、蒲州二千户所。□□山东道协管宗人府，兵部，会同馆，御马监，典牧所，大通关，在京羽林右、永清右、济川三卫，及中都留守司，辽东都司，［直隶］凤阳府，徐、滁二州，中都留守左、［留守］中、凤阳、凤阳中、［凤阳］右、皇陵、长淮、怀远、徐州、滁州、泗川、寿州、宿州、武平、沂州、德州、德州左、保定后、沈阳中各卫，洪塘千户所。□□湖广道协管右军都督府，五城兵马司，在京留守右、武德、忠义右、虎贲右、广武、水军右、江淮、永陵八卫，辽、梁、岷、吉、华阳五府，荆、襄、楚三府长史司，及兴都留守司，［直隶］宁国府，宁国、宣州、神武中、定州、茂山各卫。□□贵州道协管吏部，太仆寺，

上林苑监，内官、印绶二监，在京旗手卫，［及］长芦监运司，大宁都司，万全都司，［直隶］苏州、河间、顺德三府，保安州、苏州、太仓、镇海、蓟州、遵化、镇朔、兴州五屯，忠义中、河间、［天津］天津左、［天津］右、宣府前、［宣府］左、［宣府］右、开平、保定右、蔚州、永宁各卫，嘉兴、吴淞江、梁城、沧州、兴和、长安、龙门各千户所。《明史·职官志二》

明置十三道御史，有分道无专官，一人常兼数道。河南道独掌内外考察之事。十三道各奉其职，监察内外百司，纠劾官邪。大班露章面劾或封章奏劾。凡朝会纠仪，祭祀监礼。凡政令得失，军民利病，得直言。凡出巡，得纠劾诸司官。凡罪囚，巡按审录有故出入，理辨之。凡狱敕，下台推按奏上，常狱拟罪移评大理寺，不当再讯，三讯至于五六讯，必允乃已。凡有大政，集阙廷预议焉。凡御史犯罪，加三等，有赃重论。《续文献通考》①

唐有三院，一曰台院，二曰殿院，三曰察院，今并其二于察院。《博物典汇》卷十"台谏"

御史常朝［常朝御史］纠仪：户部署员外、主事某人将笏落地，事属失仪。锦衣卫百户复命不行平身，事属失仪不谨。□□刑部主事某打断复命，例不叩头，却行俯伏，事属差错。□□礼科引奏官吏人等，数内官一员跌倒在地，事属失仪。进守卫揭帖官员跌倒在地，事属失仪。□□兵科给事中某引奏迟误，及刑部主事某奏事重复。□□金吾左卫具奏俸粮官员，数内一员跌倒在地，事属失仪。南京工部办事官某奏事不出，及跌倒在地，事属不谨。□□浙江布政司公差参政某朝见不行平身，事属不谨。□□行人司行人某复命不行称臣，事属不谨。□□陕西行都司指挥等官某等奏事行礼差错。□□鸿胪寺序班引班差错。□□刑部［科］给事中某引奏官吏人等七起说作八起，事属差错。□□刑部署郎中某幞头落地，事属失仪。

---

① 关于此段内容，黄叔璥注引自《续文献通考》，今查得整段内容摘录于《御定渊鉴类函》卷八十八，只有最后一句"凡御史犯罪，加三等，有赃重论"出自《钦定续文献通考》卷五十四。

□□兵科给事中某奏事迟慢，及吏科给事中某失落题本在地。□□都指挥某钦赐酒饭不行叩头，事属失仪。□□河南按察司金事某朝见行礼，卑身太迟。□□鸿胪寺鸣赞某不侯某缴敕，先赞叩头，事属差错，俱合拿问请旨。□□鸿胪寺堂上官引彝人拖扯不起，中间必有别情，合著通使问，别奏定夺，请旨。《春明梦余录》卷八

武宗即位，御史陆昆疏陈重风纪八事，摘录有关职任者于左。一，奖直言。古者，臣下不匡，其刑墨。宋制，御史入台，踰十旬无言，有辱台之罚。今郎署建言，如李梦阳、杨子器辈，当加旌擢，而言官考绩，宜以章疏多寡及当否为殿最。二，复面劾。旧制，御史上殿，被劾者驱出待罪，即唐人对仗读谈文遗意。近率封章奏闻，批答未行，弥缝先入。乞遵旧典面奏，立取睿裁。一养锐气。御史与都御史，例得互相纠绳，行事不宜牵制。一均差遣。御史以南北为限，显分重轻。自今除巡按面命外，其他差遣及迁转资格，宜均拟上请，以示一体。一专委任。河南道有考覆之责，请择人专任。①《明史·陆昆传》

孙丕扬疏：故事，御史掌道，恒用年深。迩来定为六人规矣。然掌管数易，政体推诿，非计也。臣谓专任使便。掌河南道者，兼管福建道；掌浙江道者，兼管云南道；掌山东道者，兼管广西道；掌江西道者，兼管四川道；掌山西道者，兼管广东道；掌陕西道者，兼管湖广道、贵州道，一如河南道考察不变之体，而道有定掌焉。掌道之御史，仍用年深，先三差回者，次二差回者，又次中差回者，俱照隆庆二年事例，剳委掌管，一年为满，即准算差。倘遇缺人差用，亦必掌踰半年。始更易之，而又立交代公移之簿，以稽职业。斯则道务掌以定员，事有专属，久任期以成岁，人有固志。上善之。《春明梦余录》卷四十六②

---

① 陆昆疏陈重"风纪八事"提要为：一奖直言；二复面劾；三明淑慝；四覆命令；五养锐气；六均差遣；七专委任；八励庶官。黄叔璥摘录了其中的五项。

② 此条《南台旧闻》原无索引，校查补。

何氏孟春曰："高皇帝稽古定制，改前代御史大夫、中丞为都御史，台为察院，① 是以察而统公署之号也。以监察御史分设十三道，革去侍御史、殿中侍御史诸名衔，而纠劾巡按、照刷问拟之任，一切责之监察，是以察而统为宪臣之号也。御史从前代重矣，监察之尤重，未有如我朝者也。任是职者，欲无负朝廷耳目之所寄，则凡事无不当察。官吏之贤否，察之，得为之激扬；军民之利病，察之，得为之兴除；风俗之美恶，察之，得为之移易；刑罚之轻重，察之，得为之劝沮；变故之隐伏，狱讼之冤抑，察之，得为之消弭。清雪察事之中，又皆得言事焉。《御定渊鉴类函》卷八十八②

天下承平既久，官箴渐替，事未必妥，民未必安，则巡抚须得人以老成静重为主。得风力御史佐之尤佳。风力者何？行于大奸大贪，故曰持斧。斧缺为贵，循故事塞责，完而归之。京堂开府，肩摩而上，何贵焉。《明大政记》③

京畿道［又］在十三道之右，为特置焉。说者谓始以佥都御史领之，后乃易以御史之久。次者然其沿革不见于会典，而今两京畿道印，其一有文曰"洪熙元年造"，则其领以御史也久矣。岂佥都御史之设乃洪武、永乐间事，而御史其定制欤？国朝建立，诸司条理品式灿然备具，而又于文案严照刷之条，重埋没违枉规避之罚，期以杜吏欺，饬法守。故其文移之体，视诸道有加，益［盖］重其任，俾得行其法也。及其久也，吏既视以为常，而御史间亦习于姑息。送刷者，举其一或遗其二；照刷者，详于细或略于大，而当时建署设官之良法美意，且将为弥文古［故］事日以坠失。《世经堂集》卷十四"徐阶京畿道提名记"

---

① 此句读起来不通顺。经查，在明人何孟春《余冬录》卷十二"职官"中有此段记载。参照此书原复此句应为"改前代御史大夫、中丞为都御史，改御史台为都察院"。

② 此条《南台旧闻》原无索引，校查补。

③ 此条出自《大政纪》，收录于《钦定古今图书集成·明伦汇编·官常典》卷五百九十，另《春明梦余录》卷四十八亦有收录。

南台旧闻·卷八

差判

监御史，秦官，掌监郡。《汉书·百官公卿表上》

秦时遣御史出监诸郡。《史记》［（秦始皇本纪）］言："秦始皇分天下以为三十六郡，郡置守、尉、监"，盖罢侯置守之初而已设此制矣。《日知录集释》卷九"部刺史"

翌日，亲登嵩高，御史乘属，在庙旁吏卒咸闻呼万岁者三。《汉书·武帝纪》

惠帝二年，相国奏遣御史监三辅［郡］，察辞 讼 ［诏］凡九条。监者三岁更，常以月中奏事也。① 《汉官训诂》（另见《汉官六种》汉旧仪补遗卷上）

汉初，遣御史监三辅郡，察词讼，其后复置监察御史。文帝又遣丞相

---

① 关于此事例中出现的数字问题，出现了不同的记载。《西汉年纪·惠帝》载："帝始遣御史监三辅郡，察词讼。所察之事，凡九条。监者二岁更之，常以十月奏事，十二月还监。"《汉官六种》汉官解诂一卷中记载："惠帝三年，相国奏遣御史监三辅。"《汉官六种》汉旧仪补遗卷上记载："惠帝三年，相国奏遣御史监三国郡，察辞诏凡九条。监者二岁更。常以月中奏事也。"《唐六典》卷三十"侍御史"中载："惠帝三年，相国奏遣御史监三辅不法事，非所当服者，凡九条。监者每二岁一更，常十一月奏事，三月还监焉。"

史出刺并督察御史。《博物典汇》卷十"台谏"

尹翁归"收取人"，即今巡按御史之访察恶人也。武断之豪，舞文之吏，主讼之师，皆得而访察之。及乎浊乱之时，遂借此为罔民之事。矫其弊者乃并访察而停之，无异因噎而废食矣。《日知录集释》卷十二"访恶"

高光，魏太尉柔之子，少习家业，明练刑理。[时]武帝置长沙（一作"黄沙"）狱，以典诏囚。以光历世明法，用为长沙御史，秩与中丞同。《晋书·高光传》

高道穆疏言："[窃见]御史出使，悉受风闻，虽时获罪人，亦不无枉滥。何者？守令为政，容有爱憎，奸猾之徒，恒思报恶，多有妄造无名，共相诬谤。御史一经检究，耻于不成，杖木之下，以虚为实。无罪不能自雪者，岂可胜道[哉]！请依太和故事，还置司直十人，名隶廷尉，[秩]以五品，选历官有称心平性正者为之。御史若出纠劾，即移廷尉，令知人数。廷尉遣司直与御史俱发，所到州郡，分居别馆。御史检了，移付司直。司直覆问事讫，与御史俱还。中尉弹闻，廷尉科案，一如旧式。若御史、司直纠劾失实，悉依所断狱罪之。"诏从之。《北史·高道穆传》

监察御史掌分察百僚，巡按郡县，纠视刑狱[，肃整朝仪]。《唐六典》卷十三"监察御史"

唐监察御史后增至十五人，正八品【以】下。掌分察百僚，巡按州县，狱讼、军戎、祭祀、营作、太府出纳皆隶[莅]焉；知朝臣[堂]左右厢及百司纲目。凡十道巡按，以判官二人为佐，务繁则有支使。其一察官人善恶；其二察户口流散，籍帐隐没、[赋役]不均；其三察农桑不勤，仓库减耗；其四察妖猾盗贼，不事生业，为私蠹害；其五察德行孝弟，茂才异等，藏器晦迹应时用者；其六察黠吏豪宗兼并纵暴，贫弱冤苦不能自申者。凡战伐大克获，则数俘馘，审功赏，然后奏之。屯田、铸钱、岭南、黔府选补，亦视功过纠察。决囚徒，则与中书舍人、金吾将军莅之。国忌斋，则与殿中侍御史分察寺观。莅宴射、习射及大祠、中祠，视不如仪者以闻。初，开元中，兼巡传驿。至二十五年，以监察御史检校两京馆驿。大历十四年，两京以御史一人知[馆]驿，号馆驿使。[监察御史]分察尚书省六司，以下第一人为始，出使亦然。兴元元年，以第一人察吏部、礼部，兼监察御[察]史；第二人察兵部、工部，兼馆驿使；第三人察户部、刑部，岁终议殿最。元和中，以新人不出使无以观能否，乃命专察尚书省，号曰六察官。（沈约《宋书》，古司隶尉掌行马外事，晋江左罢司隶校尉，置检校御史，谓之"察官"。①）开元十九年，以监察御史二人莅太仓、左藏库。三院御史，皆初领繁剧外府推事。其后，以殿中侍御史上一人为监太仓使，第二人为监左藏库使。凡诸使下三院御史内供奉，其班居正台监察御史之上。《文献通考·职官考七》

御史巡行五术：[察风化]听谣诵，审其哀乐；纳市价，观其美恶；讯簿书，考其争讼；览车服，等其俭奢；省作业，察其趋舍。《潜确类书》卷五十七（按：此即唐陆贽以五术省风俗）

黔中、岭南、闽中官不由吏部，委都督选择土人补授。上元三年八月壬寅敕，自今每年遣五品以上强明清正官充南选使，仍令御史同往注拟（杜子美有《送魏司直充岭南掌选崔郎中判官》诗，曰："选曹分五岭，使者历三湘。"《儒学传》："仲子陵，蜀人，典黔中选补。乘传过家，西人以为荣。"）大历十四年十二月己亥诏，专委南选使，停遣御史。《日知录集释》卷八"选补"

武后时，李峤请"十州置御史一人，以周年为限，使其亲至属县，或入闾里，督察奸讹，观采风俗"。《日知录集释》卷九"部刺史"

汉监者每三岁一更，常十一月奏事，三月还监焉。唐巡案使率三月已后出都，十一月终入奏事。宰相李峤请率州置御史一人，以周年为限。诸监司每岁分上下半年巡案州县，具平反究[冤]讼、案访利害及荐举循吏、

---

① 此为黄叔璥注。

案劾奸赃以闻。《乌台笔补牒呈》"巡案出入例""巡案州县例"

则天时，侍御史桓彦范受诏于河北，断塞居庸、岳岭、五回等路，以备突厥。《旧唐书·宋庆礼传》

［时有建言置都督府非是，诏群臣普议，］李景伯与太子舍人卢俌议："今天下诸州分隶，都督专生杀刑赏。使授非其人，则权重衅生，非强干弱枝之谊。愿罢都督，留御史，以时按察，秩卑任重，以制奸宄便。"《新唐书·李景伯传》

春秋朝陵之邑，皆有传馆。其饮饫饩馈，咸出于丰给；缮完筑复，必归于整顿。权其入而用其积，于是有出纳奇赢之数，勾会考校之政。大历十四年，始命御史为之使，俾考其成，以质于尚书。季月之晦，必合其簿书，以视其等列，而校其信宿，必称其制。有不当者，反之于官。尸其事者有劳焉，则复于天子而优升之。劳大者增其官，其次者降其调之数，又其次犹异其考绩。官有不职，则以告而罪之。《柳宗元集》卷二十六"馆驿使壁记"

荆王以下诸丧，非至亲者不必令其尽往，仍乞限定人数，及每人将带随行人数亦乞限定。凡皇亲及一行官吏，除宿顿合供饮食外，不得数外呼索。州县官吏，亦不得于官供饮食外，别以诸物献送权要。其受献送并呼索，并以入己赃论。仍乞选御史里行一人，随行纠察。其数外带人，及州县随顺呼索献送物等官吏，物出于己，亦从违制。若托以供应为名，于民间贱买及率掠者，皆以枉法赃论。如此防御，方可杜绝浮费，以称陛下厚亲节之用心。《欧阳修全集·奏议卷八》

宣宗南迁，曾以御史巡察县令。兴定元年，以县官或非才［材］，监察御史一过不能备知，遂令每岁两遣监察御史巡察，仍别选官巡防以行黜陟之政。《金史·选举志四》

皇统二年定，【御史】行台官品皆下中台一等。《金史·百官志一》

旧例，两台岁发使八人，春曰风俗，秋曰廉察，以四十八条察州县。

《乌台笔补牒呈》"两台发使例"

差监察例，[本台且]以三人为率，本台备具本官脚色，伴奏目进呈，御笔点差。假如首先一人是台家注意者，御笔或点却次者、第三者。《乌台笔补牒呈》"旧日监察所行"

旧例，十道巡 按 [案]，则选判官二人为之佐。如本道务繁，得量差官人历清干者，号为"支使"。《乌台笔补牒呈》"巡案官选判官支使例"

在京监察，【每二人】分知左、右巡，各察其所巡之内有不法之事。谓左降、流移停匿不去，及妖讹、宿宵，蒲博、盗窃、狱讼冤滥、诸州［纲典贸易］隐盗、赋敛不如法式，诸此之 考成 [类]，[咸] 举按而奏之。若不能纠察及故纵、庇匿者，则量其轻重而坐所由御史。《乌台笔补牒呈》"在京监察例"

旧例照刷，所司先具事目到台，[其] 文卷后粘连刷尾，具公事本末。赴台照刷，监察御史阅朱销簿，[其] 当该人员引卷通读。若系算数文卷，更设帐科司吏一名，与台令史一同刷磨。其中但有违错稽迟，监察将文卷收讫申台，谅 [量] 情治罪。余无违错者，即令大程官于刷尾骑缝近下先用刷讫铜墨印，然后盖以监察御史朱印，及于朱销簿上结尾后亦用刷讫铜墨印。《乌台笔补牒呈》"照刷例"

王恽论置官吏空行簿：今按察司既立，请中书、吏部具 [录] 州县见任官吏姓名为空行簿。所至州县，先暗 [行] 体察，然后遍见官吏，一一询考政绩。得其公廉勤干者，明注实状于簿；其衰老无能，显有不治之迹者，以朱书书之；其有中人之才，虽别无奇效，亦不至败阙者，以墨书书之；又有虽是常才，能专长一事，亦以朱书书之。还台，具奏以闻，然后付之吏部，使升 劾 [黜] 补充之际，可以坐见郡吏贤愚能否，则天下之才昭然可得矣。《乌台笔补》"论置官吏空行簿"

诸 按 [案] 察官知所部官有犯，若事理重者，躬亲廉察（部民诉讼县令同）。余事听先委不干碍清强官体究有无实迹，结罪保明申所委官司，于案章内明坐所差官体究到事因，并不得出榜召人首告。即犯赃私罪，虽已离任，被告论，或因事彰露者，听案治。每岁终，具发摘过赃吏姓名，置籍申尚书省。《乌台笔补牒呈》"案察所部有犯""具发摘过赃吏例"

至元十四年，始置江南行御史台于扬州，寻徙杭州，又徙江州。二十三年，迁于建康，以监临东南诸省，统制各道宪司，[而]总诸内台。初置大夫、中丞、侍御史[、治书侍御史]各一员，统淮东、淮西、湖北、浙东、浙西、江东、江西、湖南八道提刑按察司。十五年，增江南湖北、岭南广西、福建广东三道。二十三年，以淮东、淮西、山南三道，拨隶内台。三十年，增海北海南一道。大德元年，定为江南诸道行御史台，以[监]江浙、江西、湖广三省，统江东、江西、浙东、浙西、湖南、湖北、广东、广西、福建、海南十道。大夫、中丞、侍御史、治书侍御史，品秩同内台。察院，品秩如内察院。至元二十三年，增蒙古御史[十]四员，后定置[御史]二十八员。□□陕西诸道行御史台，至元二十七年始置。大德元年，移云南行台于京兆为陕西行台，[而]云南改立廉访司。延祐元年罢。二年复立，统汉中、陇北、四川、云南四道。定置大夫、中丞等，同前。察院，品秩同内察院。监察御史二十员。大德元年，徙云南行台于陕西，后定为二十二道。内 八道 [道八]，隶御史台：山东东西道、河东山西道、燕南河北道、江北河南道、淮西江北道、山南江北道、江北淮东道、山北辽东道。江南十道，隶江南行台：江东建康道、江西湖东道、江南浙西道、浙东海右道、江南湖北道、岭北湖南道、岭南广西道、海北广东道、海北海南道、福建闽海道。陕西四道，隶陕西行台：陕西汉中道、河西陇北道、西蜀四川道、云南诸路道。《元史·百官志二》

凡迁调闽广、川蜀、云南官员，每三岁，遣使与行省铨注，而以监察御史往莅之。《元史·选举志三》

大德元年，彻里拜江南诸道行台御史大夫。一日，召都事贾钧谓曰：

"国家置御史台，所以肃清庶官、美风俗、兴教化也。乃者御史不存大体，按巡以苛为明，征赃以多为功，至有迫子证父、弟证兄、奴讦主者。伤风败俗［教］，莫兹为甚。君为我语诸御史，毋庸效尤为也。"帝闻而喜［善］之。《历代名臣传·彻尔》①

元时风宪之制，在内诸司有不法者，监察御史劾之，在外诸司有不法者，行台御史劾之，即今在内道长，在外按台之法也。惟所谓行台御史者，竟属行台，岁以八月出巡，四月还治，乃长官差遣，非繇［由］朝命，其体轻矣。《谷山笔尘》卷九"官制"

凡差，三等。两京畿道，提学道，巡按顺天、真定、应天、苏松、淮扬、浙江、湖广、江西、福建、河南、陕西、山东、山西、四川、云南、广西、广东、贵州等处御史，及巡视京营，俱大差。辽东、宣大、甘肃三处巡按御史，及清军、印马、屯田、巡盐、巡仓、巡关、攒运、巡茶御史，俱中差。印马、屯田并作一差。三年满后，准一大差。巡视光禄，旧［系］小差，今改中差。巡视皇城四门马房、巡青、十库、芦沟桥、五城等处御史，俱小差。□□凡在京刷卷，属京畿道。以御史资深者差用，为大差之首。洪武二十六年定，凡监察御史巡历去处，先行立案，令各该军民衙门抄案，从实取勘，本衙门并所属有印信衙门，各［合］刷卷宗，分豁已未照刷，已未结绝，号计张缝，依左粘连刷尾，同具点检单目，并官吏不致隐漏结罪文状。责令官吏亲赍赴院，以凭逐宗照刷，如刷出卷内事无违枉，俱已完结，则批以【通】照［过］。若事已施行，别无违枉，未可完结，则批以通照。若事已行，可完而不完，则批以稽迟。若事已行已完，虽有违枉，而无规避，则批以失错。若事当行不行、当举不举，有所规避，如钱粮不追、人赃不照之类，则批以埋没。各卷内有文案不立、日月颠倒，又

---

① 清人朱轼的《历代名臣传》（岳麓书社 1993 年版）中有"彻尔"一条，与《元史·彻里传》中内容吻合，应是同一人，人名音异。

在乎推究得实，随其情而拟其罪，其曰照过、曰通照、曰稽迟、曰埋没，此皆照驳之总名。凡照刷各衙门卷宗同。正统四年定，凡在京大小有印信衙门，并直隶卫所府州县等衙门，在外各都司、布政司、文卷，除干碍军机重事不刷外，其余卷宗，从监察御史，每岁一次，或二岁三岁一次，照刷。五军都督府、六部、大理寺，令该吏具报事目。太常寺、通政司、太仆寺、光禄寺、鸿胪寺、国子监、翰林院、各卫，令首领官吏具报。其余衙门，正官、首领官通署呈报，以凭查刷。都察院堂上及各道文卷，俱照例送刷。中间干碍追究改正事理，照依已定行移体式施行。如有迟错，其经管官员应请旨者，奏请取问。其余官吏，就便依照刷文卷律治罪。凡南京各衙门文卷，每三年照常京畿道通刷，三年一次。① 其文曰：京畿道监察御史之印。凡南北直隶［及］各【省】布政文卷［，命巡按御史兼理］。嘉靖十二年，命巡按御史兼理。三十八年，复差。三十九年，令清军御史兼管照刷文卷，近年俱巡按御史兼理（以上京畿道）。正统元年，令吏部会同礼部、都察院，选差监察御史才行兼备者二员，请敕提调南北直隶学校。近年辽东、宣大、甘肃巡按，俱兼提调学校。凡提学御史，进退人 才 ［材］，奉有专敕，抚按官毋得干预。其师生廪饩及修理学校等项，提学御史止是督行，有司转申抚按施行，不得擅支及那移仓库钱粮。（以上提学）《明会典》（另见《钦定古今图书集成·明伦汇编·官常典》卷三百三十五、三百三十六）

洪武十五年八月乙酉，礼部议："凡十恶、奸盗诈伪、干名犯义、有伤风俗及犯赃至徒者，书其名于申明亭，以示惩戒。有私毁亭舍、涂抹姓名者，监察御史、按察司官以时按视，罪如律。"制可。《日知录集释》卷十三"清议"

明太祖敕御史曰："风摇木落，露结将霜。斯化机之权，由此而当时。

---

① 据《钦定古今图书集成·明伦汇编·官常典》记载，此句应为"凡南京各衙门文卷，照在京例，三年一次，差御史一员往刷"。

故所以显荣枯，应节候，孰物能背是理而久长乎？必当理而承候弃市者决焉。今命尔某于某处审实干宪章者。尔慎法天时，则阴骘焉。汝往。钦哉。"《明太祖集》卷七"敕"

成祖谕御史曰："父母于赤子，先寒而备之衣，先饥而备之食，适其温饱之宜，避湿就燥以处之，无所不尽其心。人主为民父母，理亦当然。朕居深宫，一饭［饮］一食，未尝不念及军民，然在下之情，不能周知。尔等为朝廷耳目，其往，用心咨访，但水旱灾伤之处，有司不言者，悉具奏来。军民之间，何利当兴，何弊当革，亦悉以闻。"《典故纪闻》卷六

谕都御史陈瑛等曰："人命至重，既绝不可复续，况治狱得情尤难。鞭朴箠楚之下，罪人成于锻炼者，往往有之。今百余人之中，岂能必其皆无冤枉？尔等分遣御史，宜具以慎刑之意，书于简以授之，使论决之时，详探其情者，即与辩释必揆之以理，不可生，然后行［刑］之，则彼虽死，无所恨矣。"《明会要·刑三》

遣御史分行天下，曰："百姓艰难，有司蔽不以闻。尔等受朕耳目之寄，宜悉心咨访。凡朝廷所差人及郡县官，有贪刻不律者，执之。【郡县】有阘茸不职及老病者，悉送京师。惟布政司、按察司堂上官，以状来闻。毋枉毋纵，必合公道。军民利病，宜一一奏来［陈］。汝不恭命，汝则有罪。"《明会要·职官十八》①

仁宗莅政，即命择御史巡行天下，察吏治。明年诏曰："古称官不必备，唯其人，今官冗矣。且贤否廉污，混淆无别。其在内诸司令堂上正官，在外令御史按察司明公廉察，凡贤才者留，否者罢。《广治平略》卷十四"考课篇"

宣德四年，御史徐训言："御史差遣、分巡、追问等项，本院官遵守成宪，必引于御前，请旨点选，慎重其事。近年，五府六部凡有公事未完，

---

① 以上三条，《南台旧闻》原无索引，校查补。

不分大小轻重，辄便拟奏，委任巡按御史催办。府部各有官属可遣巡按，止是独员，若从所委遍历郡县，职专催办非重风宪之职矣。乞敕五府六部，自今果有重务，当御史督理者，明白具奏，取自上裁，不得仍前辄行差委从之。"《南京都察院志》卷四十"志余"

明世祖谕左都御史戴珊、刘大夏曰："各衙门，凡事都奏行巡按御史勘报，岂以此官公道可信耶？"大夏进曰："无他，以巡按御史一年一换，无久交，不掣肘，故事多责成之。"上曰："责之固是，但权之所在，唯有识量者不移其心。不然则恃权，好承奉，任喜怒，将或以是为非，以贤为不肖，使民不被其泽耳。珊今后遇差巡按御史，务 检［拣］老成有识量者，毋用轻躁喜事之人。仍以此意，行与各巡按御史知道。"《续晨钟集》（另见《刘大夏集》卷二"宣召录"）

宣宗定内府诸衙门，皆有钱粮出纳，选能干御史率监生，于东华门外庑下，取各监局文卷簿籍，有隐匿钱粮虚冒者，即以闻。□□景泰六年，给事中李瓒言："南北直隶学校，俱无按察司官提督，宜分遣御史二员专理。"始命御史叶 鸾［峦］、张 监［谏］督南、北直隶学校。□□正统四年定，凡巡按，许带书吏一名。照刷文卷，许带人吏二名。若应用监生，临期奏请。每出巡审囚刷卷，必须遍历，不拘限期。巡历去处，各衙门官吏不许出郭迎送，违者举问如律。凡分巡地面，果系原籍，并先曾历仕寓居处所，并须回避。所至之处，须访问军民休戚，及利所当兴、害所当革者，随即举行。或有水旱灾伤，当奏者，即具奏闻。凡陈告官吏取受不公等事，须要亲行追问。凡仓库局务等衙门，但钱粮、出纳去处，不时巡视。凡孝子顺孙、义夫节妇、忠臣烈女，核实奏闻。凡律令条例事理，令有司官吏熟读详玩，或有不能通晓者，依律究治。凡考察官吏廉贪贤否，必于民间广询密访，务循公议，以协众情。毋得偏听，及辄凭里老吏胥之言，颠倒是非。亦毋得搜求细事，罗织人过。□□景泰元年令，在外乡试，仍听巡按御史监临。嘉靖六年，题准酷刑官员虽有才能，不许推荐，仍要劾奏罢黜。二十一年，令御史出巡务要痛革淫刑，严惩酷吏，如用酷刑及打死无辜者，密拘尸属，审实。六品以下径拿，五品以上参题，照律例重治。巡按满日将问过酷吏名数开报，若御史自行酷虐，及纵庇不究者，回道考以不职。（以上出巡事宜）天顺八年，差给事中、御史各一员，巡察各营上操军士。嘉靖七年，令点军科道官，不许挨次差委，务选有风力肯任事者，用心查照稽考。有作弊误事人员，就便举劾。若似前循容纵，即系不职。吏部奏请黜调。（以上巡京营）景泰间，民间孳牧种马。南直隶差御史一员，北直隶及山东、河南地方共一员，同该管寺丞印俵。嘉靖二年奏准，三年一差，后以巡按御史带管。三十年，复差。照屯田事例，更替接管。（印马）宣德二年，始令巡按御史兼理屯田。天顺九年，令南都察院差御史一员巡视屯田。正德三年，差御史督理北直屯田。嘉靖八年，题准在京从直隶各卫所屯种，照南直隶事例差御史一员，清查。三年一替，后设都御史专一查理，复罢。三十九年，奏差监察御史二员，一往山西宣大、雁门等处，一往甘肃、延宁等处查理，其昌蓟等州，责之直隶管屯御史。隆庆二年，差都御史三员经理各处屯田。三年，题准北直隶屯田，归并印马御史兼领二敕。三年，更代准作大差。（屯田）宣德二年，遣给事中、御史各十四员，往各处清理军役。正统五年，差能干御史一十七员，前去浙江等处布政司，并直隶、保定等府州清军。嘉靖十三年，题准行巡按御史带理。二十九年，差南北道御史一十四员往直省清理军伍，兼照刷文卷，以五年一次差遣。二十四年，停行巡按御史带管；隆庆六年，复差。（清军）宣德十年，差御史一员于直隶扬州府、通州狼山镇，提督军卫、巡司人等，巡捕私盐。正统二年，令两淮、两浙、长芦等运司，每岁各差御史一员，催督监课。十年，令长芦御史兼理山东盐法。成化八年，奏准山东济宁州直抵南京一派河道，两淮巡盐御史带管；通州直抵济宁州一带河道，长芦巡盐御史带管。九年，差御史一员，巡视河东运司，并陕西灵州大小二池盐课。嘉靖间，令云南、福建、四川、广东各处巡按御史兼理本省盐法。（巡盐）隆庆元年，差御史一员，前往浙江，并南直隶苏松常镇四府，监兑、攒运兼理济宁迤南一带河道。三年，停差，仍令户部司官监兑。五年，差御史一员，同户部郎中催攒。万历六年，革催攒郎中，专差御史。（攒运）宣德九年，差御史一员巡视在京仓，一员巡视通州仓。嘉靖八年，差御史一员，提督京通二仓收放粮斛，兼理通惠河事务。（巡仓）永乐十三年，差御史三员巡督陕西洮州、河州、西宁，收贮官茶，易换番马。成化三年，差御史一员，陕西巡茶。十一年，取回。十四年，复差。不许官豪势要，及军民之家兴贩私茶，潜入番境。弘治十六年，取回。令马政都御史兼理。正德二年，复差。（巡茶马）宣德七年，令居庸关直抵龙泉关一带，山海关直抵古北口一带，每年各差御史一员巡视。嘉靖三十七年，差御史一员，阅视蓟镇边墙。隆庆三年，革东、西巡关御史，行巡按御史带管。六年，复差，寻革。万历十一年，复差一员，巡视山海、居庸、紫荆。其西关仍属巡按御史带管。（巡关）宣德四年，差御史一员同给事中，会同光禄寺堂上官，验收牲口、果品、厨料等物，并监收白粮。正统二年，令巡视光禄御史，同户部主事监收钱粮。嘉靖三十七年，差御史一员，查刷大官等四署，一切供应各项品物，每月具揭帖进览，一年更替。隆庆元年，令巡视御史兼管查刷，季终更替。万历元年，复一年更替，旧系小差，今改中差。（巡视光禄寺）宣德九年，差御史一员巡视各处收草，一员提督象、牛、羊等房钱粮，一员同给事中、锦衣卫官巡视官军骑操马匹，不许闲时带鞍骑坐及驮载等项。后三事共差御史一员同给事中行事。（巡青）宣德九年，差御史一员，会同给事中巡视甲字等十库。嘉靖七年，差御史一员同给事中，查理御马监各马房钱粮奸弊。八年，奏准每年差御史二员会同给事中，一员于内府监局，一员于府部院寺等衙门，各监收钱粮。后各衙门仓俱归禄米仓监收，差遂罢。（巡库局）凡皇城四门官军，轮差掌道御史一员同给事中，查点往来巡视。宣德四年，差御史九员，于京城九门整理钞法，每日将各门收过钞数，开具奏闻。凡九门守门官军及九门钞法，俱巡视。北城御史带管提督整理清到军士，北城御史同给事中、兵部委官存恤盔甲厂，东城御史同给事中巡视。正统十三年，令五城御史，凡事有奸弊，听其依法受理送问。成化六年，令通州、芦沟桥等处抽分局御史，一季一换。每月造册，具本复命。七年，令在京抽分竹木局五处，仍令原设官攒，照例抽分。每季差御史一员，与主事往来巡视。（监课）凡礼部会试，洪武十七年，差御史二员监试，隆庆二年，添委二员，搜检。凡顺天府乡式，（如会试例）凡御史监试有兄弟、子姪应举者，回避。凡武举，差御史二员监试。（监试）凡恤军，清查御马监勇士、五府所属并上直等卫官旗力士，解银辽东赈饥，往大同糴买实边捕盗，盘查各仓库粮料草束银两，兵马钱粮监纪军功。凡监斩、检验等差，皆临时定委。（以上俱杂差。）《续文献通考》①

京师巡按御史十一：顺天一，辖顺天、河间、永平、保定；真定一，辖真定、顺德、广平、大名；隆庆一；京营一；印马一；巡仓一；巡盐一；刷卷一；提学一；山海一；屯田一。南直隶巡按御史九：凤阳一，辖凤阳、庐州、淮安、扬州、滁州、和州，驻泗州；苏州一，辖苏州、松江、常州、镇江，驻苏州；印马一；巡仓一；应天一，辖应天、徽州、宁国、池州、太平、安庆，驻广德州；太平一；提学一；上江一；下江一。山东巡按御史一，驻济南。山西巡按御史一，驻太原；巡盐一，驻河东。陕西巡按御史二，一驻西安，一驻巩昌；巡茶御史一，驻汉中、巩昌。河南巡按御史一，或清军一，驻开封。浙江巡按御史一、巡盐一，或清军一，驻杭州。江西巡按御史一，或清军一，驻南昌。湖广巡按御史一，或清军一，驻武昌。四川巡按御史一，驻成都。福建巡按御史一，或清军一，驻福州。广东巡按御史一，或清军一，驻广州。广西巡按御史一，或清军一，驻桂林。云南巡按御史一，驻云南。贵州巡按一，钦差、清军兼理云贵御史一，俱

---

① 黄叔璥索引言此条诸杂差均出自《续文献通考》，查无。此条诸项内容散见在《明会典》诸卷中。但在《钦定古今图书集成·明伦汇编·官常典》卷三百三十五、三百三十六"都察院部汇考"中较为集中地出现了诸项杂差的规定。

驻贵州。《读史方舆纪要·舆圆要览目录》"贵州第十五"

张孚敬《申明宪纲疏》：一，宪纲开载：都察院、按察使司堂上官及首领官各道御史吏典，但有不公不法等事，计互相纠举。今后巡按御史弹劾三司不职者，吏部即斟酌举行。按察司官果有能纠巡按失职者，亦应吏部查说，不许科道官挟私报复。其巡按清军、巡盐刷卷御史，同事地方，固宜同寅协恭，亦须互相纠察，以清宪体。一，宪纲开载：监察御史巡历去处，不许出郭迎接。方面官相见，左右对拜分座，自后不许伺候作揖。奈积谀成风，卑恭过甚。今后接见之间，务要依宪纲旧礼。敢有倨肆违背，本院考察不职三司官，不知自立仍前献媚者，吏兵二部即坐疲软。一，宪纲开载：凡监察御史各道按察司官，每出巡审囚刷卷，必须遍历，不拘限期。近来巡按差出者，半年未见莅任，交代者旬月不出省城。今后御史点差，各照水程赴任，仍具某年月日交代，某年月日按某地方，呈报本院查考。违限怠事者，定行参究。一，宪纲开载：监察御史巡历去处，如有陈告官吏不公等事，须要亲行追问。近有不待陈告专事访察者，亦有不亲受理转委下司者。今后不许访察滥及无辜。其必须自下而上，果有断理不公，方行受理，情重者亲审。本院发下勘合，必须对款清理，回报事完。考察完，过六七分，方与回道管事。一，宪纲所载：巡按所至，博采诸司官吏行止廉勤公谨者，礼待之，荐举之；污滥奸佞者，戒饬之，纠劾之。近来荐举滥加于庸流，弹劾下及于丞尉。今后历任年深政迹卓异者，方许保举；五品以上赃迹显著者，指实参奏。若是下官不职，审实提问，不必一概劾纠，有妨宪体。一，宪纲开载：风宪之官，当存心忠厚，其于刑狱，尤须详慎。苟不问事情轻重，而淫刑以逞，锻炼之下，死伤必多。凡一切酷刑之具，皆宜屏去不用。死刑重事，必须亲审无冤，庶体圣明钦恤之至意。一，宪纲开载：分巡所至，不许多用导从，饮食供帐只宜从俭。今后巡按，自巡捕官、护印、皂隶、清道之外，不许多带人马随行。凡设彩铺毯无名供馈之属，一切不用。其有分外奉承者，定治以罪。《南京都察院志》卷十

三　"四差职掌"

左都御史赵南星《申明宪职疏》：臣无职也，以诸御史为职。诸御史皆称其职，即臣之称职。彼衣绣持斧，出而巡方者，如使百城循理，万民乐业，则为一方之太平，积之，则为天下之太平。所以致此者，非有他术，惟在举劾之各当而已。近来荐举泛滥，屡有明旨禁饬。按臣差满，[具题]回道，臣极力行之，但旧章之废驰已久，则修举反若乱常；人情之偷惰相安，则振作即为多事。臣德薄名微，适足以结怨，而无益于殿最也。必仰藉陛下之威命，以行之而后可。纪纲之废，人心邪也，沉迷未悟，而遽绳之以法，则人不能堪。先必教诲之，使知陛下之德意而后可。陛下涣发德音，使领民之吏知贪酷之必不可为，巡方之臣知贪酷必不可荐，所荐者必不可为溢美之言，所劾贪酷之吏必不可仅拟降调，从此怵然猛省，忸然愧汗，翕然回心而向道，使臣无怨之可任，而诸臣名实粹美，岂非仕人之上愿哉？《春明梦余录》卷四十八

左都御史汪鋐申明 事件 [条约]：一，谨官防。巡按御史所带衣鞋等物止作一扛，不过百 觔 [斤]，其书吏、监生行李共作一扛，只此二扛系于御史马前随行。所至下马与起程之际，御史俱要督同各该府、州、县掌印官三面将此二扛一一检阅明白，方许收放抬行，并将书吏、监生身上一并搜检。其卷宗、簿籍等项公文，装载卷箱，封锁明白，另委官一员督押至察院交割，御史督同各该掌印官逐一搜检明白，方许收受。一，戒奢侈。巡按日廪五升之外，秋毫毋得取费于有司。一菜一鱼，必以廪米照依时价易之。仍遵照宪纲，御史陆路给驿马，水路应付站船。监生、吏典承差，陆路并骑驿驴，水路应付递运船，并不得抬四轿、乘坐座船。如御史不乘站船而乘座船，不乘驿马而乘四轿，故违宪纲，[臣等]查访得实，参劾治罪。《春明梦余录》卷四十八

左副都御史邱橓陈吏治积弊。京官考满，河南道例书称职。外吏给由，抚按官概与保留。以朝廷甄别之典，为人臣交市之资。敢徇私而不敢尽法，

恶无所惩，贤亦安劝？此考绩之积弊也。御史巡方，未离国门，而密属之姓名，已盈私牍。甫临所部，而请事之干[竿]牍，又满行台。以豸冠持斧之威，束手俯眉，听人颐指。此请托之积弊也。抚按定监司考语，必托之有司。有司则不顾是非，侈加善考，监司德且畏之。彼此结纳，上下之分荡然。其考守令也，亦如是。此访察之积弊也。贪墨成风，生民涂炭，而所劾罢者大都单寒软弱之流。苟百足之虫，傅翼之虎，即赃秽狼籍，还登荐剡。严小吏而宽大吏，详去任而略见任。此举劾之积弊也。惩贪之法在提问。乃豺狼见遗，狐狸是问，徒有其名。或阴纵之使去，或累逮而不行，或批驳以相延，或朦胧以幸免。即或终竟其事，亦必博长厚之名，而以尽法自嫌。苞苴或累万金，而赃止坐铢黍。草菅或数十命，而罚不伤毫厘。此提问之积弊也。科场取士，故有门生、座主之称。若巡按，举劾其职也。乃劾者不任其怨，举者独冒为恩。尊之为举主，而以门生自居，筐篚问遗，终身不废。假明扬之典，开贿赂之门，无惑乎清白之吏不概见于天下也。疏奏，帝称善。《明史·丘橓传》

刺史六条为百代不易之良法，而今之监察御史巡按地方，为得古人之意矣。入[又]其善者，在于一年一代。夫守令之官不可以不久也，监临之任不可以久也，久则情亲而弊生，望轻而法玩。故一年一代之制，又汉法之所不如，而察吏安民之效已见于二三百年者也。若夫倚势作威，受赇不法，此特其人之不称职耳，不以守令之贪残而废郡县，岂以地[巡]方之浊乱而停御史乎？至于秩止七品，与汉六百石制同。《日知录集释》卷九"部刺史"

御史有巡按、激浊、扬清、除奸、革弊之责。所系一方，利害尤重，故自古慎重此官。《春明梦余录》卷三十四

[抚、按荐举。会典所载]朝觐年分考察既毕，备查被黜方面有司等官，追究所举，巡按御史，四人以上革职闲住，二人以上降一级调外任，一人罚俸半年。《春明梦余录》卷三十四

巡按御史复命，以销缴勘合七分为称职，近因即其数而谕之者矣。旧百执事，各职其所司，而令巡按百务萃揽，事 太 [大] 烦而反易集，谓之何哉？则其所为集知，非昔日之详也。按宪纲，巡按受理词讼，必自各衙门断过不公者：其所受理，必亲决，不令批发悬意向于喜怒。夫然后事可立见，而上下附同之流塞矣。《春明梦余录》卷四十八

正统时，礼部以天下府州县学生徒漫澨不检，提调官不能制。请两直隶敕御史，十三省 [按察司] 敕副使，佥事提督学校仿国子监所定规条，尽所为申督者而遣。《广治平略》卷三十一"学较篇"

[时] 长铨衡者，王文端直，留意人才，委任僚属。凡御史出巡归者，令报其优劣以备简用。继之者，为王忠肃翱，亦严加考察，公铨注，杜请托。自是奔竞之风为之一息。《广治平略》卷三十"铨选篇"

成化时，六品以下官有罪，巡按御史辄令府官提问。陕西巡抚项忠言："祖制，京外五品以上官有犯奏闻，不得擅勾问。今巡按辄提问六品官，甚乖律意，当闻于朝，命御史、按察司提问为是。"乃下部议，从之。《明史·刑法二》

成化七年，兵科给事中秦崇上言："居庸等关，朝廷之北门，所司因循怠惰，礌木砲石军器类不具备。夫富家亦高筑墙垣，以防寇盗，况国都籓篱而可废弛乎？"上敕巡关御史修治。《明宪宗实录》（另见《方舆汇编·职方典》卷三十七）

居庸关南口，有城，南北二门。《魏书》谓之下口城，跨水筑之。南北二门，以参将一人、通判一人、指挥一人守之。又设巡关御史一人往来居庸、紫荆二关，按视焉。《昌平山水记》（另见《钦定日下旧闻考》卷一百五十四）

正德初，都御史杨一清疏言："陕西、延绥、甘肃皆边关重镇，军务所急，莫先于马，乞巡茶御史，仍敕兼理马政，行太仆、苑马等官，专听提调约束，[庶几] 事得专理，可责成功。"[于是，] 巡茶御史 [又] 兼马政始此。《广治平略》卷三十五"武备篇"

兵部尚书杨博题："南北总督总兵，职专阃寄，钦奉敕谕，一应事宜听其处置，并无中制之意。正以血战应援为切[功]，不以损军擅离为罪。合行各官，从实举行，以后邻封如果有警，本镇无警，即便发兵策应，共保万全。如敢自分彼此，秦、越相视者，听巡按御史指名参奏。"《登坛必究》卷三十九"奏疏三"

嘉靖初，户部尚书梁材条议言："各钞关出纳官粮，或称收之初不尽入官，或藏贮之处私取肥己，或倾煎时隐匿，或汇解时那换，必互稽察，而后奸弊可除也。宜行巡按御史于府州县，选委廉能佐贰官，日赴厂为之贰。"《登坛必究》①

刘麟为工部尚书，奏建节慎库，与台臣同典出纳，自是财无滥用。《万姓统谱》卷六十一

通州竹木局，大使领之。桴筏至者，各列其材。木板枋之多寡、长短、阔狭、厚薄之差等，以达之关司长。关司长据所差等，较勘虚实，而上之巡仓御史。御史据所陈报，而下之竹木局，使如例抽之。《通州志》（见于《方舆汇编·职方典》卷四十九）

嘉靖四十一年，诏巡视五城御史，每年终，将各城兵马指挥会本举劾。隆庆间，御史赵可怀言："五城兵马司官，宜取科贡正途，职检验死伤，理刑名盗贼，如两京知县。不职者，巡城御史纠劾之。"《明史·职官志三》

五城有坊。中城曰：南薰坊、澄清坊、仁寿坊、明照坊、保泰坊、大时雍坊、小时雍坊、安福坊、积庆坊；东城曰：明时坊、黄华坊、思城坊、居贤坊、朝阳坊；南城曰：正东坊、正西坊、正南坊、宣南坊、宣北坊、崇南坊、崇北坊；西城曰：阜财坊、金城坊、鸣玉坊、朝天坊、河漕西坊、关外坊；北城曰：崇教坊、昭回坊、靖恭坊、灵椿坊、发[登]祥坊、金

---

① 此段最早出现在明人朱健的《古今治平略》中，另外在清人朱奇龄的《续文献通考补》和明末清初史学家傅维鳞的《明书》中都可查得该段记载，唯在《登坛必究》中不见。

台坊、教忠坊、日中坊、关外坊。每城设御史巡视。所辖有兵马指挥使司，设都指挥、副都指挥、知事。后改兵马指挥使，设指挥、副指挥，革知事，增吏目。昔宋以四厢都指挥巡警京城。神宗置勾当左右厢公事，民间谓之都厢。元设 巡警 [警巡] 院 [三]，分领坊市民事，即今 [之] 巡城察院也。《春明梦余录》卷五

孙丕扬疏：一曰重御史之按差。故事御史之按巡也，必中差始畀按差，必满差使请代差，必挨次始得拟差。近见台规多变体矣，臣谓仍旧例便。顺天即近，不专资深，以防择人。广、贵即远，不差初授，以防择地。江、浙即大，不再酌量，以防择差。不中差者，非甚缺人，不按差焉。不岁满者，即某退方，不拟代焉。不循次者，非果南北原籍，不易处焉。差鲜躐等，人乏欲速。守此而练习弛张，整齐藩翰，方隅依藉，岂其微乎？此澄清 风 [分] 宪所当议处者 [，二] 也。一曰久御史之城巡。臣观居重要地，孰五城最哉？巡视御史，故事不专为喧闹设者。事有奸弊，依法送理，正统间例也；禁约赌博，缉捕盗贼，坐铺火夫，究问优免，成化间例也；查问九门官吏多勒客商财物，弘治间例也；访察参奏，打点馈送，嘉靖间例也。至于禁止科敛、诈骗，裁抑豪横、奸顽，安恤孤独、良善，惩创奢侈、游戏，举劾兵马 [司] 善恶，何莫非御史事哉？臣 请 [谓] 专责成便，御史必用实授，督差必割一年，宪度必期力举，而又省其外班以杜请托，立为岁册以报满政，斯弹压之有资矣。上善之。

又疏言：都城者，天下轩冕之总会也。国门之内，某藩、枲至筐筐之多几何矣，某守令至筐筐之多几何矣，苟物色之，固可家喻而户晓。御史有专城之任者也。请 [皇上下] 令巡视御史，立为季察、岁察之规，以防群吏之弁髦法纪者。季以为察，则御史持以考兵马 [司]，计缉获打点 [之起] 几何人，妄馈 [之起] 几何人，指称 [之起] 几何人，即以定 [兵] 马 [司] 之贤劳，而年终举劾凭焉。岁以为察，则本院持以考御史，[已] 总计缉获打点共若干，滥馈共若干，指称共若干，即以定御史之风裁，而

岁册满政报焉。有甘为登垄之谋，工于乞墦之计者，听各御史随时参论，以清士风。两畿、十三省者，吏治污隆之要地，御史有专方之任者也，请 [皇上下] 令巡按各御史立为一年、三年之察，以防郡吏之渔猎病民者。一岁，诸属必出疆矣，入贺迁官，考绩馈受有无过滥，时维出疆，即评品之。三年，诸属必述职矣，州、县、府、寺、藩、臬、科敛伊敦分外，时当述职，即旌别之。某廉吏也，[则] 从而贤之；某 贪 [能] 吏也，从而纠之。① 议在方面刺无惜于大僚，议在守令纠不遗于甲第，胥听各巡按随事论列，不待差满之报。巡按御史敢为炎凉 [者]，或有容隐者，回道听考，以振台纲。《春明梦余录》卷四十八

御史方震孺疏：臣考前代畿辅之政，[大都] 统于京兆。而我朝则兼用五【城】御史，意深远哉！盖五府、六部环集于辇下，民无所知，知有巡城御史而已。王侯保傅赫奕于长安，民无所畏，畏巡城御史而已。细而儿女小 窃 [忿] 之 事 [争]，非质之御史不了也。暂而徒步之相搏，久而毕世之相仇，非质之御史不平也。甚至覆雨翻云之奸，布地遮天之手，非御史不能摘其隐而发其覆 [也]。豪珰巨族，炙手熏天，可以一言 [语] 折服之，无敢哗。依城 凭 [冯] 社，深根固蒂，可以寸檄招致之，无敢拒。然则巡城之任綦专矣，其权綦重矣，城规不可不肃也，城禁不可不严也，城员不可不慎也。巡方者，例不得携家属，例不得受私书，例不得寻常宴会，何城差独不然？终日拜客，终日应酬，盖交游杂沓则神气日分，竿牍旁通则面皮难冷。所谓城规之当肃者，此也。[颇闻吾] 皇上初政，都门白昼无敢持帕仪往来者，而一切白莲、左道、捏谣、造谤之徒，皆潜踪屏迹，可想见一时振刷 气 [景] 象。今渐蔑如矣。[乃知] 山人墨客，快 [惯] 走豪贵之门，而走险 道 [通] 神，大为悠谬之口。此辈不驱除，巡城者不得

---

① 此为缩略句，但易起异议。原文表述为："某廉吏也，出疆述职，无改其廉，则从而贤之；某能吏也，出疆述职，或变其守，则从而纠之。"

谢其责。所谓城禁之当严者，此也。京师者，万国之堂奥也。而亲民之官，独兵马司指挥耳。往时司官题用正途，最有深意，而不知坊官之亲民与司官无差别也。窃以为各城【之】坊官亦当以考选遗珠充之，其体貌升转与司官等，当用甲科而治行之最者，其超擢亦当出诸藩上。所谓城员之当慎者，此也。《春明梦余录》卷四十八

御史巡视东城，每日则有内外八坊。人民器嚣之所当饬；水陆商贩竹木之所当讥；军民捕逻奸匿之所当诘；每月【则】有七十二卫官军俸粮之所当给；每岁【则】有东南四百万石粮运，及漕吏、漕卒几千万人之所当纠稽。舒芬《东城公署记》（载于《钦定古今图书集成·方舆汇编·职方典》卷二十八）

泰昌元年［八月］，御史张泼言："京师奸宄丛集，游手成群，有谓之'把棍'者，有谓之' 拏 [拿] 讹头'者。"（侦知一人作奸，则尾随其后，陷人于罪，从而吓诈金钱，谓之"拏讹头"，即汉律所谓"恐愒受赇"。①）请将巡城改为中差，一年一代。"《日知录集释》卷三十二"讹"

王宗沐督漕运言："岁运从四月前尽过徐、吕二洪，而闸河先肃清以待事，令不与怒河触，宜督江以南各省粮储道务早发运，而巡漕御史依期验覆，限漕船以四月前尽过徐洪，则漕船不与河泛溢值矣。"《广治平略》卷二十四"漕运篇"

---

① 结合史料来看，"拏讹头"不应是汉律所谓"恐愒受赇"，而应是"恐愒取财"，后者更为合适。

南台旧闻·卷九

北平黄叔璥玉圃辑

说论

刘陶拜侍御史，上［疏］言："圣王以天下耳目为视听，故能无不闻见。［令］［今］张角支党不可胜计。虽会赦令，而谋不解散。四方私言，［云］角等窃入京师，觇视朝政。州郡忌讳，更相告语，莫肯公文。宜下明诏，重幕角等，赏以国土。有敢回避，与之同罪。"帝殊不悟。明年，角反，思陶言，封中陵乡侯，三迁尚书令。《后汉书·刘陶传》

孝文以阳固为书侍御史。上谠言表曰："当今之务，宜早正东储，立师傅以保护，立官司以防卫，以系苍生之心。揽权衡，亲宗室，强干弱枝，以立万世之计。举贤良，黜不肖，使野无遗才，朝无素餐。孜孜万几，躬勤庶政，使人无谤讟之响。省徭役，薄赋敛，修学宫，尊旧章，贵农桑，贱工贾，绝谈虚穷微之论，简桑门无用之费，以救饥寒之苦。然后备器械，修甲兵，习水战，灭吴会，撰封禅之礼，袭轩唐之轨，岂不茂哉！"《北史·阳固传》

隋李谔迁书侍御史。上言："［臣］［如］闻大臣之内，有父祖［亡］没，子孙引其妓妾，嫁卖取财。妾虽微贱，服斩三年，［古今通式。］岂容遽褫衰绖，强傅铅华，泣辞灵几之前，送付他人之室？复有朝廷重臣，平生交旧，朝闻其死，夕规其妾。无廉耻之心，弃友朋之义。"上览而嘉之。五品以上妻妾不得改嫁[醮]，始此。又言："五教六行，为训人之本。诗、书、礼、易，为道义之门。魏之二[三]祖，更尚文词，忽君人之大道，好雕虫之小艺。竟骋文华，遂成风俗。江左齐、梁，其弊弥甚。[遂复]遗理存异，寻虚逐微。连篇累牍，不出月露之形，积案盈箱，惟是风云之状。世俗以此相高，朝廷据兹擢士。羲皇、舜、禹之典，伊、傅、周、孔之说，不复关心，何尝入耳。故文笔日繁，其政日乱，良由弃大圣之规[轨]模，构无用以为用也。圣道聿兴，屏绝浮词，遏止华伪。自非怀经抱质，志道依仁，不得引预搢绅，参厕缨冕。外州远县，仍踵弊风，选吏举人，未遵典则。请敕有司，普加搜访，[有如此者，]具状送台。"《北史·李谔传》

上勤于听受，百僚奏请烦碎，书侍御史柳彧疏言："人君出令，诚在烦数。是以舜任五臣，尧咨四岳，设官分职，各有司存，垂拱无为，天下以义。所谓劳于求贤，逸于任使。比见事无大小，咸关圣听。陛下留心正道，无惮疲劳，至乃营造细小之事，出给轻微之物，一日之内，酬答百司，[乃至]日旰忘食，分夜未寝，动以文簿，忧劳圣躬。伏愿思臣至言，少减烦务。"上览而嘉之。又言："窃见京邑，爰及外州，每以正月望夜，充街塞陌，鸣鼓聒天，燎炬照地，人戴兽面，男为女服，倡优杂伎，诡状异形。外内共观，曾不相避。竭赀破产，竞此一时。尽室并孥，无问贵贱，男女混杂，缁素不分。秽行因此而生，盗贼由斯而起。非益于化，实损于人。请颁天下，并即禁断。"诏可其奏。《北史·柳彧传》

韩思彦为监察御史，昌言当世得失，高宗夜召，加二阶。太白昼见，劝帝修德答天谴。帝让[中书令]李义府曰："八品官能言得失，而卿冒没富贵，主何事耶？"义府谢罪。《新唐书·韩思彦传》

久视二年三月，大雨雪，凤阁侍郎苏味道等以为瑞，率群臣入贺。监察御史王求礼厉言："阳气偾升，而阴冰激射，此天灾也。主荒臣佞，寒暑失序，盗贼繁兴，正官少，伪官多，百司非贿不入使，天有瑞，何感而来哉？"后为罢朝。《新唐书·王求礼传》

韩琬拜监察御史。景云初，上言：今和市颣刻剥，名为和而实夺之。敛重役亟，家产已空。穷诈而犯禁，救死而抵刑。夫乱绳已结，急引之则不可解。今刻薄吏能结者也，举劾吏能引者也，则解者不见其人。愿取奇材卓行者，量能授官。又言：仕路太广，故弃农商而趋之。一夫耕，一妇蚕，衣食百人，欲储畜有余，安可得乎？书入，不报。《新唐书·韩琬传》

马周为侍御史言："自古以来，国之兴亡，不由积 蓄 ［畜］多少，在百姓苦乐也。使百姓安乐，在刺史、县令尔。县令［既众，］不［可］皆贤，但州得良刺史可矣。今县令、刺史颇轻其选。以德行才术擢者，百不得一。［所以］百姓未安，殆在于此。"帝称善，擢拜给事中。《新唐书·马周传》

赵孚改殿中侍御史。雍熙中，诏询文武御戎之策。孚奏议曰："昔苗民逆命，帝乃诞敷文德，而有苗格。又仲尼曰：'［有能］一日克己复礼，天下归仁。'日者北边 来 ［未］宾，全燕犹梗，再兴军旅，将复土疆。臣 窃 ［欲］望朝廷通达国信，近鉴唐高祖之降礼，远法周古公之让地。圣人以百姓之心为心，君子见几而作，谕以祸福，示以恩威，议定边疆，永息征战。养民事天，济时利物，莫过于此。"上嘉之。《宋史·赵孚传》

景祐二年，御史里行孙沔上书曰："深宫之中，侍左右者，刀锯之馀；悦耳目者，艳冶之色。宸禁昼严，乘舆天远，未见款召名臣，清问外事，询祖宗之纪纲，质朝廷之得失，徒修简易之名，未益承平之化。"又曰："愿推择大臣，讲求古道，极论精思，品藻贤哲。逐刺史、县令，老懦、贪残之辈，以利于民。罢公卿、大夫谄佞、诡诞之士，以肃于朝。简掖庭之幽旷，以求锡羡之庆。抑宦侍之重任，以防昵近之私。"书奏，［再］责监永州酒务。《纲目·宋纪》

文彦博转殿中侍御史。西方用兵，偏校有临陈先退、望敌不进者，旧著令皆中覆。① 彦博言："此可施之平居无事时耳。今拥兵数十万，而将权不专，兵法不峻，将何以济？"仁宗嘉纳之。《历代名臣传·文彦博》

傅尧俞为监察御史，奏："今度支岁用不足，诚不可忽，然欲救其弊，陛下宜自 检 [俭] 刻，身先天下，无夺农时，勿害商旅，如是可矣。不然，徒欲纷更，为之无益，聚敛者用，则天下殆矣。"《宋史·傅尧俞传》

吕诲为殿中侍御史，见廷臣上章者，往往托风闻以摘人幽隐不必然之事，乃上言：台谏官许风闻言事，盖欲广采纳以补阙政。今乃借以侵官，至暴扬暧昧，刻薄成风，请下诏惩革。时多其识谏体。《读史节要》②（另见《宋史·吕诲传》）

吕大防为监察御史里行。首言："纪纲赏罚，未厌四方之望者有五：进用大臣而权不归上；大臣疲老而不得时退；外国骄蹇而不择将帅；议论之臣裨益阙失而大臣沮之；疆场左右之臣有败事而被赏、举职而获罪者。"是岁，京师大水，大防曰："雨水之患，至入宫城庐舍，杀人害物，此阴阳之沴也。"即陈八事，曰："主威不立，臣权太盛，邪议干正，私恩害公，辽、夏连谋，盗贼恣行，群情失职，刑罚失平。"《读史节要》（另见《宋史·吕大防传》）

治平初，赵瞻除侍御史。上疏曰："英断独化，人主至权也。审至权者，当主以天下之大公，揆以天下之正论，如是而后权可一也。辅相赖其用，宜责其效；台谏知其才，宜信其说。兵柄宜削诸宦官，边议宜付诸宿将。盖权不可矫而为也，以从天下之望耳。"英宗称善。久之，诏遣内侍王昭明等四人为陕西诸路钤辖，瞻以唐用宦者为观军容、宣慰等使，后世以为至戒，宜追还内侍，责成守臣，章三上，言甚激切。《读史节要》（另见

---

① 《宋史·文彦博传》中此句为"西方用兵，偏校有监陈先退、望敌不进者，大将守著令皆申覆"。

② 黄叔璥索引信息为《读史节》，推知应是清代汪承镛所辑的《读史节要》（现存孤本，不可考），该书取历朝正史以及《资治通鉴》《通鉴纲目》及其他史籍著作，删繁就简，节录重要史实，参政考订而成。在校对以下五条时，遂参阅宋史诸列传。

《宋史·赵瞻传》)

治平中，马默为监察御史里行。言："致治之要，求贤为本。仁宗以官人之权，尽委辅相，数十年间，［贤而公者无几。］官之进也，不由实蹟［绩］，不自实声，但趋权门，必得显仕。今谋一帅臣，则协于公议者十无三四。庶僚之众，不知几人，一有难事，则曰无人可使。岂非不才者在上，而贤不肖混淆乎？愿陛下明目达聪，务既其实，历试而超升之，以幸天下。"神宗即位，上疏陈十事：一曰揽威权，二曰察奸佞，三曰近正人，四曰明功罪，五曰息大费，六曰备凶年，七曰崇俭素，八曰久任使，九曰择守宰，十曰御边患。揽威权，则天子势重，而大臣安矣；察奸佞，则忠臣用，而小人不能幸进矣；近正人，则谏诤日闻，而圣性开明矣；明功罪，则朝廷无私，而天下服矣；息大费，则公私富，而军旅有积矣；备凶年，则大患常弛，而祸乱不起矣；崇俭素，则自下化上，而民朴素矣；久任使，则官不虚授，而职事举矣；择守宰，则庶绩有成，而民受赐矣；御边患，则四远畏服，而中国强矣。《读史节要》（另见《宋史·马默传》）

刘随迁侍御史知杂事。上言："比年庶官徼幸请托，或对见之际，涕泗祈恩，或绩效甚微，炫鬻要赏。亦有藩翰之臣，位尊职重，表章不逊，请求靡厌。按察之司，燕安顾望，以容奸为大体，以举职为近名，以巧诈为贤，以恬退为拙。以至贪残者黩于货财，老疾者不知止足。请行申儆之法。"朝廷为下诏戒中外。《读史节要》（另见《宋史·刘随传》）

程颢权监察御史里行。前后进说，要以正心窒欲、求贤育才为先。尝言人主当防未萌之欲，及勿轻天下士。时王安石益信用，先生每见上，必言君道以至诚仁爱为本，未尝及功利。上召问所以为御史，对曰："使臣拾遗补阙，裨赞朝廷，则可；使臣掇拾臣下短长以沽直名，则不能。"上以为得御史体。《宋名臣言行录》外集卷二

刘挚罢御史贬衡州，哲宗嗣公，复擢侍御史。上疏："陛下春秋鼎盛，在所资养。愿选忠信孝悌、淳茂老成之人，以充劝讲进读之任，便殿宴坐，

时赐廷对，执经诵说，以广睿智，仰副善继求治之志。"《宋名臣言行录》后集卷十二

王严叟除监察御史，即上策论社稷安危之计，在从谏用贤，不可以小利失民心。《宋名臣言行录》后集卷十二

元祐初，上官均复为监察御史。议者请兼用诗赋取士，宰相遂欲废经义。均言："经术以理为主，而所根者本也；诗赋以文为工，而所逐者末也。今不讨[计]本末，而欲袭诗赋之弊，未见其为得也。"《宋史·上官均传》

黄廉为监察御史里行。言："比年水旱，民蒙支贷[倚阁]之恩，今幸岁丰，有司悉当举催。久饥初稔，累给并偿，是使民遇丰年而思歉岁也，请令诸道以渐督取之。"《宋史·黄廉传》

熙宁初，张戬以御史召进对，未尝不以尧、舜三代之事进于上前，恻怛之爱，无所迁避。[其]大要，启君心，进有德，谓反经正本当自朝廷始。《宋名臣言行录》外集卷四

徽宗立召拜龚夬殿中侍御史。疏曰："圣政日新，远近忻悦，进退人才，皆出睿断，此甚盛之举也。然奸党既破，必将早晚熟计，广为身谋。巧事贵戚，阴结左右，变乱是非，奸邪百出。故宜洞察忠邪，行之以决。若小不忍，则害大政。愿陛下明好恶以示之，使远近之进贤退奸之意，太平之治，不难致也。"《宋名臣言行录》①

魏矼绍兴时迁殿中侍御史。临安火，延烧数千家，献谀者谓非灾异。矼言："春秋定、哀间数言火灾，说者谓孔子有德而不能用，季孙有恶而不能去，故天降之咎。今朝廷之上奸慝邪佞之人未逐[乎?]，百执事之间朋附奔竞之徒未汰[乎]？搢绅有公忠宿望及抱道怀艺、有猷有守之士未用[乎?]。宜鉴定、哀之失，甄别邪正，亟加进用。"《宋名臣言行录》②

---

① 《宋名臣言行录》（四库本）中并无记载，此条在《宋名臣奏议》卷十七中有载。
② 《宋名臣言行录》（四库本）中并无记载，此条在《宋名臣奏议》卷三百五十中有载。以上两条疑索引有误。

上知金寒盟，赫然决策亲征。杜莘老奏："善御天下者，无事则深忧，有事则不惧。无事深忧，所以预备。有事不惧，所以济功。今虏欺天背盟，[正][政]陛下待以不惧之时，愿益以刚大为心，勿以小利钝为异议所摇。谀言所惰，则人心有所恃，而士气振矣。"□□又言："艺祖简诸道兵补禁卫，训阅精整，故方镇詟服，莫敢有异。以今亲征有期，而熊虎两司班直亲兵，才五千余人，赢老居半，乞极留圣虑。上出内库钱七十万赐出戍士大夫。"公言："诸军负回易子钱甚伙，例赏以月廪。不先除此弊，钱出禁帑，入将帅私室矣。"上悟，悉除军债。士拜赐，鼓舞人，百其勇。《宋名臣言行录》别集上卷六

汪澈为侍御极陈利害，且曰："虑之有素，则事至而安静；虑之无素，则事至而仓猝。自讲和以来，诸将拥重兵，高爵厚禄，养成骄恣。朝廷宜有以摄其心、作其气。战士役以伎艺。而老病之不汰，逃亡之不补，宜有以蒐阅之，使有斗心而乐为用。文武官平居常患其冗，临事则无人可用，当预选实才，不泥资格，以备缓急之用。《宋名臣言行录》别集上卷三

靖康中，监察御史张所，以蜡书冒围募河北兵，士民[得书]喜曰："朝廷弃我，犹有一张察院能拔而用之。"应募者十七万人。复上言："河东、河北，天下之根本，因而用之可藉以守。且请帝亟还京城，有五利：奉宗庙、保陵寝一也；慰安人心二也；系四海之望三也；释河北割地之疑四也；早有定处一意于边防五也。国之安危在乎兵之强弱与将相之贤不肖，不在都之迁与不迁也。"《鉴语经世编》卷二十五"李纲论规模之序"（另见《经济类编》卷六十四）

黄葆光拜侍御史。政和末，岁旱，疏言："人君有屈己逮下之心，而人臣无归美报上之意者，能致阴阳之变；人君有慈惠恻怛之心，而人臣无祗[将]顺钦承之意者，能致阴阳之变。陛下恭俭敦朴以先天下，而太师蔡京侈大过制，非所以明君臣之分；陛下以绍述为心，而京所行乃背元丰之法，强悍自专，不肯上承德意。此天气下而地不应，大臣不能尚德以应陛下之

所求者如此。"疏入不报。《宋史·黄葆光传》

吴芾，高宗时迁殿中侍御史。两淮战不利，廷臣争陈退避计，芾言："今日之事，有进无退，进为上策，退为无策。"会有密启还东者，芾言："今欲控带襄、汉，引输湖、广，则临安不如建康便；经理淮甸，应接梁、宋，则临安不如建康近。议者徒悦一时，扈从思归之人，非为国计。臣恐回銮之后，西师之声援不接，北土之讴吟绝望矣。"《宋史·吴芾传》

陈良翰迁监察御史。孝宗初元，金主新立，求和，而中原旧人多求归，诏问何以处此，良翰言："议和，复纳降，皆非是，必定计自治。而和不和，任之乃可。"张浚军淮、泗以规进取，而议者争献防江策。良翰言："当固藩篱，专委任。今舍淮防江，却地夺便，朝廷过听，使督府不得专阃外事，误矣。"《宋史·陈良翰传》

乾道中，侍御史胡沂言："祖宗时，武士试中武艺，并赴陕西任使，或除京东捉贼，或三路沿边试其效用，或于经略司教押军队准备差使。今所取非所用，所用非所学。请取近岁中选人数，量其才品高下、考任深浅，授以军职，使之习练边事，谙晓军旅。"从之。《广治平略》卷三十四"军政篇"

龚茂良除监察御史。江浙大水，诏陈阙失。茂良疏曰："水至阴也，其占为女宠，为嬖佞，为小人专制。崇、观、政和，小人道长，内则恟腐窃弄，外则奸回充斥，于是京城大水，以致金人犯阙。今进退一人，施行一事，命由中出，人心哗然，指为此辈。臣愿先去腹心之疾，然后政事阙失可次第言矣。"《宋史·龚茂良传》

洪咨夔拜监察御史。疏言："臣历考往古治乱之原，权归人主，政法出中书，天下未有不治。权不归人主，则廉级一夷，纲常且不立，奚政之间。政不出中书，则腹心无寄，必转而他属，奚权之揽。此八政驭群臣，所以独归之王，而诏之者必天官冢宰也。今敝端有四：一曰自用，二曰自专，三曰自私，四曰自固。"帝嘉纳之。《宋史·洪咨夔传》

谢方叔官监察御史。疏奏："秉 纲 [刚] 德以回上帝之心，奋威断以回天下之势。左右前后之人，进忧危恐惧之言者，是纳忠于上也；进燕安逸乐之言者，是不忠于上也。凡有水旱盗贼之奏者，必忠臣也；有谄谀蒙蔽之言者，必佞臣也。"《宋史·谢方叔传》

朱貔孙擢监察御史，时有谏议迁都四明者，貔孙亟上疏言："銮舆若动，则三边之将士瓦解，而四方之盗贼蜂起，必不可。"遂止。长星出东方，貔孙力抵外戚内臣及进奉羡余失人心者，且曰："回天心自回人心始。"辞旨恳切，帝为之感动。《宋史·朱貔孙传》

度宗即位，陈宗礼拜殿中侍御史。疏言："恭俭之德自上躬始，清白之规自宫禁始，左右之言利者必斥，蹊隧之私献者必诛。"以诗进讲，因奏："帝王举动，无微不显，古人所以贵于慎独也。"《宋史·陈宗礼传》

监察御史王恽论中都丧祭事状。父母之丧，例皆焚烧，以为当然。习既成风，恬不知痛，败俗伤化，无重于此。理合禁止，以厚薄俗。外无问贵贱，多破 财 [钱] 物，市一切纸作房室、侍从、车马仪物，不唯生者虚费，于死者实无所益，亦乞一就禁止。《乌台笔补》"论中都丧祭礼薄事状"

论职官公私有犯事状。古者刑不至大夫，礼不及庶人。爵禄者，所以待材能；廉耻者，所以厉节行。此自古 [之常法，盖断] 不可易者。今访闻得，尚书省奏拟到："将一切内外职官，如公私有犯，不听收赎，皆以的决论罪。"甚非待材能而厉臣节也。如此，则是教人以顽钝无耻，奰诟亡[之]① 节，廉隅不立。而当职任者，既无贵贵尊尊之义，且以官徒自处，苟日计庸而已。今欲为常行格法，断不可训。《乌台日事》"论职官公私有犯不听收赎皆的决事状"

论重刑事状。刑者，例也，一成而不可变。[其] 正犯、干连、赃仗、准服、追勘、审覆、结案，须经历官府数重，人命至重，或致枉错，有伤

---

① 弘治本、荟要本同元刊明补本为"之"，四库本为"亡"。

和气。故旧例，重刑不限催举，待以岁时，欲于三覆五奏之间，脱有冤诬，庶正犯败露，不致[敢]滥及无辜，以极哀矜钦恤之意，见不嗜于速杀也。至于秋分后行刑，盖自古帝王体天行道，以顺四时生杀之理也。如旧例决不待时，[盖]所以待恶逆以【止】罪也。今[者拟]将一切常犯、死罪者数月之间案牍稍具，上[止]令省、部监察审问无冤，同恶逆罪犯决不待时，虽皋陶[在上]，不能保[保不能]① 其曲尽狱情，一无冤滥。诚当审量事宜，集议允当，可为永格者，而复更改闻奏，以救既往，则天下幸甚。《乌台日事》"论重刑决不待时事状"

论立司谏等官事状。盖闻朝无诤臣，则不知过；国无达士，则不闻善。至于诸侯、卿大夫、士、庶人，皆有诤臣诤友，则国安而令名可保矣，况万乘之帝王欤？伏见朝廷近年以来，虽或小事，[情有事重者，]天威震怒，出于一时，辄至不测。钦惟圣慈随复追悔。今宪台虽立，或有所论执，卒不能上达，得开陈利害于前。合无选近侍重臣，辅以刚正儒者，使为司谏等官。[如此]则圣益圣而明益明，且免夫既往追维[惟]之悔，天下幸甚。《乌台日事》"论立司谏等官事状"

请禁制服色事状：切惟衣服之制，本以别贵贱、定尊卑，故历代相沿，各有定制。今民间以侈靡相高，虽工商皂隶，皆得衣被金绣龙凤等物，以致贵贱混淆，无以差别。今国家以俭德化下，服之不衷，反为妖灾。今后合无将一切金绣异样衣物，除令得服用外，自余即听与鞍辔等事一体严禁，制亦辨上下，定民志之一端也。《乌台笔补》"请禁制异样服色事状"

尚文拜中台侍御史。建言："治平之世，不宜数赦；不急之役，宜且停罢。"成宗嘉纳。《元史·尚文传》

王寿擢侍御史。召寿奉香江南，遍祠岳，镇海渎。使还，具奏："民之

---

① "保不能"，弘治本、荟要本同元刊明补本；四库本作"不能保"。

利病，系于官吏善恶，在今宜选公廉材干、存心爱物者专抚字，刚方正大、深识治体者居风宪。天灾代有，赈济以时，无劳圣虑。唯是豪右之家，仍据权要，当罢其职，处之京师，以保全之，此长久之道也。"《元史·王寿传》

赵师鲁泰定中拜监察御史。时大礼未举，师鲁言："天子亲祠郊庙，所以通精诚，迎福禧，生烝民，阜万物，百王不易之礼也。宜鉴成宪，讲求故事，对越以格纯嘏。"上嘉纳焉。《元史·赵师鲁传》

至顺二年，御史陈思谦言："方今入仕之门太多，黜陟之法太简，州郡之任太淹，朝省之除太速，请设三策：一，冗滥不急者，从实减并；二，宜参酌古制，设辟举之科；三，古者刺史入为三公，郎官出宰百里，盖使外职识朝廷之治体，内官知民间之利病。今后县尹有能声善政者受郎官御史，[历] 郡守有奇材异绩者任宪使尚书。"帝可其奏。先是关陕大饥，民多鬻产，流徙及来归皆无地可耕。思谦言："听民倍直赎之，使富者受兼人之利，贫者获已弃之业。"从之。《鉴语经世编》卷二十五（另见《元史·陈思谦传》）

陈思谦疏论："秦汉以来，上下三千余年，天下一统者，六百余年而已。我朝开国，百有余年，土宇人民，三代、汉、唐所未有也。民有千金之产，犹谨守之，以为先人所营，况君临天下，承祖宗艰难之业，而传祚万世者乎！臣愚以兴亡恳恳言者，诚以今日乃皇上盛时图治之机，不可失也。"《元史·陈思谦传》

崔敬拜监察御史。疏言："文皇获不轨之愆，已彻庙祀；叔母有阶祸之罪，亦削洪名。尽孝正名，斯亦足矣。惟念皇弟燕帖古思太子，年方在幼，罹此播迁，义当矜悯。盖武宗视明、文二帝皆亲子也，陛下与太子皆嫡孙也。以武皇之心为心，则皆子孙，固无亲疏；以陛下之心为心，未免有彼此之论。今乃以同气之人，置之度外，适足贻笑边邦，取辱外国。臣愿杀身以赎太子之罪，望陛下遣近臣迎归太后、太子，以全母子之情，则宗社幸甚！"不报。□□又言："[今] 失剌斡耳朵思，乃先皇所以备宴游非常时临御之所。今陛下方以孝治天下，屡降德音，祗行宗庙亲祀之礼，愿大驾还大内，居深宫，严宿卫，与宰臣谋治道。万机之暇，则命经筵进讲，究古今盛衰之由，缉熙圣学，乃宗社之福也。"［又上疏曰："］今山东大饥，燕南亢旱，正当圣主恤民之日。近侍之臣，奏禀呈请，殆无虚日，以府库百年所积之宝物，遍赐仆御阉寺之流，帑藏或空。万一国有大事，人有大功，又将何以为赐［乎］！乞追回所赐，以示恩不可滥。"《元史·崔敬传》

袁凯，洪武三年授御史。武臣恃功骄恣，得罪者渐众。凯上言："诸将习兵事，未悉君臣礼，请于都督府延通经学古之士，令诸武臣赴都堂听讲，庶得保族全身之道。"帝敕台省延名士直午门，为诸将说书。《明史·袁凯传》

御史陈祚劝勤圣学。其略曰："帝王之学先明理，明理在读书。陛下虽有圣德，而经筵未甚兴举，讲学未有程度，圣贤精微，古今治乱，岂能周知洞晰。真德秀《大学衍义》一书，圣贤格言，无不毕载。愿于听政之暇，命儒臣讲说，非有大故，无得间断。使知古今若何而治，政事若何而得，必能开广聪明，增光德业，而邪佞之以奇巧荡圣心者自见疏远，天下人民受福无穷矣。"帝见疏大怒曰："竖儒谓朕未读《大学》耶！"下祚狱。《明史·陈祚传》

正统时，黄裳为御史院中，弹文多出其手，都御史陈鉴倚重之。上言："科道考满黜陟，常出上裁，若由吏部奏升，介然持正者，古今几人哉？"帝从之。《明通纪》（另见《钦定古今图书集成·明伦汇编·官常典》卷七百三十八）

景泰中，监察御史左鼎等言："小民无知犯法，可以情［而］贷。若官吏以学术发身，以法律从事，操威福之柄，岂可怀私受贿，巧文深诋，杀无罪人？原其情，与故杀何异？先朝屡有恩宥，皆不及此，岂列圣之仁明，有所不逮？诚以法者，天下之公，不可以私意妄有所轻重也。"章下，刑部［尚书俞士悦］言："御史言是。自后故勘者，宜论死不宥。"从之。《春明

梦余录》卷四十四

成化三年，六科十三道上言："近日以来，或日月赤色，或黄霾蔽天，此正侧身修行之时也。伏望以敬为所，以欲自惩，游戏、宴乐无益之事必节，金豆、银豆无名之赏必罢，仍于万几之暇，日御经筵讲明圣学，庶足以合天心，慰人望。"上嘉纳之。《万世玉衡录》卷一"修身"

正德时，嬖幸子弟家人滥冒军功，有至都督赐蟒玉者。御史程启充言："权要家贿军士金帛，以易所获之级，是谓买功。冲锋斩馘者，甲也，而乙取之，甚至杀平民以为贼，是谓冒功。身不出［门］阃，而名隶行伍，是谓寄名。贿求掾吏，洗补文册，是谓窜名。至有一人之身，一日之间，不出京师，而东西南朔四处报功者，按名累级，骤至高阶，是谓并功。此皆坏祖宗法，解将士体，乞严为察革。"帝不能用。《明史·程启充传》

成化四年十二月，遣太监郑同、崔安册封朝鲜世子李晄为王。既行，巡按辽东监察御史侯英奏，同与安俱朝鲜人，坟墓、宗族皆在其地，于其国王未免行拜跪之礼，进嘱托之辞，殊轻中国之体。乞追请寝成命，遣翰林院给事中及行人往使为便。"上是其言。《钦定日下旧闻考》卷八十七

刘安入台甫一月，上疏曰："人君贵明不贵察。察，非明也。人君以察为明，天下始多事矣。陛下临御八年而治理未臻，识者谓陛下之治功损于明察。夫治，可以缓图，不可以急取；可以休养致，不可以督责成。以急切之心，行督责之政，于是躬亲有司之事，指摘臣下之失，令出而复返，方信而忽疑。大小臣工救过不暇，多有不安其位者，孰能为陛下建长久之策，以图平治哉？"帝大怒，逮治之。《明史·刘安传》

弘治元年，御史陈瑶言："崇文门旧设宣课分司，上收客税，近差御史主事往监其事，以掊克为能，有伤国体。"上命今后止许秤盘客货，余行李车辆，毋得搜检阻遇。《广治平略》卷二十三"征榷篇"（另见《典故纪闻》卷十六）

正德时，世宗立乾清宫成。御史郑本公言："八年营构，一旦告成。陛

下居安思危，当远群小，节燕游，以防一朝之患；重妃配，广继嗣，以为万世之计。慎终如始，兢兢业业，常若天祖之临；求言益切，访政益勤，用防蔽塞之患。持圣心，远货色，毋溺于鸩毒；重兴作，惜财力，永鉴于先朝。"帝嘉纳之。《明史·郑本公传》

嘉靖五年，御史仲选上言："《春秋》一书，人君正心术之要典也。纪灾异而略祥瑞。唐臣张守珪亦曰：'古者多难开国，殷忧启圣，事危则志锐，情苦则虑深，故能转祸而为福。'由是观之，人君于灾变之来所以动其忧勤之心，而启其治平之机也，未足为损而固已为益，唯求其应之之实，何如耳？臣闻应天以实不以文，动民以行不以言，感召之诚亦唯于人事验之而已。人事修则天心格，人事乖则天心违，必然之理也。"《南京都察院志》卷二十七"奏疏一"

嘉靖十一年，右副都御史范镗言："人主之所取于臣下者，任怨也，当事也，恭顺也，无私交也；而邪臣之恣强戾、好纷更、巧逢迎、肆攻讦者，其迹似之。人主或不察焉，则疑之矣，疑信一差，邪正倒置，其害将有不可胜言者。"《南京都察院志》卷二十七"奏疏一"①

嘉靖二十五年，御史周冕上言："贾谊曰：'天下之本系于太子，太子之善在于早谕教选左右。又曰教得而左右正，则太子正，太子正，天下定矣。'后世莫不首举以为定论。今皇太子生长春宫，隔远天颜，不得行问安、视膳之礼，而事亲之道，谁则陈之？不得接士大夫于左右，而临天下之体，谁则启之？不得睹稼穑之艰难，而所云无逸之言，谁则告之？不得见闾阎之疾苦，而祈寒暑雨之怨咨，谁则闻之？使不及时为学礼乐、名物，何自而知？治乱兴亡，何自而识？君子小人，何自而辩？与其日处于深宫，孰若文华殿之清严；与其日侍以宦官，孰若士大夫之为师；保与其日逸于休养，孰若诗书礼乐之为熏陶。此蒙以养正之功，在今日所不可一日缓者

---

① 应为《南京都察院志》卷二十七"万镗"。

也。"《南京都察院志》卷二十八"奏疏二"

御史李逢时上言："北敌敢于岁初拥众入犯，俺答之约束全无，马市之羁縻难恃。今日之计，唯大集兵马，专事征进，否则隐忍顾忌，酿成大患，何以善后。"上是之。继而入大同塞，指挥王恭力战死，又入辽东塞，备御官王相力战死。《明书稗录》（另见《明通鉴》卷六十"三十一年"）

嘉靖时，巡按吕光询疏修水利三事："一曰广疏濬以备潴泄。盖三吴泽国，西南受太湖、阳城诸水，形势尤卑，而东北际海。昔人于下流为塘浦，导诸湖之水，由北以入于江，由东以入于海。而又畎引江潮，流行于岗陇之外，是以潴泄有法，而水旱皆不为患。二曰修圩岸以固横流。宋转运使王纯臣常令苏、湖[吴]作田塍御水，民甚便之。而司农丞郏亶亦云：'治河以治田为本。'盖惟田圩渐坏，而岁多水灾也。三曰复板闸以防淤淀。河浦之水，皆自平原流入江海。水缓而潮急，沙随浪湧，其势易淤，不数年即沮洳成陆。昔人夹流而为闸。平时随潮启闭，以御淤沙。岁旱则闭而不启，以蓄其流。岁涝则启而不闭，以宣其溢。志称置闸有三利，盖谓此也。"《明史纪事本末》卷二十五"治水江南"

嘉靖二十九年，御史张鉴乞修复屯田。原制：每逃屯田一分五十亩，召募卫所精壮空丁一名，顶屯军名伍领种。于农隙，就屯所附近空闲去处举行操练，使之习闻进退之节，通晓骑射之能。巡屯御史所至，阅试而赏罚之。屯所教场共二十二处，为人开种，当事无所稽查，计京外卫所屯军共十一万八千有奇，伏乞敕下，次第修复。时方有事，招兵不可无费，而屯军无雇募之费；养兵不可无粮，而屯军无衣粮之给。寇盗生发，其于城守防御之具，岂不绰然有余哉！《国朝典汇》（另见《明会典》卷二百四十六）

隆庆时，御史周弘祖言："高皇帝定制，宦侍止给奔走扫除，不关政事。孝宗召对大臣，宦侍必退去百余武，非惟不使之预，抑且不使之闻。愿陛下勿与谋议，假以謦笑，则彼无乱政之阶，而圣德媲太祖、孝宗矣。"《明史·周弘祖传》

御史王廷瞻奏请裕府庄田改入乾清宫者，悉蠲其租。又言勋戚庄田太滥，请于初给时裁量田数，限其世次，爵绝归官。制可。《明史·王廷瞻传》

隆庆五年，俺答封贡事毕，御史刘良弼上疏陈六渐：一曰封疆弛守之渐；二曰属部疑叛之渐；三曰将领推诿之渐；四曰塞下虚耗之渐；五曰勇士散逸之渐；六曰市地增加之渐。《明史纪事本末》卷六十"俺答封贡"

穆宗诏户部购宝珠。御史詹仰庇言："昔仲虺戒汤不迩声色，不殖货利；召公戒武王玩人丧德，玩物丧志。汤、武能受二臣之戒，绝去玩好，故圣德光千载。若侈心一生，不可复遏，恣情纵欲，财耗民穷。陛下玩好之端渐启，弼违之谏恶闻，群小乘隙，百方诱惑，害有不胜言者。"《明史·詹仰庇传》

万历五年，御史王用汲疏言："孟子曰：'长君之恶其罪小，逢君之恶其罪大。'臣谓逢君之恶其罪小，逢相之恶其罪大。今之时，则逢君之人少，而逢相之人多。辅臣意有所向，不问其意之是与不是，谁敢一言以正其非，且有先章而结其欢心，望风而张其虐焰者矣。陛下不躬自听断，而委政于众，所阿附之元辅，是以大臣益得成其私而无所顾忌，小臣益苦于私而无所控告，其势不得不奔走夫私门矣。以陛下之圣智，何不日取庶政而勤习之，大小章疏，务躬省览。孰公孰私、孰便孰不便，陛下先以意可否焉，然后宣付辅臣俾再商酌，可则行之，未可则票拟覆请。间习既久，智虑益宏，则几微隐伏之间自无逃乎圣鉴矣。"《熙朝奏议》

王学曾，万历中擢南京御史。时吏民有罪，辄遣官校逮捕。学曾疏请止，不纳。光山牛产 [一] 犊若麟，有司 未 [欲以] 闻，帝命礼部征之，学曾抗言："麟生牛腹，次日即毙，则祥者已不详矣。所司未尝上闻，陛下何自闻之？毋亦左右小人以奇怪惑圣心也。今四方灾旱，老稚流离，啼饥号寒之声，陛下不闻；北敌枭张，士卒困苦，呻吟嗟怨之状，陛下不闻；宗室贫穷，饔飧弗给，愁困涕洟之态，陛下不闻；而独已毙之麟闻。彼为左右者，岂诚忠于陛下乎？"帝责其沽名，降兴国判官。《明史·王学曾传》

神宗十四年，御史孙维城、杨绍程请定储位，俱夺俸。十五年，御史何倬钟、化民、王慎德奏建储，不报。十六年，御史陈登云请册立东宫，且罪郑承宪骄横状，不报。二十年，礼科都给事李献可疏请豫教，削籍；大学士王家屏具揭申救，封还御批，上怒。御史钱一本、邹德泳、贾名儒、阵禹谟交章申救，削籍，降调有差。四十三年，南京御史汪有功言福府内侍李进忠擅祭告孝陵。不报。《明史纪事本末》卷六十七"争国本"

神宗时，倭请封贡。御史杨绍程奏："太祖时，屡却倭贡，虑至深远。永乐间，或一朝贡，渐不如约。自是稔窥内地，频入寇掠。至嘉靖晚年，而东土受祸更烈，岂非封贡为厉阶耶？今关白谬为恭谨，奉表请封之后，我能闭关拒绝乎？中国之衅，必自此始矣。且关白弑主篡国，正天讨之所必加。[我]中国以礼义统御百蛮，而顾令此篡逆之辈叨天朝之名号耶！宜急止封议，敕朝鲜练兵以守之，我兵撤还境上以待[之]，关白可计日而败也。"《明史纪事本末》卷六十二"援朝鲜"

泰昌元年，御史左光斗上言："[内廷之有]乾清宫，唯 天子 [皇上]御天居之，唯皇后配天得共居之。选侍既非嫡母，又非生母，俨然尊居正宫，而殿下乃[退] 处 [居]慈庆，名分 谓何 [倒置]。且殿下春秋十六龄矣，内辅以忠直老成，外辅以公孤卿贰，何虑乏人，尚须乳哺而襁负之哉？及今不早断决，将借抚养之名行专制之实，武氏之祸将见于今。"又言："选侍移宫以后，自当存大体，捐小过。若复株连蔓引，使宫闱不安，即于政体有损。"《明史纪事本末》卷六十八"三案"

光宗即位，台臣黄彦士疏曰："保摄圣躬之道，在于屏远妇、寺亲。御讲读、举古训则可以养心，访时务则可以练事。养心则义理明而君志益清，练事则嗜欲夺而君身益固。君志清则鉴万类而不淆，君身固则应万几而不困。盛德大业，未有不基于此者也。"《万世玉衡录》卷一"修身"

熹宗即位，御史倪应春献"万世治安策"：一曰定志。君心有所志，不志于忧勤则志于怠安，不志于仁贤则志于声色，不志于道德则志于货利，而国运之隆替关焉。皇上临御伊始，如太虚未云，止水未波，定之此其时矣。《万世玉衡录》卷一"修身"

天启元年，御史魏光绪上言："张差梃击之谋，诸臣精神不用之以护青宫，而偏用之以庇奸党；不用之以伸法令，而偏用之以难问官。主事王之寀追夺诰命，郎中陆大受以大计黜［出］，张廷［卒］以忧死。皇祖十年，不御之朝堂，一旦诏［召］见群臣，面行抚慰。然则，皇祖之于此事，亦晓然明白。圣明在御，恩及林薮，建言受杖之人，先后光明。而三臣去国孤踪，不蒙昭雪，此忠臣义士所以感愤而不平也。伏乞皇上立赐擢用，以为忘身殉国之劝。"上可其奏。《明史纪事本末》卷六十八"三案"

天启元年，御史周宗建上言："铨除在真品，毋容夹杂以同升；朝论在舆评，毋轻出言以佐斗。国家要以边事为首务，毋自起室内之戈。今日终以君德为［大］本【源】，毋徒为将顺之节。"《明史纪事本末》卷六十六"东林党议"

天启四年八月，河南进玉玺。魏忠贤欲侈其事，命由大明门进，行受玺礼，令百官表贺。御史黄尊素上言："昔宋哲宗得玺，蔡确等竞言祥瑞，改［年］元【祥】符，宋祚卒不竞。本朝弘治时，陕西献玉玺，止令取进，给赏五金。此祖宗故事，宜从。"遂获中止。《明史·黄尊素传》

崇正［祯］三年，御史吴履中疏："向者见人情玩弛日甚，大加惩艾。诚救宽以严，而化枉为直之妙用。乃法司所上狱状，一奉严旨，不敢执奏，改轻从重，辄轻屡更，皇上益以法官所拟，原未蔽罪，若留余地，以俟驳勘，遂至坚于从重。而讯鞫之际，又多有所观望，以希合圣意，不能无枉。供招多不出囚口，但雕琢为工，犯人难解，殊非刑名之体。此又以烦文而掩律意。不思狱以得情为主，律以至中为法。情溢乎法，法踰乎情，皆非确拟。一女含冤，三年不雨；匹夫结怨，六月飞霜。其冤抑之气，有以干天地之，召水旱之灾，关系非渺小也。伏乞严敕问刑衙门，一切谳狱，俱要明律意，不许少增减，上干天遣。所当矜疑解纲，以施法外之仁。"《春

明梦余录》卷四十五

御史苗穟言："臣见府、州、县、卫所问刑官不问罪之轻重，一概监禁。有一年不决者，有半年不理者。乞通移文在外问刑衙门，今后真犯死罪监禁外，其余轻重罪囚不许久禁。照旧例：大事五日、小事三日不与决断者，听受禁之人赴巡抚、巡按等官伸告，则囚犯亦不致淹禁，而图圄空虚矣。"诏从之。《春明梦余录》卷四十四

崇正十年，御史李模上言："东南水利自万历以来废弛者，逾五十年[季]。历该抚臣周启元等先后吁恳，下部覆议，未免筑舍，其说有四：一曰，时诎未可举赢，不知近岁供输既已筋髓敲竭，倘再罹潦膜振，赍招徕当罄无限物力，而司农岁计所入数百万，尚能按籍箕敛否乎？二曰，淤沙之地渐已升科告佃，今一开凿，税额何偿？但事并水利要害，何惜此涓浍而误农田大计。即使开凿，果不便于佃税诸户，而水利一兴，水荒之田亦可成熟，不待包赔矣。三曰，襄田筑围、交渠涝浅、聊备蓄泄，姑缓疏沦。夫末[来]源之水，既无宣泄，湖流奔驶冲激能不倾荡乎？若旱魃为虐，虽渠深亦竭。斯开浚之万难，濡滞不待智者而决矣。四曰，大兴水利必设专官。今[日]用大臣或为未便，分巡抚之余力恐有遗恨，添设道臣又虑掣肘，唯甲榜部郎，朝气方锐，事体归一，又官秩未尊，可与巡抚每事咨决，巡按亦得旁察短长。职列京衔，不受节制，府、州、县长并势分相临，呼吸立应，上下各便。其差定限奏绩，最则优选[迁]，殿则劣处。斯水利立见成效已。"《广治平略》卷四十一"水利篇"

南台旧闻·卷十

北平黄叔璥玉圃辑

切谏

申屠刚①，建武初拜侍御史，蹇蹇多直，无所屈挠。陇蜀未平，上常欲近出，刚止，不听，则以头轫乘舆轮，使马不得 行 [前]，帝遂为止。《东观汉纪校注》卷十四"申屠刚"

鲁恭拜侍御史，和帝初立，议击匈奴，恭上疏谏曰："万民者，天之所生。一物有不得其所者，则天气为之舛错，况于人乎？故爱人者必有天报。昔太王重人命而去邠，故获上天之佑。今匈奴为鲜卑所杀，而欲乘其虚耗，利其微弱，是非义之所出也。今始征发，而大司农调度不足，使者在道，分部督趣，上下相迫，民间之急亦已甚矣。惟陛下留圣恩，休罢士卒，以顺天心。"书奏，不从。《后汉书·鲁恭传》

何敞拜侍御史，疏曰："臣闻匈奴之为桀逆久矣。平城之围，嫚书之耻，此二辱者，臣子所谓捐躯必死。高祖、吕后忍怒还忿，舍而不诛。伏惟皇太后秉父母之操，陛下履晏安之姿，而感春东作，兴动大役。[而] 猥

---

① 关于申屠刚，《后汉书》卷二十九中有传。又见《续汉书》卷三、《后汉书》卷一、《后汉纪》卷七亦略载其事。

复为衙尉笃、车马都尉景缮修馆第，弥街绝里。臣虽斗筲之人，诚窃怀怪，以为笃、景亲近贵臣，当为百僚表仪。今众军在道，朝廷焦唇，百姓愁苦，而遽起大第，崇饰好玩，非所以垂令德，示无穷也。宜且罢工匠，专忧北边，恤人之困。"书奏，不省。《历代名臣传·何敞》

郅寿前后上书陈窦宪骄恣，引王莽以诫国家。宪陷寿以诽谤，下吏当诛，侍御史何敞疏言："寿机密近臣，匡救为职。若怀默不言，其罪当诛。今寿违众正议，以安宗庙，岂其私耶？又台阁平事，分争可否，虽唐、虞之隆，三代之盛，尤谓谔谔以昌，不以诽谤为罪。［寿］若被诛，臣恐天下以为国家横罪忠直，贼伤和气，忤逆阴阳。臣所以敢犯严威，触死瞽言，非为寿也。"书奏，寿得减死，论徙合浦。《后汉书·郅寿传》

初，魏［主］以有罪徙边者多逋亡，乃制一人逋亡，阖门充役。御史崔廷谏曰："善人少，恶人多。若有一人罪，延及阖门，则司马牛受恒魋之罚，柳下惠蒙盗拓之诛，岂不哀哉？"孝文帝从之，遂除逋亡缘坐法。《纲目·齐纪》

时刺史多任武将，类不称职，柳彧上表："伏见诏书以上柱国和干子为杞州刺史，其人年垂八十，钟鸣漏尽。前在赵州，暗于职务，政由群小，贿赂公行。百姓吁嗟，歌谣满道。干子弓马武用，是其所长；临人莅职，非其所解。如谓优老尚年，自可厚赐金帛，若令刺举，所损殊大。"上善之，干子竟免。《北史·柳彧传》

上禁行恶钱，有二人在市以恶易好者，上悉令斩之。大理少卿赵绰谏曰："此人当坐杖，杀之非法。"上曰："不关卿事。"绰曰："陛下置臣在法司，欲妄杀人，岂得不关臣事。"绰拜而益前，诃之不肯退。上遂入。侍御史柳彧复上疏切谏，乃止。《臣鉴录》①（另见《北史·赵绰传》）

---

① 《臣鉴录》明清两本，作者、内容各一。明人蒋伊编撰《臣鉴录》，中国致公出版社于2001年节选其中"劝部"九卷结集出版；清人尹会一有《君鉴》《臣鉴》《士鉴》《女鉴》诸书，河北大学出版社于1999年节选出版了他的《君鉴录·臣鉴录·士鉴录》一书。

李素立，武德初为监察御史。时有犯法不至死者，高祖特令杀之，素立谏曰："三尺之法，与天下共之，法一动摇，［则］人无所措手足。陛下甫创洪业，奈何弃法。臣忝法司，不敢奉诏。"高祖从之，擢侍御史。《旧唐书·李素立传》

柳泽从祖范，贞观中为侍御史。时吴王恪好田猎，范弹治之。太宗曰："权万纪，不能辅导恪，罪当死。"范进曰："房玄龄事陛下，犹不能谏止田猎，岂宜独罪万纪？"帝怒，范谢曰："主圣则臣直，陛下仁圣，臣敢不尽愚？"帝乃解。《新唐书·柳范传》

郃令裴仁轨私役门夫，上怒，欲斩之，殿中侍御史李乾祐谏曰："法者，陛下所与天下共也。今仁轨坐轻罪而抵极刑，臣恐人无所措手足矣！"上悦，从之。上尝语［及］关中、山东人，意有同异。殿中侍御史张行成曰："天子以四海为家，今［令］有东、西之意，示人以隘。"上善其言。《纲目·唐纪》

马周拜监察御史。上疏："臣伏读明诏，以二月幸九成宫。本为避暑行也，太上皇留热所，而陛下走凉处，温清之道，臣所未安。宗室功臣，宜赋以茅土，畴其户邑。汉光武不任功臣以吏事，所以终全其世，［良得其术也］。愿陛下深思其事，使得奉大恩，而子孙终其福禄也。［自］陛下践祚，宗庙之享，未尝亲事。［而］一代史官，不书皇帝入庙，将何以贻厥孙谋、示来叶耶？王长通、白明远本乐工舆皂杂类，韦槃提、斛斯正独解调马。今超授高爵，与外廷朝会，骈竖倡子，鸣玉曳履，臣窃耻之。"帝善其言，除侍御史。《新唐书·马周传》

高季辅拜监察御史，弹劾不避权贵，转中书舍人，数上书言得失。太宗赐钟乳一剂，曰："而进药石之言，朕以药石相报。"《尚友录》（另见《新唐书·高季辅传》）

王义方，显庆元年，擢侍御史，会李义府纵大理囚妇淳于，迫其丞毕正义缢死，无敢白其奸。义方上言："［今］陛下抚万邦而有之，蛮区夷落，罪无逃罚，况辇毂奸臣肆虐乎？杀人灭口，此生杀之柄，不自主出，而下移佞臣，履霜坚冰，渐[弥]不可长。请下有司杂治正义死状。"即具法冠对仗，叱义府下跪读所言。《新唐书·王义方传》

魏元忠迁监察御史。帝尝从容问："外以朕为何如主？"对曰："周成、康，汉文、景也。""然则有遗恨乎？"曰："有之。王义方一世英豪，而死草莱。议者谓陛下不能用贤。"帝曰："我适用之，闻其死，固已无及。"元忠曰："刘藏器行副于才，陛下所知，今七十为尚书郎。徒叹彼而又弃此。"帝默然惭。《新唐书·魏元忠传》

韩瑗、褚遂良相继死，内外以言为讳将。二十年，帝造奉天宫，御史李善感始上疏极言，时人喜之，谓为"凤鸣朝阳"。《新唐书·韩瑗传》

张廷珪迁监察御史。武后税天下浮屠钱，营佛寺于白马坂，作大象，廷珪言："倾四海之财，殚万民之利，穷山之木为塔，极冶之金为象。工员穷窭，驱役为劳，饥渴所致，疾疹方作。又僧尼乞丐自赡，州县督输，星火迫切，鬻卖以充。今天下虚竭，苍生凋敝，[谓]宜先边境，实府库，养人力。"后善之。张易之诛，议穷治党与。廷珪言："今唐历不移，天地复主，宜以仁化荡宥。且易之盛时，趋附奔走半天下，尽诛则己暴，罚一二则法不平，宜一切洗贷。"中宗纳之。《新唐书·张廷珪传》

王求礼，武后时，为左拾遗、监察御史。后方营明堂，雕饰谲怪，侈而不法。求礼以为"铁鸷[鹙]金龙、丹膇珠玉，乃商琼台、夏瑶室之比。自轩辕以来，服牛乘马，今辇以人[负]，则人代畜"，上书讥切。久不报。契丹寇河北，诏河内王武懿宗御之，懦扰不进，贼败数州去。懿宗乃条华人为贼，诖误者数百族，请诛之。求礼劾奏："懿宗拥兵数十万，闻敌至，走保城邑，今乃移祸无辜[之人]，请斩懿宗首以谢河北。"懿宗大惧，后尽赦其人。《新唐书·王求礼传》

至载初，右台御史周矩谏后曰："凶人告讦，遂以为常，推劾之吏，以险责痛诋为功，凿空投隙，相矜以残，泥耳笼首，枷楔兼暴，拉胁签爪，悬发熏目，号曰'狱持'。昼禁食，夜禁寐，敲扑撼摇，使不得暝，号曰'宿囚'。人苟赊死，何求不得？陛下不谅，试取告牒判无验者，使推其情，有司必上下其手，希合盛旨。[且]周用仁昌，秦用刑亡。惟陛下察之。"后悟，狱乃稍息，而酷吏浸[浸]以罪去。《新唐书·酷吏列传》

武后朝，侍御史魏靖上言："陛下既知来俊臣之奸，处以极法，乞详覆俊臣等所推大狱，申其枉滥。"太后命监察御史苏颋按覆，由是雪冤者甚众。《山堂肆考》卷六十三

张柬之既迁则天於上阳宫，中宗犹以皇太子监国，告武氏之庙。侍御史崔罩[浑]奏曰："方今国命初复，正其徽号，自当称唐，以顺万姓之心。奈何告武氏庙哉？① 宜毁此庙，复唐鸿业。"中宗深纳之。《山堂肆考》卷六十三②

柳泽，睿宗[善之，]拜监察御史。开元中，转殿中侍御史，监领南选。[时]市舶使、[右威卫中郎]周庆立造奇器以进，泽上书曰："庆立雕制诡物，造作奇器，用浮巧为珍玩，以谲怪为异宝，求媚圣意，摇荡上心，乃治国之巨蠹。③ 明主所宜严罚者也。"元[玄]宗称善。《新唐书·柳泽传》

元[玄]宗，有胡人言市舶利，上命监察御史杨范臣往求之。范臣奏曰："御史乃天子耳目之官，必有军国大事，臣虽冒触[触冒]炎瘴，死不敢辞。此特胡人眩惑求媚，无益圣德。"上慰谕而罢。《资治通鉴·唐纪》"玄宗四年"

有唐贞臣汝南周氏，讳某[字某]，以谏死，葬于某。贞元十一[二]年，柳宗元立碣于其墓左。在天宝年，有以谄谀至相位，贤臣放退。公为

---

① "奈何告武氏庙"在《新唐书·张柬之传》中亦有记载，此句作"奈何尚告武氏庙"。

② 此条原出自《大唐新语》卷二"极谏第三"。

③ 据《新唐书·柳泽传》记述，《南台旧闻》中"求媚圣意，摇荡上心""乃治国之巨蠹"此二句位置应互换。

御史，抗言以白其事，得死于墀下，史臣书之。公【之】死，而佞者始畏公议。《柳宗元集》卷九"故御史周君碣"

贞元十九年，韩愈自博士拜监察御史。是时有诏以旱饥蠲租之半，有司征愈急，公与张署、李方叔上疏言关中天下根本，民急如是，请宽民徭，而免田租之弊。天子恻然，卒为幸臣所谗，贬连州阳山令。史云："公上章数千言，论宫市［，德宗怒，贬阳山令］。"疏今不传。《韩愈年谱》"贞元十九年"

薛存诚擢监察御史。元和初，讨刘辟，邮传事，丛诏以中人为馆驿使，存诚以为害体［甚］，奏罢之。《新唐书·薛存诚传》

杨虞卿拜监察御史。穆宗初立，逸游荒恣，上疏曰："臣闻尧舜以天下为忧，不以位为乐。自古天子居危思安之心同，而居安虑危之心则异，故不得皆为圣明［也］。"帝诏宰相 慰［尉］谢。宰相因是贺天子纳谏，然不能用也。《新唐书·杨虞卿传》

张锡为监察御史，丁谓贬崖州，议还内地。锡疏谓："奸邪弄国，本与天下共弃之；今复还，是违天下意。"由是徙 雷［道］州。玉清昭应宫灾，连系甚众。锡言："天灾反以罪人，恐重天怒，愿修德以应之。"狱遂解。《宋史·赵师民传》

仁宗三年，张贵妃宠冠后庭，其伯父张尧佐，骤除宣徽使，殿中侍御史里行唐介上疏引杨国忠为戒。遂极言宰相文彦博知益州日，以灯笼锦媚贵妃，而致相位。今又以宣徽使结尧佐，请逐彦博而相富弼。又言吴奎观望挟奸，语甚切直。仁宗怒且言将贬窜。介徐读毕，曰："臣忠义 奋［愤］激，虽鼎镬不避。"上急召二府以疏示之，枢副梁适叱介下殿，介诤愈切。仁宗大怒，玉音甚厉。蔡襄修起居注，立殿陛，即进曰："介诚狂直，然纳谏容言，人主之美德。必望全贷。"遂贬秦州别驾，翌日改英州别驾。①《宋

---

① 《宋史纪事本末》卷二十五"郭后之废"言唐介因谏狂直被贬为介春州别驾；明日，改英州。此处有所异。

名臣言行录》后集卷五

彭思永为［侍］御史，极论内降授官资之弊，以为［谓］斜封非公朝之事，仁宗深然之。皇祐祀明堂前一日，有传赦语百官皆得迁秩［者］。公方从驾［宿］景灵宫，因亟上言不宜滥恩以溢侥倖，既肆赦果然。时张尧佐以妃族进，王守忠以亲侍帷幄被宠，公抗言曰：“陛下行此覃恩，无意孤寒，独为尧佐、守忠故取悦众人耳。”且言：“妃族秉内政，内臣用事，皆非国家之福。”疏入，仁宗震怒，谏官吴奎等为上言其忠，上怒解。《宋名臣言行录》后集卷五

大安殿生芝草，召群臣就观。监察御史鞠咏言：“陛下新即位，河决未塞，霖雨害稼，宜思所以应灾变。臣愿陛下以援进忠良、退斥邪佞为国宝，以训劝兵农、丰积仓廪为天瑞。草木之怪，何足尚哉！”《宋史·鞠咏传》

孙沔为监察御史里行。景祐元年，礼院奏用冬至日册后，沔奏：“丧未祥禫而行嘉礼，非制也。”同安县尉李安世上书指切朝政，被劾，［沔］奏：“加罪安世，恐杜天下言者，请勿治。”《宋史·孙沔传》

司天监主簿苗舜臣等曾言，土宿留参，太白昼见，诏日官同考定。及奏，以为［谓］土宿留参，顺不相犯；太白昼见，日未过午。舜臣等坐妄言灾异［变］被罚。御史曹修古奏言：“日官所定，希指［旨］悦上，未足为信。今罚舜臣等，其事甚小，然恐人人自此畏避，佞媚取容，以灾为福，天变不告，所损至大。”禁中以翡翠羽为服玩，诏市于南越。修古以为［谓］重伤物命，且真宗时常禁采狨毛，故事未远。命罢之。《宋史·曹修古传》

梅挚擢殿中侍御史。时数有灾异，引《洪范》上“变戒”曰：“‘王省惟岁’，谓王总群吏如岁，四时有不顺，则省其职。今日食于春，地震于夏，雨水于秋。一岁而变及三时，此天意以陛下省职未至，而丁宁告戒也。伊、洛暴涨漂庐舍，海水入台州杀人民，浙江溃防，黄河溢归，所谓‘水

不润下'。陛下宜 责躬 ［躬责］ 修德，以回上帝之眷佑。阴不胜阳，则灾异衰止，而盛德日起矣。"《宋史·梅挚传》

庞籍，明道中为殿中侍御史。章献崩，章惠欲踵之临朝。公奏燔阁门所掌垂帘仪制，以沮其谋。仁宗始专万几，左右欲以奇巧自媚，后苑珠玉之工颇盛，公上言愿以俭约为师。上纳其言。《宋名臣言行录》前集卷八

至和二年，以赵抃为殿中侍御史。弹劾不避权倖，声称凛然，京师目为"铁面御史"。其言务欲朝廷别白君子、小人。以为小人虽小过，当力遏而绝之；君子不幸诖误，当保全爱惜，以成就其德。时吴充、吕景初、吴中复、蔡襄、吴奎、韩绛等，皆以直言居外。[1] 抃言："近日正人端士纷纷引去者，以正色立朝，不能谄事权要，伤之者众耳。"由是［充等］悉得召还。《纲目·宋纪》

何郯为殿中侍御史，极陈夏竦奸状。杨怀敏以卫卒之乱，犹为副都知，［郯］ 论 ［争］ 辨尤力。仁宗论："古有碎首谏者，卿能之乎？"对曰："古者君不从谏，则臣碎首；今陛下受谏如流，臣何敢掠美而归过君父。"帝欣然纳之。《宋史·何郯传》

仁宗幸龙图、天章阁，以手诏问辅臣及御史中丞以上时政阙失，皆给笔札，令即坐以对。侍御史何郯乞诏两制臣僚，自今有闻朝政阙失，并许上章论纳。帝称善。《帝鉴图说》之七十七"天章召见"（另见《资治通鉴》卷四十九"仁宗八年"）

李铉拜监察御史。时有成都府乐工许朝天等补教坊，铉言："陛下即位，尚未能显岩穴之士，而首召伶人，非所以广美德于天下。"朝天等遂罢归。《宋史·李铉传》

高若讷兼侍御史知杂事。王蒙正知蔡州，若讷言："蒙正起 稗 ［裨］

---

① 此段人名记载与《纲目·宋纪》"宋至和二年"有异，其为"时吴充、鞠真卿、马遵、吴中复等，皆以直言居外"。

贩，因缘戚里得官。向系［徙］郴州，物论犹不平，今予之大州，可乎？”诏寝其命。大庆殿建祈福道场，若纳奏曰：“大庆殿非行礼不御，非法服不坐，国之路寝也，岂可聚［老］、释【老】为渎慢？”又奏三公坐而论道，今二府对才数刻，何以尽万几？宜赐坐从容，如唐延英故事。《宋史·高若讷传》

傅尧俞，嘉祐末为监察御史。时兖国公主下嫁李玮，为家监梁怀吉、张承照所间，与夫不相中。仁宗斥二人于外，未几，复还主家，出玮知卫州。尧俞言：“主恃爱薄其夫，陛下为逐玮而还隶臣，甚悖礼，为四方笑，后何以诲诸女乎？”皇城逻卒吴清诬奏富民杀人，鞫治无状，有司须清辨，内侍主者不遣。尧俞言：“陛下惜清，恐不复闻外事矣。臣以为不若使付外，暴其是非而行赏罚焉，则事之上闻者皆实，乃所以广视听也。纵而不问，则谗者肆行，民无所措手足，尚欲求治，得乎？”《宋史·傅尧俞传》

段少连为殿中侍御史，与孔道辅等伏阁言郭皇后不当废，少连坐赎。复上疏：“谏官、御史伏阁，迁［遽］行黜责，中外皆以为非陛下意。盖执政大臣，假天威以出道辅、仲淹，而断来者之说也。陛下深惟道辅等所言为阿党乎？为忠亮乎？”不报。□□又疏言：“臣恐奸邪之人，引汉武幽陈皇后故事，以［谄］惑陛下。［且］汉武骄奢淫纵之主，固不足踵其行事。为人臣者，思致君如尧、舜，岂致君如汉武哉！”《宋史·段少连传》

郭劝为侍御史。郭皇后废，议选纳陈氏，劝进谏曰：“正家以正天下，自后妃始。郭氏非有大故，不当废。陈氏非世阀，不可以俪宸极。”疏入，见已废，而陈氏议遂寝。《宋史·郭劝传》

吕大防为监察御史里行，执政议濮王称考，大防上言：“先帝起陛下为皇子，馆于宫中，凭几之命，绪言在耳，皇天后土，实知所托。设使先帝万寿，陛下犹为皇子，则［安懿］之称伯，于理不疑。岂可生以为子，殁［没］而背之哉？夫人君临御之始，宜有至公大义厌服天下，以结其心。今大臣首欲加王以非正之号，使陛下顾私恩而违公义，非所以结天下之心

也。"《宋史·吕大防传》

范镇除兼侍御史知杂事。镇以国本未立，所言不从，固辞不受。凡见帝面陈者三，镇泣，帝［亦］泣曰："朕知卿忠，卿言是也，当更俟二三年。"章凡十九上，待罪百余日，须发为白。朝廷不能夺。《历代名臣传·范镇》

范纯仁召为殿中侍御史，时方议濮王典礼，宰相韩琦、参政欧阳修等议尊崇之。翰林学士王珪等议，宜如先朝追赠期亲尊属故事。纯仁言："陛下受命仁宗而为之子，与前代定策入继之子 不同 ［主异］，宜如王珪等议。"不听。还所授告敕，家居待罪。既而皇太后手书尊濮王为皇，夫人为后。纯仁复言："陛下以长君临御，奈何使命出房闱，异日或为权臣矫托之地，非便也。"《宋史·范纯仁传》

刘挚除御史，论新政十害时，御史中丞杨绘亦上疏，司农劾绘与公欺，诞怀向背，有旨分析。公奏："臣有言责，采士民之说，敷告于陛下，是臣之职也。今令分析，是使之较是非、争胜负，交口相直，无乃负陛下耳目之任哉！所谓'向背'，则臣所向者义，所背者利；所向者君父，所背者权臣。"不报。复疏言："议财，则市井屠贩之人，皆召至政事堂。征利，则下至历日而官自鬻之。轻用名器，淆混贤否。大臣误陛下，而大臣所用者误大臣也。"贬衡州。《宋名臣言行录》后集卷十二

陈次升，绍圣中复为御史，转殿中。论章惇、蔡卞植党为奸，乞收还威福之柄。时方编元祐章疏，毒流缙绅。次升言："陛下初即位，首下诏令，导人使谏；亲政以来，又揭敕榜，许其自新。今若考一言之失，致于谴累，则前之诏令适所以误天下，后之敕榜适所以诳天下，非所以示大信也。"徽宗立，召为侍御史。极论惇、卞、兼 ［曾］布、蔡京之恶，【乃】窜惇于雷，居卞于池，出京于江宁。《宋史·陈次升传》

沈畸，崇宁中擢监察御史。畸至台，欲有所论 谏 ［建］，而六察无言事法，乃诣匦上十事，言花石扰民，土木敝国，冗费多，恩泽滥，议论异同，

下情睽隔。其论当十、夹锡钱最为剀当。《宋史·沈畸传》

沈与求居侍御史。占象者言夜有赤气亘天，有白气如练贯之。公言此乃天心仁爱陛下，出变示警也。又言徽、严水泉暴涌，漂及城郭庐舍；临安火延居民至万余家。天变异常，同时而见，可畏也。陛下当于行事之际，思其所未至者，加之以诚，则天地感格，阴阳和平，灾异之生，顾为福耳。《宋名臣言行录》别集上卷三

绍兴末，金人［虏］谋入寇。宦官张去伪阴沮战议，且请避［狄］。陈俊卿为殿中侍御史，请斩之，上愕然曰："公仁者之勇。"《杨诚斋集》（另见《洪咨夔集》附录一"上刘阁学"笺注）

宁宗即位，刘光祖除侍御史，献《谨始》五箴。又论："人主有六易：天命易恃，天位易乐，无事易安，意欲易奢，政令易怠，岁时易玩。又有六难：君子难进，小人难退，苦言难入，巧佞难远，是非难明，取舍难决。暗主之所易，明主之所难；暗主之所难，明主之所易。"朱熹与祠，光祖言："汉武之于汲黯，唐太宗之于魏徵，仁宗之于唐介，皆暂怒旋悔。熹明先圣之道，为今宿儒，又非三臣比。陛下初膺大宝，招来耆儒，此初政之最善者。今一旦无故去之，可乎？"且曰："臣非助熹，助陛下者也。"再疏，不听。《宋史·刘光祖传》

洪天锡拜监察御史兼说书。累疏言："天下之患三：宦官也，外戚也，小人也。"劾董宋臣、谢堂、厉文翁，理宗力护文翁，天锡力争，谓："贵倖作奸犯科，根柢蟠固，乃迟回护惜，不欲绳以法，势焰愈张，纪纲愈坏，异时祸成，虽欲治之不可得矣。"上又出御札，俾天锡易疏，欲自戒饬之。天锡又言："自古奸人虽凭怙，其心未尝不畏人主之知，苟知之而止于戒饬，则凭怙愈张，反不若未知之为愈也。"《宋史·洪天锡传》

杜范拜监察御史。奏："曩者权臣所用台谏，必其私人，约言已坚，而后出命。其所弹击，悉承风旨，是以纪纲荡然，风俗大坏。陛下亲政，首用洪咨夔、王遂，痛矫宿弊，斥去奸邪。然庙堂之上，［奉制］尚［多］。

[亦] 有弹墨尚新而已颁除目，沙汰未几而旋得美官。自是台谏风采，昔之振扬者日以铄；朝廷纪纲，昔之渐起者日以坏。”理宗深然之。《宋史·杜范传》

世祖时，川、陕盗起，省臣患之，请专戮其尤者以止盗，朝 论 [议] 将从之。侍御史高鸣谏曰：“制令天下上死囚，必待论报，所以重用刑、惜民生也。今从其 议 [请]，是开天下擅杀之路，害仁政甚大。”帝曰“善”，令速止之。《元史·高鸣传》

侍御史王寿与台臣奏：“宰相内统百官，外均四海，位尊任重，不可轻假非人。世祖初置中书省，以忽鲁不花、塔察兒、线真、安童、伯颜等为丞相，史天泽、刘秉忠、廉希宪、许衡、姚枢等实左右之，当时称治，比唐贞观之盛。迨至阿合马、郝贞、耿仁、卢世荣、桑哥、忻都等，坏法黩货，流毒亿兆。近者，阿忽台、伯颜、八都马辛、阿里等专政，煽惑中禁，几摇神器。君子小人已试之验，较然如此。臣愿推爱君思治之心，邪正互陈，成败对举，庶几上悟天衷，惩其既往，知所进退。《元史·王寿传》

时元夕，令出禁中，命有司张灯山为乐，御史赵师鲁上言：“观灯事虽微，而纵耳目之欲，则上累日月之明。”疏闻，遽命罢之，赐 [师鲁] 酒一上尊，以嘉忠直。《元史·赵师鲁传》

李元礼，元贞初拜监察御史，弹劾无所回挠。[二年，] 有旨建五台山佛寺，皇太后将临幸，元礼上疏 言 [曰]：“其不可行者有五：一、蹂躏禾稼；二、亲劳太后圣体；三、举动书而不法；四、劳民伤财以奉土木；五、旷定省之礼，轸恩亲之怀。”平章政事不忽木以国语译而读之，抗言曰：“他御史惧不敢言，惟一御史敢言，诚可赏也。”[完泽等] 以章上闻，帝沉思良久曰：“御史之言是也。”《元史·李元礼传》

魏初拜监察御史。帝宴群臣于上都行宫，有不能醨大卮者，免其冠服。初上疏曰：“臣闻君犹天也，臣犹地也，尊卑之礼，不可不肃。方今内有

［太常、有］史官、［有］起居注，外有高丽、安南使者入贡，以观 朝廷 ［中国］之仪。昨闻锡宴大臣，威仪弗谨，非所以尊朝廷、正上下也。"疏入，帝欣纳之。《元史·魏初传》

御史纳璘言事忤旨，帝怒叵测，杨朵儿只救之，一日至八九奏，曰："臣非爱纳璘，诚不愿陛下有杀御史之名。"帝曰："为卿，宥之，可左迁昌平令。"后数日，帝读《贞观政要》，朵儿只侍侧，帝顾谓曰："魏征古之遗直也，朕安得用之？"对曰："直由太宗，太宗不听，征虽直，将焉用之！"帝笑曰："卿意在纳璘耶？当赦之，以成尔直名也。"《元史·杨朵儿只传》

帝造寿安山寺，监察御史观音保、琐咬儿哈的迷失、成珪、李谦亨强谏，帝震怒，杀观音保、琐咬儿哈的迷失，以成珪、李谦亨属吏，张思明白丞相曰："言事，御史职也，祖宗已来，未尝杀谏臣。"成、李属吏，当论法，［丞相乃力言之，］二人乃得从轻典。《元史·张思明传》

仁宗在御已久，犹居东宫，饮酒常过度。御史马祖常上书请"御正衙，立朝仪，御史执简，太史执笔，则虽有怀奸利己乞官求赏者，不敢出诸口。天子承天地祖宗之重，当极调摄，至于酒礼，近侍进御，当思一献百拜之义"。《元史·马祖常传》

英宗立，敕建西山佛宇甚亟，御史观 奴 ［保］等以岁饥请缓之，近臣激怒上听，遂诛言者。山北廉访使曹伯启曰："主上聪明睿断，是不可以不净。"乃劾台臣缄默，使昭代有杀谏臣之名，帝为之悚听。《元史·曹伯启传》

时省臣奏用台臣，御史张养浩叹曰："尉专捕盗，纵不称职，使盗自选可乎？"遂疏时政万余言曰：一曰赏赐太侈，二曰刑禁太疏疏，三曰名爵太轻，四曰台 政 ［纲］太弱，五曰土木太盛，六曰号令太浮，七曰倖门太多，八曰风俗太靡，九曰异端太横，十曰取相之术太宽。言皆切直，当国者不能容。《元史·张养浩传》

元统元年，朵尔直班擢监察御史。首上疏，请亲祀宗庙，赦令不宜数。

又陈时政五事：一曰，宜奋乾纲，修刑政，疏远邪佞，颛任忠良；二曰，亲祀郊庙；三曰，博选勋旧世臣之子，端谨正直之人，前后辅导，使嬉戏之事不接于目，俚俗之言不及于耳，则圣德日新矣；四曰，枢机之臣固宜尊宠，然必赏罚公，则民心服；五曰，弭安盗贼，振救饥民。既又修陈九事上之：一曰，倖门渐启，刑政繁紊；二曰，罢不急之工役，止无名之赏赐；三曰，禁中常作佛事，权宜停止；四曰，官府日增，选法愈 备 ［敝］，宜省冗员；五曰，均公田；六曰，铸钱币；七曰，罢山东田赋总管府；八曰，蠲河南自实田粮；九曰，禁取姬妾于海外。《元史·朵尔直班传》

李好文拜监察御史。时复以至元纪元，好文言："年号袭旧，于古未闻，袭其名而不蹈其实，未见其益。"因言时弊不如至元者十余事。《元史·李好文传》

至正二年，王思诚拜监察御史，上疏言："京畿去年秋不雨，冬无雪，方春首月蝗生，黄河水溢。盖不雨者，阳之亢，水涌者，阴之盛也。尝闻一妇衔冤，三年大旱，往岁伯颜专擅威福，仇杀不辜，郯王之狱，燕 帖 ［铁］ 木儿宗党死者，不可胜数，非直一妇之冤而已，岂不感伤和气耶！宜雪其罪。敕有司行祷百神，陈牲币，祭河伯，发卒塞其缺，被灾之家，死者给葬具，庶几可以 兆 ［召］ 阴阳之和，消水旱之变，此应天以实不以文也。"《元史·王思诚传》

至正十七年，御史张 贞 ［桢］ 言："今海内不宁，天道变常，民情难保，正当修实德以答天意，推至诚以回人心。陛下乃 ［泰然］ 处之，若承平无事时，此事安逸所以为根本之祸者也。四方有警，调兵初无纪律，所经之处鸡犬一空，反以克复受赏。陛下事佛求福，饭僧消祸，以天寿节不禁屠宰。今天下兵起，杀人不知其数，陛下泰然不理，而曰吾将以是求福，福可自而至哉？此则不明赏罚所以为征伐之祸者也。"疏奏，不省。《鉴语经世编》卷二十七"张桢论安逸征伐之祸"（另见《续资治通鉴》卷二百一十三"至正十七年")

欧阳韶，荐授监察御史。时太祖诏曰，命两御史侍班。韶尝侍直，帝乘怒将戮人。他御史不敢言，韶趋跪殿廷下，仓猝不能措词，[急]举手加额，呼曰："陛下不可。"帝察韶朴诚，从之。《明史·欧阳韶传》

建文初，御史尹昌隆奏："昔太祖[高皇帝]鸡鸣而起，昧爽而朝，[日未出而临]百官【戒惧】，故能庶绩咸熙，天下乂安。陛下嗣守大业，宜追绳祖武，兢业万几。未明求衣，日旰求食，常如不及斯为，庶几今乃日晏临朝，群臣宿卫，疲于伺候，旷职废业，上下懈弛。臣恐播之天下，传之四夷，非社稷福也。"上曰："昌隆言切直，礼部宣示天下，使知朕过。"《明史·尹昌隆传》①

韩（一作康）郁，建文中为御史。上言燕举兵两月矣，前后调兵不下五十余万，而一矢无获，谓之国有谋臣可乎？与国事者，劝陛下必削藩国，果何心哉？陛下不察，不待十年，悔无及矣。伏愿兴灭继绝，释齐王之囚，封[植]湘王之墓，还周王于京师，迎楚、蜀为周公，俾其各命世子持书劝燕，罢兵守藩，以慰宗庙之灵。诏天下，拨乱反正，笃厚亲亲，宗社幸甚。不听。《南京都察院志》卷三十九"人物志"

御史何忠等言事讦直，李庆请上罪之。上曰："朕今正欲闻过，古之明主皆奖直言，今汝等欲罪之，是视朕为何如主？"将建都北京，科、道合词谏不可，而诸大臣已密议迁都之举。上乃命言官与大臣俱跪午门对辨，众皆啐骂言官妄言。尚书夏原吉独从容奏曰："御史职当言路，给事中朝廷耳目之官，况应诏陈言，所言皆当，臣等备员犬臣，不能协赞大议，臣等合当有罪。"中使人，复命，上悦。遂两宥之。《广治平略》卷十"谏纳篇"

洪熙元年，翰林侍讲李时勉、罗汝敬俱以言事，改为御史，寻下之狱。时勉以时政违节条上二本。上览之，怒，命武士以金瓜扑之。《万世玉衡

---

① 此条索引有误，应引自明人薛应旂《宪章录校注》卷十二"洪武三十一年戊寅"。

录》卷三"旌直臣"

景泰初，御史倪敬上言："府库之财，不宜无故而予；游观之事，不宜非时而行。曩以斋僧，屡出帑金易米，不知栉风沐雨之边卒，趋事急公之贫民，又何以济之？近闻造龙舟，作燕室，营缮日增，嬉游不少，非所以养圣躬也。章纶、钟同直言见忤，幽锢踰年，非所以昭圣德也。愿罢桑门之供，辍宴佚之娱，止兴作之役，宽直臣之囚。"帝得疏，不怿，黜之。《明史·倪敬传》

张鹏，景泰二年进士，授御史。上疏："怀利事君，人臣所戒。比每遇圣节，或进羊马锦绮，交错殿廷。自非贪贿，安有余财充进奉？且陛下富有四海，岂藉是足国哉？宜一切停罢，塞谄谀奔竞之途。"疏凡四事，帝颇采用。《明史·张鹏传》

朱英，景泰初，御史王豪尝以勘 [陈循争] 地事忤陈循，为所讦。至是，循草诏，言风宪官被讦者，虽经赦宥，悉与外除。于是豪当改知县，英言："若如诏书，则凡遭御史抨击之人，皆将挟仇诬讦，而御史愈缄默不言矣。"章下法司，请如英言。《明史·朱英传》

御史陈选等交章，谓："罗伦所言，天理人情所不容已者，诚天下大计也，乞宥之以开言路。"不报。御史杨琅上疏，乞追回王徽、罗伦等，谓皇上颁布明诏，广开言路。未几，而王徽以言远斥罗伦，又以言外补，士气日阻，聪明日壅，非朝廷之福也。李贤票旨，谓杨琅朋比，姑宥其罪。《明书稗录》（另见《皇明大政纪》卷十四"成化二年五月"）

张昺擢南京御史。弘治元年偕同官上言："言路将塞之渐，圣学将怠之渐，复启宠倖之渐，骄纵姻娅之渐，异端复兴之渐，传奉复启之渐，淫巧渐作，珍玩渐崇，愿陛下以为戒。"帝嘉纳之。《明史·张昺传》

曹璘成化时御史。弘治元年七月上言："近日星陨地震，金木二星昼见，雷击禁门，皇陵雨雹，南京内园灾，狂夫叫阍，景宁白气飞腾，而陛下不深求致咎之由，以尽弭灾之 道 [实]。经筵虽御，徒为具文。方举辄

休，暂行遽罢，所谓'一日暴之，十日寒之'者。愿日御讲殿与儒臣论议，罢斥大学士刘吉等，以消天变。"《明史·曹璘传》

胡献弘治时御史。言："屠滽为吏部尚书，王越、李蕙为都御史，皆交通中官李广得之。广得售奸，由陛下议政不任大臣，而任广辈也。祖宗时，恒御内阁，商决章奏，经筵日讲，悉陈时政得失，又不时接见儒臣，愿陛下追复旧制。东厂校尉，本以缉奸，迩者但为内戚、中官泄愤报怨。如御史武衢忤寿宁侯张鹤龄及太监杨鹏，[皆] 为校尉所发，诬以罪名，举朝皆知其枉，无敢言者。臣亦知今日言之，异日 从 [必] 为所陷，然臣弗惧也。"疏入，责 [谪献] 蓝山丞。《明史·胡献传》

刘玉擢御史。武宗即位，疏言："刘瑾等佞倖小臣，陛下顾谗邪而弃辅臣，此乱危所自起。况今白虹贯日，彗见紫微宫，星摇天王之位。民穷财殚，所在空虚，陛下不改图，天下将殆。乞置瑾等于理，仍留【刘】健、【谢】迁辅政。"不报。《明史·刘玉传》

正德元年，吕翀、戴铣、王守仁等俱以言事下狱，廷杖之。御史陈琳上言："老臣不可不惜，狂直不可不宥。"谪广东揭阳县丞。《万世玉衡录》卷三"旌直臣"

刘瑾逐大学士刘健、谢迁，御史蒋钦偕同官薄彦徽等切谏。瑾大怒，逮下诏狱，廷杖为民。居三日，钦独具疏曰："刘瑾，要索 [天下] 三司官贿，不与 [则] 贬斥，与之则迁擢。通国皆寒心，而陛下独用之于左右，是不知左右有贼，而以贼为腹心也。[瑾] 矫旨禁诸言官，无得妄生议论。不言则失于坐视，言之则虐以非法，通国皆寒心【也】，而陛下独用之于前后，是不知前后有贼，而以贼为耳目股肱也。一贼弄权，万民失望。陛下顾 [懵然不闻，] 纵之使坏天下事，乱祖宗法。陛下尚何以自立乎？幸听臣言，急诛瑾以谢天下，然后杀臣以谢瑾。"疏入，再杖三十，系狱。越三日，复具疏曰："臣死何足惜，但陛下覆国丧家之祸起于旦夕，是大可惜也。陛下诚杀瑾枭之午门，使天下知臣钦有敢谏之直，陛下有诛贼之明。

陛下不杀此贼，当先杀臣，使臣得与龙逄、比干同游地下，臣诚不愿与贼并生。"疏入，复杖三十。卒于狱。《明史·蒋钦传》

陈察擢御史。刘瑾擅宠，察痛哭，极言，诏系治罚粟百五十石输边，始释。宸濠反，江彬说上亲征，因以探南方名胜，察抗言曰："此一帅任耳，奈何屈万乘之尊乎？"上不怿，夺一岁俸。再入为御史，会千户王邦奇诬奏大学士费宏等，给事中杨言纠之。上意言为大臣游说，恚甚，廷鞫言，备五毒，察大呼曰："臣察愿代杨言死。"上目慑，察不为动。退，复上疏极论之，上竟宽杨言狱。未几，迁太仆少卿，晋左佥都御史。《臣鉴录》

（《弇州四部稿》续稿卷一百四十八中有零星记载）

正德元年，御史赵佑上言："太监刘瑾、邱[丘]聚、马永成辈日献鹰犬，导骑射，万一有衔橛之变，岂不为两宫忧？户部议马房草场召民佃种，[宁]瑾竟自奏止。李兴擅伐陵木，已坐大辟，乃欲赂左右祈免。他如南京守备刘云，[仓场监督]赵忠【等】，俱贪缘增设。乞置瑾等于法，汰革额外冗员。自今政事必咨大臣、台谏，不为近习所摇，则灾变自弭。"奏入，帝不纳。[是时，]中官益横，佑与同官朱廷声、徐钰交章极论。章下阁议，将重罪中官。事忽中变，刘健、谢迁去位。瑾遂大逐廷臣忤己者，指佑与廷声、钰及陈琳、潘镗等为奸党，勒罢之。《明史·赵佑传》

时"八党"窃柄，朝政日非。陆昆偕十三道御史薄彦徽、葛洪[浩]、贡安甫、王蕃、史良佐、李熙、任诺、姚学礼、张鸣凤、蒋钦、曹闵、黄昭道、王弘、萧乾元等，上疏极谏曰："自古奸臣欲擅主权，必先蛊其心志。如赵高劝二世严刑肆志，以极耳目之娱；和士开说武成毋自勤约，宜及少壮为乐；仇士良教其党以奢靡导君，勿使亲近儒生，知前代兴亡之故。其君惑之，卒皆受祸。陛下嗣位以来，太监马永成、魏彬、刘瑾、傅兴、罗祥、谷大用辈共为蒙蔽，日事宴游。若辈必谓'宫中行乐，何关治乱'，此正奸人欺君之故术也。陛下广殿细旃，岂知小民穷檐箽[篰]屋风雨之不蔽；锦衣玉食，岂知小民祁寒暑雨冻馁之弗堪；驰骋燕[宴]乐，岂知小民疾首蹙额赴诉之无路。昨雷震郊坛，彗出紫微，夏秋亢旱，江南米价腾贵，京城盗贼横行。可恣情纵欲，不一顾念乎？伏望侧身修行，亟屏永成辈以绝祸端，委任大臣，务学亲政，以还至治。"[疏至，]瑾怒，悉逮下诏狱，各杖三十，除名。《明史·陆昆传》

正德丁丑秋七月，武宗微行欲过居庸关，游上谷云中，而监察御史张君钦闭关不纳，疏凡三上[也]。第一疏曰：臣闻，明主不恶切直之言以纳忠，烈士不惮死亡之义以极谏。臣风闻人言，陛下欲过居庸关游幸宣大等处，今甘肃有土鲁番之患，江右迫畲（史作輋）①贼之扰，淮南有漕远之艰，巴蜀有採办之困[苦]。京畿[之大，]夏麦少收，秋潦为沴。陛下不是之忧而欲长驱居庸观兵上谷，臣窃为陛下危之。第二疏曰：上有[自]卿辅之臣，下至耳目之官，皆不避诛死苦谏。陛下不可出关，未蒙俞旨。臣愚以为不可出者有三：人心动摇供亿繁苦[劳]，一不可也；远涉险阻，两宫挂虑，二不可也；塞俗[北虏]强梁，轻身挺出，往与之角，三不可也。夫[凡]事慎于初则易，悔于终则难，[我]英宗决于过关，不听人言，后虽痛悔，无益[及]于事。臣奉敕巡关，义[分]当效死，即斧钺之诛亦不敢[能]避。第三疏曰：八月初一日，忽有人报，圣驾已到昌平州[府]，即欲过关。臣闻天子举动，所系匪[非]小。或欲亲征[北虏]，必先有诏下，廷臣会议某日出师，明告[诏]中外，群臣扈从而后【启】行令传言。圣驾过关名义未正，虚实难信，臣虽万死不敢放过。《皇明经济文录》卷三十四王瓊"张侍御闭关三疏图记"

正德九年，乾清宫灾。御史张士隆上言："陛下前有逆瑾之变，后遭蓟

---

① 此为黄叔璥注。

盗之乱，犹不知警。方且兴居无度，狎昵匪人。积戎丑于禁中，戏干戈于卧内。彻旦燕游，万几不理。宠信内侍，浊乱朝纲。致民困盗起，财尽兵疲。祸机潜蓄，恐大命难保。夫衰衣博带之雅，孰与市井狡狯之群？广厦细旃之娱，孰与鞍马驰驱[驱驰]之险？"不报。《明史·张士隆传》

张文明巡按陕西。镇守中官廖堂贪恣，文明捕治其爪牙二十四人，堂大恨。十三年，车架幸延绥。文明驰疏谏，极陈灾异，且言江彬逢恶导非，亟宜行诛。朝臣匡救无闻，亦当罚治。帝不省。《明史·张文明传》

正德中，御史周广疏陈四事，略言："三代以前，未有佛法。况刺麻尤释教所不齿耳。贯铜身，衣赭服，残破礼法，肆为淫邪。宜投四裔，以御魑魅。昔禹戒舜[曰]：'毋[惟]慢游是好。'周公戒成王[曰]：'毋迷乱，酗于酒德。'今之伶人，助慢游迷乱者也。唐庄宗与伶官戏狎，一夫夜呼，仓皇出走。臣谓宜遣逐乐工，不复[得]籍之禁内，乃所以放郑声也。义子钱宁本宦竖苍头，滥宠已[已]极，乃复攘敓货贿，轻蔑王章。陛下何不慎选宗室之贤者，置诸左右，以待皇嗣之生。诸义儿、养子俱夺其名爵，乃所以远佞人也。[近两京言官论]大臣御寇不职[者]，如陈金、陆完辈可任其优游玩寇，不加切责哉！请[定]期责令成功，以赎前罪。"宁见疏大怒，[留之不下，]传旨谪广东怀远驿丞。《明史·周广传》

徐文华擢监察御史。江西副使胡世宁坐论宁王宸濠系诏狱，文华[抗]疏言："宁王威焰日以张，隐患日以甚。失今不戢，容有纪极。顾又置世宁重法，杜天下之口，夺忠鲠之气，弱朝廷之势，启宗藩之心，招意外之变，旨自今日始矣。"不纳。马昂纳妊身女弟于帝，又疏谏曰："中人之家不娶再醮之妇。陛下万乘至尊，乃有此举，谁为陛下进此者，罪可族也。万一防闲阔略，不幸有李园、吕不韦之徒乘间投隙，岂细故哉。乞早诛以绝祸源。"亦不报。《明史·徐文华传》

嘉靖二年，除言官独劾大臣禁。先是科臣史道以劾杨廷和下诏狱，彭泽乃奏，禁言官独劾大臣。御史汪珊力辩其非，上即除其禁，诏台省弹劾如故。史道姑纵薄罚，降为南阳通判云。《明书秕录》（另见《皇明大政纪》卷二十一"嘉靖二年正月"）

嘉靖六年，命纵遣光禄寺所给养鹰犬诸禽，从御史朱观请也，随以鹰犬既放。减正奉先诸殿荐新食品，止依《会典》所载鹿、兔、雉、鹰诸物。凡鸬鹚、鹌鹑、鸠凫等肉俱不复用，又随以牧养禽兽草场一百二十顷，按鹰地土九十九顷遣官丈量，招民佃种。《明书秕录》（另见《明代宦官史料长编》卷八"嘉靖朝"）

嘉靖初，御史杨爵上言："执左道以惑众，圣主所必诛。今异言异服，列于廷苑；金紫 朱 [赤] 绂，赏及方术。保传之位，坐而论道。非极天下之选，不足以 赏 [当] 此贵，而畀之迁怪之徒，名器之滥，至此极矣。陛下为上天元子，若远宗帝道，近守祖法，则和气致祥，罔有天灾。安用此邪佞之术，列诸法禁之地，而藉之以为福哉？"帝大怒，命镇抚司长系之。《明史纪事本末》卷五十二"世宗崇道教"

杨爵以直谏系诏狱，御史浦铉驰疏申救曰："臣惟天下治乱，在言路通塞。言路通，则忠谏进而化理成；言路塞，则奸谀恣而治道隳。御史爵以言事下狱，幽囚已久，惩创必深。且爵本以论郭勋获罪。今勋奸大露，陛下业 置 [致] 之理，则爵前言未为悖妄。望 [弘覆载之量，垂日月之照，] 赐 [之] 矜释，使列朝端。"帝大怒，趣缇骑逮之。《明史·浦铉传》

"大礼"议起，群臣各具疏争，留中不下。何梦春等复相号召九卿及各衙门，御史则王时柯、余翱、叶奇、郑本公、杨枢、刘 颖 [颍]、祁杲、杜民表、杨瑞、张英、刘谦亨、许中、陈克宅、谭缵、刘翀、张录、郭希愈、萧一中、张恂、倪宗岳、王璜、沈教、钟卿密、胡瓒、张濂、何鳌、张曰韬、蓝田、张鹏翰、林有孚，凡三十人。跪伏左顺门。帝大怒，遣锦衣执

为首者。王时柯、余翱并系诏狱。《明史·何孟春传》①

诸臣伏阙争"大礼"，皆得罪。郭楠方巡按云南，［驰］疏言："人臣事君，阿意者未必忠，犯颜者未必悖。今群臣伏阙呼号，或榜掠殒身，或间关谪戍，不意圣明之朝，而忠良获罪若此。乞复生者之职，恤死者之家，庶以收纳人心，全君臣之义。"帝大怒，遣缇骑逮治。先是，御史王懋言："廷臣以议礼死杖下者十有七人，其父母妻子颠沛可悯，乞赐优恤，赠官录荫。"［帝大怒，］谪懋四川高县典史。逾数日，而楠疏至。帝［益］怒，遂逮治削籍。《明史·郭楠传》《明史·王懋传》

吉棠擢御史，世宗朝建言万几，非一人所能理，要在采舆论而酌行之，无自用为圣德累。大学士石瑶被诬，上震怒，棠抗疏斥诬瑶者，比之王钦若，上悟得，免议。张璁等力排费宏，棠因请还杨一清内阁，帝召为首辅。《京口人文志》②

隆庆三年，御史詹仰庇言："陛下取户部银，尽以供造鳌山，修理宫苑，花栏、龙飞［凤］、鞦韂、监柜、玉盆之费，使群小因而［干没］，为圣德累不小。"上不纳。《万世玉衡录》卷一"修身"

隆庆时，御史王嘉宾上言："人臣进言于君，无非效忠于国，词非激切，不足动人主之听，自非病狂丧心，何敢忤犯此情，理之所当察。若夫禁人之言而加以诽谤之名，则言涉于直者皆谤也，是虽欲以钳言者之口，而实不足以服天下之心。臣谓给事中石星既使为民当差而复廷杖六十，是杜众正之路而开群枉之门，小人中伤善类以快己私。假使石星毙于杖下，

---

① 此次跪左顺门力争事件，参与人数众多，黄叔璥在《南台旧闻》中只突出了御史官之众参与者。据《明史·何孟春传》记载，诸尚书参与者凡有二十三人；翰林参与者凡有二十二人；给事中则有二十有一人；御史凡三十人；诸司郎官：吏部十二人、户部三十六人、礼部十二人、兵部二十人、刑部二十七人、工部十五人；大理寺亦有十一人参与。在何孟春所著《余冬录》前言中记载此事更详，说他与二百三十九人跪伏左顺门力谏。世宗激怒，把三品以下一百三十四人下狱，当场廷杖死十八人。

② 此处有误，该段内容主要来源于《京口人物志》卷十九，而非《京口人文志》，《明史》中亦有零星记载。

则陛下有杀直臣之名，左右之误，陷陛下非浅也。纵欲悔之其将何及？"
《南京都察院志》卷二十八"奏疏二"

钱一本，万历时授御史。上"论相疏"，言：执政子弟有中式被指摘者，除名改荫。毋令犬马报主之心，不胜［其］牛马子孙之计。大臣以身殉国，［安复有家。］乃以远臣为近臣府库，又 令［合］远近之臣为内阁府库。开门受赂自执政始。内阁之臣一据其位，远者二十年，近者十年。耐弹忍辱，必老死于位而后已。大臣［既］无难进易退之节，天下安有顽廉懦立之风！其论国本曰：皇贵妃宠过皇后。其处心积虑，无一日不萌夺嫡之心，无一日不思为援立其子之计。及今不断，蛊惑日深，［刚断日馁，］事体日难。时上以孟养浩争国本词根［托］一本，遂黜为民。《明史·钱一本传》

万历末，御史王万柞疏言："陛下于谏言，始则喜而不怒，继则怒而不弃，迨今则竟弃之矣。既不见喜，亦不见怒。付之尘封山积，见以为不足较亦不足采者。言者若投石于千顷之渊，焚符于九天之表，唇舌已敝，莫识听从。夫谏言有当有否，而必不可停搁，谏臣可罪可逐而必不可厌弃。臣窃思之圣衷之僻有三：其一曰，自恃有藐一世之心；二曰，自骄有易天下之心；三曰，自智有疑臣下之心。此念不改，必有旦夕之忧，内盗外虏，腹背受敌，顾此失彼，又何为计。"《南京都察院志》卷三十"奏疏四"

御史方新上言："［乃］今丰、沛间陆地为渠，而兴都有陵寝之忧，凤阳有冰雹之厄，河南有饥馑之灾，尧之洚水不烈于此矣。诸边将惰卒骄，寇至辄巽【懦】观望，而宁武有军士之变，南赣有土兵之叛，徽州诸府有矿徒窃发之虞，舜之三苗不棘于此矣。夫洚水、三苗不足为累者，以尧、舜兢业于上，而禹、皋诸臣分忧于下也。今司论纳者日献 嘉［祯］祥，而疆场之臣，惟冒首功，隐丧败。为国分忧者，谁也？斥罚之法，今不得不严。而陛下亦宜随事自责，痛加修省，然后灾变可息，而外患可弭也。"疏入，［斥］为民。《明史·杨思忠传》

马经纶，万历时为御史。上言："陛下年来厌苦言官，动辄罪以渎扰，今忽变而以箝口罪之。[乃] 言官今日之箝口不言者，有五大罪焉。陛下不郊天有年矣，曾不能援故典排闼以诤，是陷陛下不敬天者，罪一。陛下不享祖有年矣，曾不能开至诚牵裾以诤，是陷陛下不敬祖者，罪二。陛下辍朝不御，停讲不举，言官言而不能卒复之，是陷陛下不能如祖家之勤政，罪三。陛下去邪不决，任贤不笃，言官言之而不能强得之，是陷陛下不能如祖宗之用人，罪四。陛下好货成癖，御下少恩，肘腋之间，丛怨蓄变，言官俱虑之，而卒不能批鳞谏止，是陷陛下甘弃初政，而弗获克终，罪五。奈何责之箝口不言者，不于此而于彼也。言官本无大罪，一旦震怒，罪以失职，无一敢抗命者。万一上天震怒，以陛下之不郊不禘、不朝不讲、不惜才、不贱货，[咎失人君之职，而] 赫然降非常之灾，不知陛下尔时能抗天命否乎？"帝 [大] 怒，出之外。《明史·马经纶传》

赞曰：神宗中年，德荒政弛。怀忠发愤之士，宜其激昂抗词以匡君失。然纳谏有方，务将以诚意。绞讦摩上，君子弗为。谓其忠厚之意薄，而衒沽之情胜也。雒于仁、(给事中)① 马经纶诋讦谯让，几为侪偶所不能堪矣。圣人取讽谏，意者殆不知是乎！《明史·徐大相传》

冯从吾，庶吉士，授御史。万历二十年，[抗章] 言："陛下郊庙不亲，朝讲不御，章奏留中不发。试观戊子以前，四裔效顺，海不扬波；己丑以后，南倭告警，北寇渝盟，天变人妖，叠出累告。励精之效如彼，怠斁之患如此。近颂敕谕，谓圣体违和，欲借此自掩，不知鼓钟于宫，声闻于外。陛下每夕必饮，每饮必醉，每醉必怒。左右一言稍违，辄毙杖下，外 廷 [庭] 无不知者。天下后世，其可欺乎！愿陛下勿以天变为不足畏，勿以人言为不足 惜 [恤]，勿以目前宴安为可恃，勿以将来危乱为可忽，宗社幸甚。"帝大怒，欲廷杖之。阁臣力解得免。《明史·冯从吾传》

---

① 此为黄叔璥注。

万历二十七年，兴国州奸人［漆有光］，讦居民徐鼎等掘唐李林甫妻杨氏墓，得黄金巨万。帝命太监陈奉括进内库，奉委拷责偿，且悉发境内诸墓。巡按御史王立贤言所掘墓乃元吕文德妻，非林甫妻。奸人讦奏，语多不仇，请罢不治，而停他处开掘，不报。《明史·陈奉传》

万历时言矿税之害，则御史邵以仁、金汝谐、叶永盛，浙江巡按王业弘、云南巡按宋兴祖、广西巡按杨芳国奏税监陈奉贪墨激变，则湖广巡按王立贤收税监程守训，则南直巡按刘曰梧劾税监梁永杀伤吏民，则陕西巡按王基洪言采本之害，则御史况上进、贵州巡按宋兴祖俱不报。《明史纪事本末》卷六十五"矿税之弊"

方震孺为御史。熹宗嗣位，逆珰魏忠贤内结客氏。震孺疏陈三朝艰危，言："宫妾近侍，嚬笑易假，窥瞯可虑。中旨频宣，恐蹈斜封隐祸。"元年陈《拔本塞源论》曰："曩者梃击之案，王之寀、陆大受，张庭，李俸悉遭废斥，而东林如赵南星，高攀龙、刘宗周诸贤，废锢终身，亟宜召复。至杨涟之争移宫，可幸无罪，不知何以有居功之说，又有交通之疑？将使天下后世谓尧、舜在上，而有交通矫旨之阉宦。"疏入，直声震朝廷。《明史·方震儒传》

天启二年，御史李应昇上疏曰："方今辽士沦没，黔、蜀用兵，红夷之焰未息，西部之赏日增；逃兵肆掠于畿辅，穷民待尽于催科。逗留习惯，大将畏敌而不敢前；法纪陵夷，骄兵鼓噪而弗能问。在在增官，日日会议；覆疏衍为故套，严旨等若空言。陛下不先震悚精神，发皇志气，群臣孰肯任怨以破情面之世界者？祖宗有早午晚三朝，犹时御便殿咨访时政。愿俯纳臣言，奋然力行，天下事尚可为也。"《明史·李应昇传》

御史焦源溥言："【郑】贵妃三十年心事，人谁不知？张差持梃，危在呼吸。［况当］先帝御极之初，请封不得，冶容进矣。张差之梃不中，则投以女优之惑；崔文昇之药不速，则促以李可灼之丸。今即厚待贵妃，始终恩礼，而郑养性之都督不可不夺也，崔文昇不可不磔也。若竟置弗问，不几于忘父乎！李选侍一宫人，如圣谕有［阻陛下于暖阁］，［有］臣子所不忍言者。今即［为］选侍乞怜，第可求曲宥前辜，量从优典，而移宫始末不可得而抹杀也，盗宝诸奄不可得而宽宥也。若竟置诸奄弗问，不几于忘母乎！"疏上，举朝寒惧。《明史·焦源溥传》

蒋允仪，天启二年，擢御史。因灾祲上言："内降当停，内操当罢。陵工束手，非所以展孝思；直臣久废，非所以光圣德。东南杼柚已空，重以屡次之加派；金吾冒滥已极，加以非分之袭封。圣心一转移，天下无不顺应。区区修禳虚文，安能格上穹哉！"帝不能用。《明史·蒋允仪传》

天启三年，诏开内操。御史刘之凤上言："虎符重兵，何可倒戈授巷寺［伯］之手。假令刘瑾拥甲士三千，能束手就擒乎？"御史李应昇、黄尊素、宋师襄交章论之，尊素疏有"阿保重于赵娆，禁旅近于唐末，【萧墙之忧惨于戎敌】"等语。忠贤尤恶之，皆矫旨切责。《明史纪事本末》卷七十一"魏忠贤乱政"

御史周宗建上言："近日政事，外廷啧啧，咸谓奥窔之中，莫可测识。如魏进忠者，目不识一丁，而陛下假之嚬笑，日与相亲。一切用人行政，堕于其说，东西易向而不知，邪正颠倒而不觉。况内廷之借端，与外廷之投合，互相扶同。离间之渐将起于蝇营，谗构之衅必生于长舌。其为隐祸，可胜言哉！"《明史·周宗建传》

杨涟劾魏忠贤，被旨谯让。御史黄尊素抗疏继之，略言："天下有政归近倖，威福旁移，而世界清明者乎？天下有中外汹汹，无不欲食其肉，而可置之左右者乎？陛下必以为曲谨可用，不知不小曲谨，不大无忌；必以为惟吾驾驭，不知不可驾驭，则不可收拾矣。今忠贤不法状，廷臣已发露无余，陛下若不早断，彼形见势穷，复何顾忌。忠贤必不肯收其已纵之缰，而净涤其肠胃；忠贤之私人，必不肯回其已往之棹，而默消其冰山。始犹与士大夫为仇，继将以至尊为注。柴栅既固，毒螫谁何？不惟台谏折之不足，即干戈取之亦难矣。"忠贤得疏，［愈］恨【次骨】。《明史·黄尊素传》

天启四年，工部郎中万燝以劾魏忠贤死杖下，御史李应昇疏曰："燝未报国恩，先填沟壑，六尺之孤绕膝，八旬之母倚闾，旅榇无归，游魂恋阙，臣僚饮泣，道路咨嗟。夫人非奴隶，法非囚讯，罪非死刑，命非草 莽[芥]。直俟圣心悔悟，平旦兴怜，死者不可复生，伤者不可复续，而后问罪左右，恤死录孤，嗟何及矣！"《万世玉衡录》卷三"厚臣下"

万燝既廷杖，又欲杖御史林汝翥，诸言官诣阁争之。小珰数百人拥入阁 下[中]，攘臂肆骂，诸阁臣俯首不敢语。御史黄尊素厉声曰："内阁丝纶地，即司礼【监】非奉诏不敢至，【何】若辈无礼至此！"乃稍稍散去。【及】燝以创重卒。尊素上言："律例，非叛逆十恶无死法。今以披肝沥胆之忠臣，竟殒于磨牙砺齿之凶竖。后[世]有秉董狐笔，继朱子《纲目》者，书曰'某月某日，郎中万燝以言事廷杖死'，岂不上累圣德哉！进廷杖之说者，必曰祖制，不知二正之世，王振、刘瑾为之；世祖、神宗之朝，张璁、严嵩、张居正为之。奸人欲有所逞，必借廷杖以快其私。辱士杀士，渐不可开。乞复故官，破格赐恤。"《明史·黄尊素传》

御史李右谠疏："[但思]皇上于股肱心膂，素加优渥，而于祥刑慎狱，尤注宸忠。今【户部尚书毕】自严于六卿之内，首膺宫衔，非小臣比也；专握计务，已阅六载，非新进比也；且闻曩时边警，仓皇筹画储糈，毫无缺误，又非安居坐啸比也。合之律例[入八议]，议贵、议勤均似可以比附者。【且】首犯罪状尚未讯明，波累之人先沦圜土，轻重已似失伦矣。[且]自严年既衰暮，病复缠绵，如或溘先朝露，即异日[终者] 邀[徼] 皇上解纲之恩，欲湔被以自新，其路奚从乎？阳、和、寒、沍乃四序之恒经，风、雨、雷、霆系神工之不测。臣伏见今春以来，九列之内，或以狂言被遣，或以渎请蒙褫，今复摘至再三，其势必将抱蔓。宥过矜愚，嘉与更始，实群工之所其祈，而非一二人之私念也。"疏上不允。《春明梦余录》卷四十五

御史王心一奏："臣闻明主恩不先于至近，近见明旨，一则谓奉圣夫人香火之地，一则谓魏进忠侍卫之功。夫梓宫未殡，而先规客氏之香火；陵

工告成，而强入进忠之勤劳。于礼为不顺，于事为失宜。圣德无瑕，忽有此累则不便之甚。"上切责之。《明纪编年》卷八①

熹宗时，言官以疏论客氏，俱加贬谪。王心一疏曰："皇上以内廷之事与外廷何预，臣思今日之患，正患于宫府不为一体，中外不能同心。在言官忧深虑远，不过谓祖宗之家法，不可不守；宫禁之防闲，不可不肃。而皇上必以为沽名，夫言官亦何名之有？言者多适以表上之能，虚言者直适以表上之能，容圣主有纳谏之资，佞臣进拒谏之计。巨恐言者危而天下亦危矣。"又奉圣夫人客氏及内侍魏进忠赏赉优渥，心一言："文武将吏暴露边境，而惟以私恩为惓惓，恐天下议陛下先左右而后疆场也。"不听。《万世玉衡录》卷一"纳谏"

奉圣夫人客氏出入宫禁，内官夤缘弄权，御史马鸣起上言：客氏朝夕勤侍，不过曲谨微劳，在廷诸臣保护爱戴之。私岂尽后于妇人，乃使一介保姆长居禁地，此非所以肃宫禁之防，守祖宗之法也。且女德难终，妇爱不极，怙宠邀恩之渐，能无履霜之惧哉？"《万世玉衡录》卷二"宫闱"

杨涟乞归，御史马逢皋上言："杨涟何罪，无罪即功。功在安社稷，罪在劾大珰。罪珰未诛，而发珰罪者先作楚囚之悲。君子退，则小人进矣。"《明史纪事本末》卷六十六"东林党议"

御史吴履中上言："皇上信任【温体仁、杨嗣昌】〔二人〕，二人售其奸欺，辄曰皇上自为之。皇上亦曰彼实未尝专擅，是皇上为二奸所误，而反代二奸受过也。至于图治，自有纲领，因时制宜。内治阙而后戎马生，民生促而后寇盗起。今者敌起于外而政治愈棼，寇起于内而赋敛愈急，欲无生乱得乎？"《明史纪事本末》卷七十二"崇祯治乱"

---

① 此段是对"江西道监察御史王心一题为'恳乞圣明垂念东征之苦以义裁恩疏'"中的内容概括。此段开头部分内容来自"给奉圣夫人客氏坟地二十顷"一事，此事在《明纪全载》"明熹宗卷十四"中可见，此事发生的时间是天启元年正月。经查《明纪编年》卷八"熹宗"对此事亦有记载，但把御史"王心一"写成了御史"正心一"，也有错讹。从行文表述来看，黄叔璥摘录于《明纪全载》的可能性更大，而非《明纪编年》。

祁彪佳，崇正［祯］四年起御史。言："九列之长，诘责时闻，四朝遗老或蒙重遭［谴］。诸臣怵严威，竞迎合以保名位。臣所虑于大臣者此也。方伯或一二考，台员或十余载，竟不得选［迁］除，监司守令多贬秩停俸。臣子精神才具无余地，展布。曷由急功赴名之心不胜其掩罪匿瑕。臣所虑于小臣者此也。国家闻鼓鼙［鼗鼓］思将帅，苟得其人，推毂筑坛，礼亦宜之。若必依序循资，冒滥之窦虽可清，奖拔之术或未尽。臣所虑于文武［武臣］者此也。抚按则使中官监视会同，隙开水火，其患显；潜通交结，其患深。臣所虑于内臣者此也。"忤旨谯责。《明史·祁彪佳传》

李日辅擢南京御史。时中官四出，上疏谏曰："迩者一日遣内臣四，寻又遣用五，非兵机则要地也。启水火之隙，开依附之门，灰任事之心，藉委卸之口。臣愚实为寒心。陛下践阼初，尽撤内臣，中外称圣。昔何以撤，今何以遣？天下多故，择将为先。陛下不筑黄金台招颇、牧，乃汲汲内臣是遣，曾何补理乱之数哉！"帝怒，谪曰辅广东布政使照磨。《明史·李日辅传》

御史路振飞陈时事十大弊：日务苛细而忘正［政］体，丧廉耻而坏官方，民愈穷而赋愈亟，有事急而无事缓，知显患而忘隐忧，求治事而鲜治人，责外重而责内轻，严于小而宽于大，臣日偷而主日疑，有诏旨而无奉行。疏入，诏付所司。《明史·路振飞传》

崇正［祯］九年，御史詹尔选上言："大学士钱士升引咎回籍，谓为要誉。人臣而沽名义，所不敢［也］。乃人主不以名誉［义］鼓天下，使其臣争为尸禄保宠，习为寡廉鲜耻［之世］，又岂国家所利哉？所日与皇上处者，惟此【苛细】刻薄不识大体之徒，毁成法而酿隐忧，天下事岂可言哉？"《明史·詹尔选传》①

---

① 《明史·詹尔选传》中虽有此事记载，但表述与此条差异较大，疑黄叔璥所给索引有误。经查，此条内容应摘录于《明史纪事本末》卷七十二"崇祯治乱"。

崇正[祯]十二年四月，时上颇于内庭建设斋醮，礼科给事中姜埰上言："宗社之安危，必非佛氏之祸福。"正德初年，遣太监刘允诚驰驱西域，可为监[鉴]戒。山西道御史廖惟义亦言之。不听。《闲道录》卷二十"补录"

帝御文华殿，独召见延儒语良久，事秘，举朝疑骇。御史毛羽健曰："召见不以盈庭而以独侍，清问不以朝参而以燕闲；更漏已沉，阁门犹启。汉臣有言'所言公，公言之；所言私，王者不受私'。"南京御史刘之凤言："延儒立身居乡，不堪置齿颊。此一召也，于国事无织毫益，而于圣德有邱山之损。"疏入，忤旨，诘责。《明史·毛羽健传》《明史·刘之凤传》

崇正[祯]十五年，御史杨仁愿言："高皇帝设官，无所谓缉事衙门者。后以肃清辇毂，乃建东厂。【今】功令比较事件，番役每悬价以买事件，受买者至诱人为奸盗而卖之，番役不问其从来，诱者分利去矣。挟忿首告，诬以重法，挟者志无不逞矣。伏愿宽东厂事件，而后东厂之比较可缓，[东厂之]比较缓，而后番役之买事件与卖事件者俱可息。"后复切言缇骑不当遣。帝为谕止[东厂]，然倚厂卫益甚，至国亡乃已。《明史·刑法志三》

南台旧闻·卷十一

北平黄叔璥玉圃辑

弹劾

张纲辟高第为御史。汉安元年，［选］遣八使狗行风俗。余人受命之部，［而］纲独埋车轮于洛阳都亭，曰："豺狼当路，安问狐狸！"遂奏［曰］："大将军【梁】冀、河南尹不疑，荷国厚恩，而专为封豕长蛇，肆其贪饕，【诚】大辟所宜加也。谨条其无君之心十五事。"［书御］，京师震悚。《后汉书·张纲传》

陈翔拜侍御史。时正旦朝贺，大将军梁冀威仪不整，翔奏冀恃贵不敬，请收案罪，时人奇之。《后汉书·陈翔传》

种暠，顺帝末，为侍御史。时所遣八使光禄大夫杜乔、周举等，多所纠奏，而大将军梁冀及诸宦官互为请救，事皆被寝遏。暠自以职主刺举，志案奸违，乃复列［劾］诸为八使所举蜀郡太守刘宣等罪状［恶］章露，宜伏欧刀。又奏请勅四府条举近臣父兄及知亲为刺史、二千石尤残秽不胜任者，免遣案罪。帝［乃］从之。《后汉书·种暠传》

孝明初，元匡为御史中尉，以［山］伟兼侍御史。入台五日，便遇正会，伟司神武门，其妻从叔为羽林队主，挝直长于殿门，伟即劾奏。匡善

169

之。《北史·山伟传》

隋，陆知命拜书侍御史，侃然正色，为百僚所惮，帝甚敬之，后坐事免。岁余，复职。时齐王暕颇骄纵，昵近小人，知命奏劾之，暕竟得罪，百僚震慄。《北史·陆知命传》

应州刺史唐君明，居母丧，娶雍州长史厍狄士文之从父妹。书侍御史柳彧劾之曰："君明忽劬劳之痛，惑宴[嬿]尔之亲，冒此苴衰[缞]，命彼褕翟。不义不昵，《春秋》载其将亡；无礼无仪，诗人欲其遄死。士文赞务神州，名位通显，弃二姓之重匹，违六礼之轨仪。请禁锢终身，以惩风俗。"二家竟坐得罪。《北史·柳彧传》

张行成召补殿中侍御史，纠劾严正。太宗以为能，谓房元[玄]龄曰："古今用人未尝不因介绍，若行成者，朕自举之，无先容也。"《新唐书·张行成传》

狄仁杰拜侍御史。左司郎中王本立怙宠自肆，仁杰劾奏其恶，有诏原之。仁杰曰："朝廷借乏贤，如本立者不少。陛下惜有罪，亏成法，奈何？臣愿先斥，为群臣戒。"本立抵罪。由是朝廷肃然。《历代名臣传·狄仁杰》

万岁通天元年五月，监察御史纪履忠劾[奏御史中丞]来俊臣犯状有五："一专擅国权，二谋害忠善，三赃贿贪浊，四失礼义教，五淫昏狠戾。论兹五罪，合至万诛，请下狱理罪。"《通典·职官六》注

来俊臣纳贾人金，为御史纪履忠所劾，下狱当死。后忠其上变，得不诛，免为民。《新唐书·酷吏列传》

监察御史崔琬延奏："【宗】楚客、【纪】处讷专威福，有无君心，纳境外交，为国取怨；【宗】晋卿专徇赃私，骄恣跋扈。并请收付狱，三司推鞫。"故事，大臣为御史对仗弹劾，必趋出，立朝堂待罪。楚客乃厉色大言："性忠鲠，为琬诬诋。"中宗不能穷也，诏琬与楚客、处讷约为兄弟两解之，故世谓帝为"和事天子"。《新唐书·宗楚客传》

崔湜、郑愔典吏部选，附势倖，铨拟不平，材廉者轧不进，俄而相踵

知政事，【御史李】尚隐与御史李怀让显劾其罪，湜等皆 劾 ［斥］去。《新唐书·李尚隐传》

李勉擢监察御史。时武臣崛兴，无法度，大将管崇嗣背阙坐，笑语哗纵，勉劾不恭。肃宗叹曰："吾有【李】勉，乃知朝廷之尊！"《新唐书·李勉传》

元微之（元稹）自监察御史谪江陵府士曹掾，［左拾遗］白居易疏言："【元稹】自授御史以来，举奏不避权势，［只］如奏李佐公等事，多是朝廷亲情。人谁无私，因以挟恨，或假公议，将报私嫌，遂使诬谤之声，上闻天听。臣恐元稹左降已后，无人肯为陛下当官守法，无人肯为陛下嫉恶绳愆。内外权贵亲党，纵有大过大罪者，陛下从此无由得知。此其不可者一也。昨元稹［所］追勘房式之事，既从重罚，旋又左降。［然］外议喧喧，皆以为稹与中使刘士元争厅，因此获罪。况闻士元蹴破驿门，夺将鞍马，仍索弓箭，吓辱朝官，承前以来，未有此事。今中官有罪，未闻处置；御史无过，却先贬官。远近闻知，实损圣德。臣恐从今已后，中官出使，纵暴益甚。陛下从此无由得闻。此其不可二也。元稹举奏严砺在东川日枉法，没入平人资产八十余家；又奏王 沼 ［绍］违法给券，令监军 神 ［押］柩及家口入驿；又奏裴玢违敕征百姓草；又奏韩皋使军将封杖打杀县令。如此之事，前后甚多，［属］朝廷法行，悉有惩罚。计天下方镇，皆怒元稹守官。今贬为江陵判司，即是送与方镇，［从此］方便报怨，朝廷何由得知？方镇有过，无人敢言，陛下无由得知不法之事。此其不可者三也。"疏入不报。《旧唐书·白居易传》

敬宗朝，夏州节度使李祐入朝，违诏进奉，侍御史温造弹之，祐趋出待罪，股 战 ［栗］流汗，谓人曰："吾夜半入蔡州城擒吴元济，未尝心动。今日胆落温御史矣。"《旧唐书·敬宗纪》①

---

① 《旧唐书·敬宗纪》虽也记录了这一事例，但其内容与《南台旧闻》此条出入较大。经查，此条全文摘录于明人张岱《夜航船》卷六"选举部"的"御史"一条。

咸通十二年，分司侍御史李溪进状曰："臣准西台牒及金部，称奉六月二十七日勅内圆郝景全事，奏状内'讼'字音与庙讳同，[奉] 敕罚臣一季俸者。臣前奏状称'准敕因事告事，旁讼他人'，是咸通十一年十月十三日敕语。臣状中具有'准敕'字，非臣自撰词句。臣谨按《礼》，不讳嫌名。又按《职制律》，诸犯庙讳嫌名不坐。故是审量礼律，以为无妨耳。即引陛下敕文而言，不敢擅有移改，不谓内园 便 [使] 有此论奏也。臣非敢诉此罚也。恐自此有援引敕格者，亦须委曲迴避，便成讹弊。"《册府元龟》"帝王部·名讳"

曹修古为监察御史，遇事敢言，曾晨朝有黄门二人不避道呵者，止之，反为所詈。修古奏言："御史台尊则天子尊，请付所司劾治。"上立命答之。晏殊曾以笏击人，折其齿。修古奏："殊为辅弼，而忿躁无大臣体。先朝陈恕榜人于中书，即罢黜。殊合如恕例。"时论韪之。《读史节要》（另见《宋史·曹修古传》）

真宗诏谏官御史举职言事，惟【陈】彭年与侍御史贾翱数有章奏，建白弹射，真宗令中书置籍记之。《宋史·陈彭年传》

鞠咏为监察御史，言："【钱】惟演憸险，尝与丁谓为婚姻，缘此大用。后揣知谓奸状已萌，惧牵连得祸，因此力攻谓。今若遂以为相，必大失天下望。"[咏] 语谏官刘随曰："若相惟演，当取白麻廷毁之。"《宋史·鞠咏传》

傅尧俞为监察御史里行，朱晦子颖士以内降监汳口镇，而都水监复荐之。尧俞上言："密院既不治颖士求内降罪，而都水又安知其可用而举之？上下相结迭为阿狗，其盗 [陛下] 名器将不但一汳口而已。"乃罢颖士，权倖惮焉。《宋名臣言行录》后集卷十三①

御史吕景初、吴中复、马遵坐论梁丞相，罢台职，除他官。蔡襄封还

---

① 《宋名臣言行录》后集卷十三虽有此事记载，但与《南台旧闻》中此段摘录内容有差异。《南台旧闻》中此条应摘自《五朝名臣言行录》卷八。

词头，不草制。《宋名臣言行录》后集卷四

欧阳修"论台谏言事书"："臣伏见宰臣陈执中，自执政以来，不叶[协]人望，累有过恶，而执中迁延，尚玷宰府。前日御史论梁适罪恶，陛下赫怒，空台而逐之。而今日御史又复敢论宰相，不避雷霆之威，不畏权臣之祸，此乃至忠之臣也，能忘其身而爱陛下者也，陛下嫉之，恶之，拒之，绝之。执中为相，使天下水旱流亡，公私困竭，家私秽恶，流闻道路，阿意顺旨，专事逢君，此乃谄上傲下愎戾之臣也，陛下爱之，重之，不忍去之。陛下岂忍因执中上累圣德，而使忠臣直士卷舌于明时也！臣愿陛下廓然回心，释去疑虑，尽以御史前后章疏出付外廷，议正执中之过恶，罢其政事，别用贤材，以康时务，以拯斯民，以全圣德，则天下幸甚。"《续资治通鉴长编》卷一百八十"至和二年"①

刘挚为监察御史里行，言："程昉开漳河，调发猝迫，人不堪命。赵子几擅升畿县等，使纳役钱，县民日数千人遮诉宰相，京师喧然，何以示四方？张靓、王廷老擅增两浙役钱，督赋严急，人情嗟怨。时[此]皆欲以羡余希赏，愿行显责，明朝廷本无聚敛之意。"《宋史·刘挚传》

张戬召为监察御史里行，每进对必陈古道，引大体，不举苛细。论王安石变法非是，乞罢条例司及追还常平使者。《东都事略》卷一百十四（另见《宋史·张戬传》）

常安民拜监察御史，[遂]论章惇专国植党，乞收主柄而抑其权。中官裴彦臣与户部尚书蔡京相结，强毁人居室，以建慈云院。事闻，诏御史劾治。安民言："事有情重而法轻者，中官豪横，与侍从官相交结，同为欺罔，此之奸状，非法所能尽。愿重为降罚，以肃百僚。"及狱具，惇主之，止坐罚金。安民复论："京奸足以惑众，辨足以饰非，巧足以移夺人主之视听，力足以颠倒天下之是否。内结中宫，外连朝士，一不附己，则诬以党。

---

① 以上三条《南台旧闻》原无索引，校查补。

于元祐，非先帝法，必挤之而后已。今在朝之臣，京党过半，陛下不可不早觉悟而逐去之。他日羽翼成就，悔无及矣。"《历代名臣传·常安民 任伯雨》

朱服，元丰中擢监察御史里行。参知政事章惇遣所善袁默、周之道见服，道荐引意以市恩，服举劾之。惇补郡，免默、之道官。《宋史·朱服传》

章惇、蔡卞用事，【龚】夬疏劾："昔日丁谓当国，号为恣睢，然不过陷一寇准而已。及至于惇，而故老、元辅、侍从、台省之【贤】者[臣]，一日之间，布满岭海。[是以]人人危惧，莫能自保，俾其朽骨衔冤于地下，子孙禁锢于遐方[炎荒]，海内之人，[得以]归怨先帝。其罪如此，尚何俟而不正典刑哉？凡惇所为，皆卞发之。望昭示谴黜。"又论："蔡京治文及甫狱，本以偿报私仇。[臣料当时必有]案牍章疏，可以见[其]锻炼附会。如方天若之凶邪，而京收置门下，赖其倾险，以为腹心，立起奸狱，多斥善士，天下冤之。愿考证其实，以正奸臣之罪。"于是三人皆去。《宋史·龚夬传》

吕陶，元祐初擢殿中待御史，首献邪正之辨曰："君子小人之分辨，则王道可成，杂处于朝，则政体不纯。今蔡确、韩缜、张璪、章惇，在先朝，则与小人表里，为贼民害物之政，使人主德泽不能下流；在今日，则观望反覆，为异时子孙之计。安焘、李清臣又依阿其间，[以]伺势之所在而归之。昔者负先帝，今日负陛下。愿亟加斥逐，以清朝廷。"于是数人相继罢去。《宋史·吕陶传》

辛炳，元符时权殿中侍御史。先是，蔡京废发运司转般仓为直达纲，舟人，率侵盗，沉舟而遁，户部受虚数，人畏京莫敢言。炳极疏其弊，且以变法后两岁所得之数，较常岁亏欠一百三十有二万，支益广而入寖微，乞下有司计度。徽宗以问京，京怒，以炳为沮挠，谪[责]监南剑州新丰场。《宋史·辛炳传》

杜莘老为殿中侍御史。御械刘炎筦禁中市易，大为奸利。公疏闻，即斥监嘉州税。淮南运副王柜结宦寺居，官簠簋不饬，公劾罢之。枢密周麟之使虏，已而辞行，再奏谪瑞州。幸医王继先怙宠干法，富浮公室，屋拟禁庭，未有敢摇之者。公疏数十罪，安置继先福州，子孙皆勒停，撤寺院生祠数十，所掠良家子为婢者百数并还其家，临安内外田宅、赀宝以千万计，天下称善。《宋名臣言行录》别集上卷六

金报益急。公言：鄂帅田师中老而贪，士卒怨，偏裨不服，临敌恐误国事。虏造舟海滨，积全齐之甲，其谋不浅，宜命海道诸将募死士为劫寨计。上诏师中夺其兵，遣李宝促东海。其后汉沔诸将得自奋，所向皆捷。虏临江，中外惴恐，无固志。内侍张去为取御马院西兵二百人，髡其顶发，都人异之，口语沸腾。公弹治，上疑其未审，不乐。公执奏不已，竟罢去为御马院，致仕。以所髡西兵隶殿前司，乃曰"吾责塞矣"。《宋名臣言行录》别集上卷六

建中靖国初，蔡京方为翰林学士承旨［，虽明智之士，未能知其必乱天下也］。殿中侍御史杜莘老独慨然论奏，条其过恶。章凡四五上而不已，且曰："若果用京，则治乱自此分，祖宗基业自此隳。臣非自爱而忧之，盖为陛下忧，为社稷忧，为天下贤人君子忧。"《宋名臣言行录》续集卷一

侍御史张汝贤奏："左丞王安礼素行贪秽，身任润州太守，倡女共［其］政，私其部内、馆阁、故老、侍婢，以归闺门之内数致忿争。安礼修身治家如此，其能正百官理万民乎？"安礼乞去。《镇江府志》卷五十四①

黄龟年，靖康初迁殿中侍御史。劾桧专主和议，沮止恢复，植党专权，渐不可长。乃上书曰："事君之道曰忠，罪莫大于欺君；辅政之道曰公，罪莫大于私己。桧厚貌深情，矫言伪行，进迫君臣之势，阳为面从；退恃朋比之奸，阴谋沮格。上不畏陛下，中不畏大臣，下不畏天下之议，无忌惮

---

① 此条系从《乾隆镇江府志》查得。

如此。欺君私己，有一即可黜，况桧之欺与私显著者为多乎？"章凡 四[三] 上，遂褫桧职。《宋名臣言行录》别集上卷六①

赵鼎迁殿中侍御史。时刘光世部将王德擅杀韩世忠之将，世忠亦 帅[率] 部曲夺建康守府廨。鼎请治德专杀无忌之罪，而下诏切责世忠，指取其将吏付有司治之，诸将肃然。帝曰："唐肃宗得李勉，朝廷始尊。今朕得卿，无愧昔人矣。"《历代名臣传·赵鼎》

叶义问擢殿中侍御史。枢密汤鹏举效桧所为，植其党周方崇、李庚，置籍台谏，锄异己者。义问累章劾鹏举，有"一桧死一桧生"之语，并方崇等皆罢之。《宋史·叶义问传》

高宗即位，擢马伸为殿中侍御史。奏黄潜善、汪伯彦不法凡十有七事，不报。又疏言："不谨诏命，黜陟不公，壅塞言路，毁法自恣，妨功害能。过则称君、善则称己。强狠自专，务收军情。望速罢潜善，伯彦政柄，别选贤者。凡举一事，必立一证。"诏伸言事不实，谪濮州监酒税。《宋史·马伸传》

陈俊卿迁殿中侍御史，劾韩仲通本以狱事附桧，冤陷无辜，【桧党尽逐而仲通独全，】刘宝总戎京口，恣掊克，二人皆抵罪。汤思退专政，时冬日无云而雷，俊卿言："宰相上不当天心，下不厌人望。"诏罢思退。及金人侵轶之势已形，俊卿乃言："张浚忠荩，白首不渝。"复请对。力言之，帝悟，即以浚守建康。又言："内侍张去为阴沮用兵，【临】陈避敌计，摇成算，请按军法。"帝曰："卿可谓仁者之勇。"《历代名臣传·陈俊卿》

王十朋迁侍御史，论史浩八罪，曰怀奸、误国、植党、盗权、忌言、蔽贤、欺君、讪上，帝为出浩知绍兴府。十朋再疏，谓："陛下虽能如舜之去邪，未能如舜之正名。定罪绍兴，密迩行都，浩尝为属吏，奸赃彰

---

① 黄叔璥此条索引为《宋名臣言行录》续集。经查，此条出自《宋名臣言行录》别集上。但从摘录内容来看，此条实系出自《历代名臣奏议》卷一百八十三，但最后一句的记载是"章凡三，上遂褫桧职"，又与黄叔璥摘录有异，而在《宋名臣言行录》中可推出黄龟年有章为四。

闻，亦何颜复其吏民。"遂改与祠。史正志与浩族异，拜浩而父事之，十朋论正志倾险奸邪，观时求进，宜黜正志以正典刑。林安宅出入史浩、龙大渊门，盗弄威福，至是诈病求致仕，十朋并疏其罪。皆罢去。《历代名臣传·王十朋》

程震拜监察御史，弹劾无所挠。时皇子荆王为宰相，家僮辈席势侵民，震劾奏："荆王以陛下之子，任天下之重。不能上赞君父，同济艰难。顾乃专恃权势，蔑弃典礼，开纳货赂，进退官吏。纵令奴隶侵渔细民，名为和市，其实协取。陛下不能正家，而欲正天下，难矣。"于是，上责荆王，出内府银以偿物直，杖大奴尤不法者数人。《金史·程震传》

商衡拜监察御史。哀宗姨郕国夫人不时出入宫闱，干预政事，声迹甚恶。衡上章极言，自是郕国被召乃敢进见。内族庆山奴将兵守盱眙，与李全战，败，朝廷置而不问。衡上言："自古败军之将必正典刑，不尔则无以谢天下。"诏降庆山奴为定国军节度使。《金史·忠义列传四》

乌古孙奴申，性伉特敢为有直气，[曾]为监察御史，时中丞完颜百家以酷烈闻，奴申以事纠罢，朝士耸然。《金史·忠义列传四》

王恽"论河南行省屯田事状"："[会验]河南行中书省咨该，去岁屯田子粒一百万石，内明该屯户收分[语句]。今体访得：止收到稻谷又马料粟，通计约四十余万石，其收分与民数目至今不曾给付，使失业之民二万三千余户，往返千里，贫者[至]啖食草木，陈告无所，以致往往逃窜。窃[切]惟[屯田大计，当]草创之际，所宜务远图，固根本，开布恩信，抚养新集。不务出此，将上项子粒公文明该除数实惠曾不及民，使官食前言，民有饥色，张虚数以要上知，顾小利而敛众怨。其昧上虐下，是属奸欺，[据此]合行纠呈。"《乌台笔补》"论河南行省屯田子数不实分收与民事状"

程钜夫仍迁侍御史行台。二十六年，时相桑哥专政，法令苛急，四方骚动。钜夫入朝，上疏曰："臣闻天子之职，莫大于择相；宰相之职，莫大于进贤。苟不以进贤为急，而惟以殖货为心，非为上为德、为下为民之意也。今权奸用事，立尚书钩考钱谷，以剥割生民为务，所委任者，率皆贪饕邀利之人，江南盗贼窃发，良以此也。臣窃以为宜清尚书之政，损行省之权，罢言利之官，行恤民之事，于国为便。"《元史·程钜夫传》

刘敏中，至元中拜监察御史。权臣桑哥秉政，敏中劾其奸邪，不报，遂辞职归［其乡］。《元史·刘敏中传》

许有壬召拜监察御史。八月，英宗暴崩于南坡，贼臣铁失遣使者自上京至，封府库，收百官印，有壬知事急，即往告御史中丞董守庸，守庸谓宫禁事，非子所当问。有壬即疏守庸及经历朵尔只班、监察御史郭也先忽都阿附铁失之罪［以俟］。及帝至，复上章言："帖木迭儿之子琐南，与闻大逆，乞赐典刑。其兄弟勿令出入宫禁。"继上正始十事，帝多从之。《元史·许有壬传》

马祖常拜监察御史，直声振一时。会帖木迭儿专政，祖常率同列劾其十罪，仁宗黜之。奸臣复相，左迁开平尹。《元史·马祖常传》

秦起宗拜中台御史，劾中丞和尚受人妇人、贱买县官屋，不报。起宗从台官入见，跪辩久之，敕令起，起宗不起，会日暮，出；明日，立太子，有赦，起宗又奏："不罪和尚，无以正国法。"和尚伏辜。帝曰："为御史，当如是矣"《元史·秦起宗传》

韩宜可擢监察御史，弹劾不避权贵。时丞相胡惟庸、御史大夫陈宁、中丞涂节方有宠于帝，尝侍坐，从容燕语。宜可直前，出怀中弹文，劾三人险恶似忠，奸佞似直，恃共怙宠，内怀反侧，擢置台端，擅作威福，乞斩其首以谢天下。帝怒曰："快口御史，敢排陷大臣耶！"命天下锦衣卫狱，寻释之。《明史·韩宜可传》

郭端，永乐时擢御史，巡按广西。镇守太监雷春肆为酷暴，端劾奏，置于法。靖江辅国将军所为骄纵，畏端将加不利，托言有旨召端还。端以其事奏闻，下吏伏辜，寻移交阯［阯］监军，寇平复命。时有假御史蒋得中者，迭扰闽广湖湘间，缉捕得之，升山东按察司金事，改交 趾 ［阯］大学士。杨士奇赠之诗曰："宫锦绣为衣，青骢白玉蹄。官迁五岭外，路出大江西。草堂旧在雩阳郭，便道还家意偏乐。水色山光泻向人，紫葵黄菊嗟非昨。手持宪节重，肃肃念王程。声驰白简飞霜厉，气压黄茅瘴雾清。只今疮痍极边土，宵旰忧勤荷明主。未须搏击策殊勋，好尽怀绥副当宁。"《使职文献通编》卷八

宣德七年二月，监察御史李得全，劾僧录司右觉义大旺于庆寿寺擅创楼阁，上命锦衣卫执大旺等付都察院鞠之。《宣宗实录》（另见《国榷》卷二十二"宣德七年"）

杨瑄，天顺初，印马畿内。至河间，民诉曹吉祥、石亨夺其田。瑄以闻，并列二人怙宠专权状。帝语大学士李贤、徐有贞曰："真御史也。"遂遣官按覆，而命吏部识瑄名，将擢用。吉祥闻之惧，诉于帝，请罪之。不许。未几，亨西征还，适彗星见。十三道掌道御史张鹏、盛颙、周斌、费广、张宽、王鉴、赵文博、彭烈、张奎、李人仪、邵铜、郑冕、陶复及御史刘泰、魏翰、康骥将劾亨、吉祥诸违法事。亨与吉祥泣诉帝【前】。帝［大］怒，竟下瑄［、鹏］及诸御史于狱。《明史·杨瑄传》

秦［公］世缨初为南京御史，以劾中官，降北黄驿丞。起知雄县，又禁中官捕猎，祸几不测，以民数千击登闻鼓讼冤，得宥。《天山录》（另见《黄道周集》卷三十五"太子太保刘公"）

成化十九年，御史徐镛疏言："汪直与王越、陈钺结为腹心，自相表里。肆罗织之文，振威福之势。兵连西北，民困东南，天下之人但知有西厂而不知有朝廷，但知畏汪直而不知畏陛下。渐成羽翼，可为寒心。乞陛下明正典刑，以为奸臣结党怙势之戒。"上深纳其言。汪直有罪罢。《明史纪事本末》卷三十"汪直用事"

都御史陈钺附汪直攘建州功，为御史强珍所纠。直怒，下珍诏狱。监察御史许进率诸御史疏，理珍，诏夺俸。有道士干李总兵，不遂，诬李作

乱，直奏，逮李百口，煅成狱。进发道士奸，磔于市，得旨戒缉事校。直益怒，以章疏字讹，杖进午门外，几死。《十五国人物志》

孝宗嗣位，［万］安草登极诏书，禁言官假风闻挟私，中外哗然。御史汤鼐诣阁。安从容言曰："此里面意也，鼐即以其语奏闻，谓安抑塞言路，归过于君，无人臣礼。"于是，庶吉士邹智，御史文贵、姜洪等交章列其罪状。《明史·彭华传》

畅亨，成化时擢御史。弘治元年二月，景宁县屏风山异兽万余，大如羊，白色，衔尾浮空去。亨请罢温、处银课，而置镇守中官张庆于法。章下所司，银课得减，责庆陈状。《明史·畅亨传》

弘治二年，南京御史姜绾劾太监蒋琮与民争利。琮条辩［辨］绾疏，而泛及御史刘恺、方岳等。适御史孙绂［纮］等劾太监郭墉［擅游禁地］。帝遣太监何穆、大理寺少卿杨谧覆勘琮、绾等，并宜逮治。诏逮绾等。御史伊宏、给事中陈璚［等皆］言不宜以一内臣而置御史十人于狱，不听。绾等谪外，而宥琮不问，时刘吉窃柄，［素］恶南京御史劾己，故兴此狱。《明史·宦官列传一》

范辂正德时为御史。时逆濠虐焰方炽，辂独特风裁，一无畏避。濠尝勒各官县朝服朝贺，辂即引朝仪辩其非礼，因疏乞敕，该部定议，防微杜渐，阴折不臣之心。时太监毕真都司郭宇与濠比党，辂累疏极论二人贪暴不法，濠积憾，会谏止微行，遂乘隙奏辂诽谤宗藩，妄议朝政，得旨械系赣州。未几，濠以叛诛，诏复原官。《南京都察院志》卷三十九"人物志"

熊兰，正德时擢御史。宸濠谋逆将成，密与同年御史萧淮首发之，濠果反，不踰月竟败。《使职文献通编》卷八

朱廷声迁御史。逆瑾擅政，廷声劾之。瑾恶，既去其官，积恨不已。复罚输米七百石，窘辱万状，廷声毅然当之。瑾诛，起为南京刑部之事。《使职文献通编》卷八

谢瑜，嘉靖时为御史。时武定侯郭勋建议请复内侍镇守。瑜言："正德

中，阉宦无状，司礼刘瑾反于内，镇守毕真、刘朗反于外，覆车可鉴。"上虽不遽斥勋，而镇守之议竟寝。出按四川，闻边警，上疏曰："舜诛四凶，而蛮夷率俾。今之四凶，郭勋、胡守中、张瓒、严嵩是也。陛下已诛其二矣，何不尽屏逐之，以全帝舜之功乎！"《明史》①

毛伯温擢御史，巡按福建、河南。世宗即位，中官张锐、张忠等论死，其党萧敬、韦霂阴缓之。伯温请并诛敬、霂、中官为屏气。《明史·毛伯温传》

给事御史李学会、吉棠等言：[张]璁[、桂萼]曲学阿世，圣世所必诛。以传奉为学士，累圣德不少。御史段续、陈相又特疏论，并及席书。帝责学会等对状，下续、相诏狱。《明史·张璁传》）

嘉靖初，给事中夏言、御史郑本公等上言，锦衣卫额设各有定员。② 自正统后，贵妃、尚主公侯、中贵子弟多寄禄卫中，递进用事。至正德[间，]阉官[奄宦]擅权，贵[倖]子弟以奏带冒衔锦衣者尤多。今查应革者二千一百九十九员[名]。兵部尚书彭泽覆奏，从之。《春明梦余录》卷六十三

冯恩，嘉靖时为御史。壬辰，星变极论。汪铉为腹心彗，辅臣张孚敬为根本彗，方献夫为门庭彗，请斩以谢天下。又悉品叙九列高下，上恚甚，驰缇骑逮之，下诏狱，苛究所主，名榜掠濒死者数四。《南京都察院志》卷三十九"人物志"

御史童汉臣等首论嵩奸污，不当乘君子之器。南京给事中王华[烨]、御史陈绍等复论嵩并[及]子世蕃"同恶相济，关通苞苴，动以千百计"。嵩疏辩乞休，帝优诏谕言慰留之。《明史纪事本末》卷五十四"严嵩用事"

---

① 此条《明史》中无原文。在清人毛奇龄《河西集》卷七十四可见"出按四川"部分。在万历《绍兴府志》亦可见此条。

② 此处缩略。根据《春明梦余录》卷六十三"锦衣卫"定员的记载为："其锦衣一卫，额设指挥使一，同知二，金事三，镇抚一，所千百户各有定员。"

　　谢汝仪任御史。首疏安庆指挥崔文进贤、知县刘源清之功，劾外戚陈万年、宦官王堂、薛春及奸党何明等罪状，直声大著。上疏乞宽假，议礼诸臣，请诛巨珰、谷大用等。《烦纂》①

　　御史王宗茂疏劾大学士严嵩："本以邪媚诡谀之徒，济以寡廉鲜耻之行。陛下入其诈术之中，进极人臣之位，作威作福，无忌无惮，以黩货为长策，以弥缝为嘉猷，赇通万国，冤含九地。引用奸邪以为羽翼之助，大小臣工半其门庑之人，使中外唾骂，神人怨恫。虽唐之杨国忠，宋之秦桧殆有甚焉，列嵩负国八罪，并劾万寀假嵩势而入吏部，速赐罢黜，臣邻幸甚，天下幸甚。"《南京都察院志》卷二十八"奏议二"

　　御史桑乔疏劾严嵩、赵起元曰："疏条三事矣：一禁奸弊，一重边防，一去匪人。匪人指嵩，独书劾嵩，何也？盖匪人去，则奸弊不厘，而禁边防不饬，而重故也。"未几，礼部选译字诸生，严嵩邀货纳贿，视为去留，苞苴盈门。乔会台省疏列其状，阁臣票旨，亦但报闻而已。《明书稗录》（另见《明史纪事本末》卷五十"严嵩用事"）

　　御史赵锦疏劾严嵩："辅政以来，惟恩怨是酬，惟货贿是好。政权悉归于掌握，而府部诸司皆不得其职。故铨司之黜陟不当，而文臣多奔竞贪冒之流；本兵之用舍失宜，而武臣无克敌死绥之志；边臣之功罪不明，而战士解体；将帅之掊尅日众，而卒伍耗弱；封袭非赂不行，而大典日坏；赠谥非赂不得，而国是日淆；群臣惮阴中之祸，而忠言不敢直陈；四方习贪墨之风，而闾阎日以愁困。流害天下，贻忧君父，乞早赐罢斥，以应天变。"下狱斥为民。《南京都察院志》卷二十八"奏议二"

　　御史耿定向以严嵩父子窃政，吏部尚书吴鹏附之，遂疏鹏六罪，因言鹏壻学士董份总裁会试，私鹏子绍，宜并斥。嵩为营护，事竟寝。《明史·耿定向传》

　　御史邹应龙疏劾："工部侍郎严世蕃凭藉父权，专利无厌。私擅爵赏，

---

　　① 此条在《万姓统谱》《浙江通志》中有所记载。

交通赃贿，为之居间者不下百十余人，而其子锦衣严鹄、中书严鸿、家人严年、幕客中书罗龙文为甚。年尤桀黠，士大夫无耻者至呼为鹤山先生。乃广置良田美宅于南京、扬州，无虑数十所，以豪仆严冬主之。抑勒侵夺，民怨入骨。世蕃丧母，乃聚狎客，拥艳姬，恒舞酣歌，人纪灭绝。臣请斩世蕃首悬之于市，以为人臣凶横不忠之戒。"奏入，勒嵩致仕，下世蕃等诏狱。《明史·邹应龙传》

都御史邹懋卿总理盐运，通贿无虚日。御史林润劾其贪冒五罪，懋卿疏辨。不问。润既劾邹懋卿，罢去。知雠在必报，会袁州推官郭谏臣，遂具揭上之润，润得之，大喜，乃上疏言："臣巡视上江备防，江洋盗贼多入逃军罗龙文之家。龙文卜筑深山，乘轩衣蟒，有负险不臣之志。推严世蕃为主，事之。世蕃自罪谪之后，日夜与龙文诽谤朝政，动摇人心。近者假治第聚众至四千人，咸谓变且不测。乞早正刑章，以绝祸本。"疏入，诏以世蕃、龙文即付润逮捕至京。伏诛，籍其赀。《明史纪事本末》卷五十四"严嵩用事"

江东之擢山东道御史，巡视皇城。时驸马都尉侯拱辰自倚帝婿，车骑阑入御道，公叱之出，都尉皇恐谢。锦衣卫指挥同知徐爵者，司礼监太监冯保假子也，与江陵张居正为心腹，气势熏灼，公卿皆由关说。爵尝乘驴擅出入东长安门。一日与公遇，执其驴付所司，罪状爵，因以撼保。疏入，上震怒，收爵论死，而保亦寻诛窜。《瑞阳阿集》（另见《魏叔子文集》外篇卷十七"明右金都御史江公传"）

刘台，万历初改御史，劾辅臣张居正擅作威福。谏官因事论及，必曰："吾守祖宗法。"臣请即以祖宗法正之。凡五事。臣举进士，居正为总裁。臣任部曹，居正荐改御史。臣受居正恩亦厚矣，而今敢讼言攻之者，君臣谊重，则私恩有不得而顾也。愿陛下察臣愚悃，抑损相权，毋俾偾事误国，臣死且不朽。疏上，居正怒甚，廷辩之，曰："台为臣所取士，二百年来无门生劾师长者，计惟一去谢之。"因辞政，伏地泣不肯起。帝为降御座手掖之，慰留再三。［居正强诺，犹不出视事，］遂捕台至京师，下诏狱，命廷杖百，远戍。居正阳具疏救，乃除名为民。《明史·刘台传》

御史张文熙［曾］言前阁臣张居正专恣者四事：谓部院百执事不当置考成簿，选阁察考；吏、兵二部除授，不当一一取裁；督抚巡按行事，不当密揭请教；阁中票拟，当使同官知。请帝禁革，勿许。《明史·申时行传》

主事邹元标疏言："先朝李贤夺情起复，罗伦力排斥之。张居正不归养，无情可夺，无复可起。事父如此，事皇上可知矣。臣睹湖广道御史会士楚，一本为保留辅臣事，不胜惊愕，公论倒持一至于此。闻各道史有毅然中止者，士楚悍然不顾，私自上请，此其心盖曰'我首留之，辅臣德我，我倚泰山矣'。身服斧绣，心同犬羊，窃谓不斩士楚，虽死不瞑目矣。望亟敕辅臣，速归守制，则纲常正，人心服，朝廷尊矣。"《熙朝奏疏》［（另见《万历吉安府志》附录二"奏书下"、《文章辨体汇选》卷一百一十八）］

兵部尚书张鹤鸣既屡被劾，因诋劾者为群奸朋谋，而反与前尚书黄嘉善、崔景荣并以边功晋宫保。御史蒋允仪言："鹤鸣既以斩级微功邀三次之赏，即当以失地大罪伏不赦之辜。且以七百里之榆关，兼旬而后至，畏缩无丈夫气，偃蹇无人臣礼。犹且腼颜哆口评经、抚功罪，若身在功罪外者。陛下试问鹤鸣，为本兵，功罪杀于边臣，今日经、抚俱论辟，鹤鸣应得何罪？又问鹤鸣，旧日经、抚俱论辟，嘉善、景荣应得何罪？赫然震怒，论究如法，庶封疆不致破坏。"帝不用。《明史·蒋允仪传》

海瑞为都御史。疏言："陛下励精图治，而治化不臻者，贪吏之刑轻也。因举太祖法剥皮囊草及洪武三十年定律枉法八十贯论绞，谓今当用此惩贪，［独］劝帝虐刑，时议以为非。御史梅鹍祚劾之。帝虽以瑞言为过，然察其忠诚，为夺鹍祚俸。"《明史·海瑞传》

御史熊化以时事多艰、佐理无效劾时相方从哲，张新诏【亦】劾从哲诸所疏揭，委罪 君 ［群］父，诳言欺人，祖宗二百年金瓯坏从哲手。［御

史〕萧毅中、刘蔚、周方鉴、杨春茂、王尊德、左光斗，亦交章击之。帝皆不问。《明史·方从哲传》

神宗朝，胡克俭巡按山东，奏禁【辽东】买功，窃级诸弊。既劾【李】成梁，为要人所忌。会克俭劾左都御史李世达曲庇罪囚，至诋为贼，执政遂言其〔克俭〕妄排〔执法〕大臣。谪蕲水丞。《明史·胡克俭传》

光宗不豫，李可灼误下劫剂，恐有情弊。而方从哲拟旨赏可灼银五十两。御史王安舜首争之，疏曰："医不三世，不服其药。〔以〕纵中外危疑之日，而敢以无方无制之药，驾言金丹，轻亦当治以庸医杀人之条。乃蒙殿下颁以赏格，臣谓不过借此一举，塞外廷之议论也。夫轻用药之罪固大，而轻荐庸医〔之罪〕亦不小。"疏入，乃改票，罚俸一年，而议者蜂起矣。御史郑宗周上言："往岁张差之变，操椎禁门，几酿不测之祸，只以皇祖优容，未尽厥罪，故文昇尤而效之。臣请寸斩文昇以谢九庙。"于是，御史郭如楚、焦源溥、傅宗龙、马逢皋、李希、孔吴牲、薛文周、沈应时、方有度、安伸、温皋谟、江日彩、张慎言，交章论崔文昇、李可灼并辅臣方从哲，文昇、可灼各遣戍。《明史纪事本末》卷六十八"三案"

左副都御史杨涟疏参魏忠贤二十四罪。继涟上疏者，御史袁化中、周宗建、刘芳、刘廷佐、李应昇、房壮丽、刘环、胡良机、喻思恂〔洵〕、林汝翥、胡士奇、谢奇举、洪如钟、黄尊素、梁元柱、李光春、张矿、翟学程、刘之侍、周汝弼、李乔崙、刘其忠、宋政〔南〕，并给事中、【南】科道，不下百余疏，先后申奏，或专或合，无不危悚激切。俱不听。《明史纪事本末》卷七十一"魏忠贤乱政"

御史李应昇上言："国家设立言官，称耳目近臣，言及乘舆则天子改容，事关廊庙则宰相待罪。【魏】广微父允贞尝为言官，公正发愤，得罪阁臣以去，声施至今，广微独不念乎？奈何比之路马，斥之此辈。广微当退读父书，保其家声，毋倚三窟，与言官为难，异日亦可见乃父于地下。"上切责之。《明史纪事本末》卷七十一"魏忠贤乱政"

中贵刘朝、魏进忠与乳媪客氏相倚为奸。【御史王】允成抗疏历数其罪，略言："内廷顾命之珰，犬食其余，不蒙帷盖之泽；外廷顾命之老，中旨趣出，立见田里之收。以小马为驰骋之 资 [赀]，谁启盘于游畋之渐；以大臣为释忿之地，谁启咘其觊长之心。刘朝辈初亦不预外事，自沈潅、邵辅忠导之，遂恣肆无忌。易置大臣、驱除大臣、转迁百官、进退诸藩，客氏主谋于中。王振、刘瑾之祸将复见今日。"疏入，不省。《明史·王允成传》

徐尚勋擢御史，首以一票拟公馆选慎铨除。恤小民，修武备，为告其陈民瘼，清兵饷诸疏，侃侃论列。而尤要者为劾顾秉谦、郭兴，治阿党逆魏，不避嫌怨，皆奉俞旨。时有显贵欲谋入相，众议佥允，独尚勋不可，曰："此人岂宰相才哉？"遂不果，直声震内外，而忌之者众。幸上尝称徐御史乃今之骨鲠臣也，故不及害。《十五国人物志》

卫景瑗，天启中任御史，时阁臣周延儒、铨臣曾楚卿沓鄙肆奸，景瑗特疏劾之，科臣傅朝佑、李汝灿疏劾首辅温体仁，下诏狱，景瑗为之讼冤。左迁司正，历官巡抚大同，死闯难。《辑园杂识》

天启六年，温体仁代周延儒辅政南京。御史郭惟经言："执政不患无才，患有才而用之排正人，不用之筹国事。国事日非，则委曰我不知，坐视盗贼日猖，边警日急，止与二三小臣争口舌，角是非。平章之地几成聚讼，可谓有才邪？"帝切责之。《明史·郭惟经传》

黄宗昌，崇 正 [祯] 初为御史，请斥矫旨伪官，言："先帝宾天在八月二十三日。三殿叙功止先一日，正当帝疾大渐之时，岂能安闲出诏？凡加衔进秩，皆魏氏官也。"得旨："汰叙功冒滥者。"宗昌争曰：臣所 争 [纠] 乃矫旨，非冒滥也。冒滥犹可容，矫旨不可贷。"遂列上黄克缵、范 世济 [济世]、霍维华、邵辅忠、吕纯如等六十一人，乞【即】罢免。帝以列名多，不听。《明史·黄宗昌传》

崇 正 [祯] 七年，成国公朱纯臣家灯夕被火，于是司城毁民居之侵占官街、搭造棚房、壅塞衢路者。金侍御光宸上言："京师穷民僦舍无资，藉片蓆以栖身，假贸易以糊口，其业甚薄，其情可哀。皇城原因火变恐延烧以伤民。今所司奉行之过，概行拆卸，是未罹焚烈之惨而先受离析之苦也。且棚房半设中塗，非尽接栋连楹，若以火延棚房，即毁棚房，则火延内室，亦将并毁内室乎？"疏入，有旨停止。《鸿一亭笔记》①

杨嗣昌出督师。御史张肯堂奏言："从古戡乱之法，初起则解散，势成则剪除，未有专任抚者。[今]辅臣膺新命而出，贼必仍用故 智 [技]，佯摇尾乞怜。而失事诸臣，冀掩从前败局，必多方荧惑，仍进抚议。请特申一令，专务剿除。有进招抚说者，立置重典。"帝以偏执 [臆见] 责之。《明史·张肯堂传》

南道御史成勇疏：礼莫大于伦，伦莫大于君亲，未有不知有君亲而可以齿于人类者也。辅臣杨嗣昌谓：古之君臣，列国之君臣，可得而避；今之君臣，一统之君臣，无所逃于天地之间。是三年之丧，可行于古，不可行于今也。唐、虞三代未闻有夺情起复之事，固勿论。汉、唐、宋皆一统也，有宋去今未远，即以宋言之。遵礼经而不起复者，富弼、刘珙也；循故事而起复者，陈宜中、贾似道也。嗣昌虽巧文辩慧，必不敢以富弼、刘珙为非，而以宜中、似道为是。如嗣昌言是，天下凡臣者皆不当终三年之丧，终则为后君，为不臣。先圣之诗书可焚，先王之典礼可废，不举人类化而为禽兽不止也。留一嗣昌，而生天下不臣、不子之心，何如去一嗣昌，而树万世为臣、为子之鹄。《春明梦余录》卷四十

---

① 《钦定古今图书集成·方舆汇编·坤舆典》卷一百二十八中收录了《鸿一亭笔记》此条全文。

南台旧闻·卷十二

北平黄叔璥玉圃辑

按录

天汉二年，王贺［亦］以［为］绣衣御史，逐捕魏郡群盗，多所纵舍，以奉使不称免，叹曰："吾闻活千人，子孙有封，吾所活者万余人，后世其兴乎！"《纲鉴》①

武帝末，郡国盗贼群起，暴胜之为直指使者，衣绣衣，持斧，逐捕盗贼，督课郡国，东至海，以军兴诛不从命者，威 震 ［振］州郡。胜之素闻【隽】不疑贤，至渤海，遣吏请与相见。不疑曰："凡为吏，太刚则折，太柔则废，威行施之以 惠 ［恩］，然后树功扬名。"胜之敬纳其戒，深接以礼意，遂表荐之。《汉书·隽不疑传》

杜诗，建武元年为侍御史，安集洛阳。时将军萧广放纵兵士，暴横民间，百姓惶扰。诗敕晓不改，遂格杀广，还以状闻。世祖召见，赐以榮戟，复使之河东，诛降逆贼杨异等。诗到大阳，闻贼规欲北度，乃与长史急焚其船，部勒郡兵，将突骑趁击，斩异等，贼遂翦灭。《后汉书·杜诗传》

---

① 此条索引应为《纲目·汉纪》"天汉二年"。

寒朗，永平中以侍御史。考案楚狱颜忠、王平、辞连、耿建等。朗心伤其冤，［乃］上言建等无奸，［专］为忠、平所诬。帝怒，朗曰："妖恶大，故臣子所宜同疾，今出之不如入之，可无后责。是以考一连十，考十连百。又公卿朝会，陛下问以得失，皆长跪言，旧制大罪祸及九族，陛下大恩，裁止于身。及其归舍，口虽不言，而仰屋窃叹，莫不知其多冤，无敢牾陛下者。臣今所陈，诚死无悔。"帝意解，诏遣朗出。后二日，车驾自幸洛阳狱录囚徒，理出千余人。《后汉书·寒朗传》

谯玄为绣衣侍御史，① 持节分行天下，观览风俗，所至专行诛赏。《后汉书·谯玄传》

帝使御史裴茂讯诏狱，原系者二百余人。其中有为李 灌 ［催］所枉系者， 灌 ［催］恐茂赦之，乃表奏茂擅出囚徒，疑有奸故，请收之。诏曰："灾异屡降，阴雨为害，使者衔命宣布恩泽，原解轻微，庶合天心。欲释冤结而复罪之乎！一切勿问。"《后汉书·董卓传》

李恂 迁 ［拜］侍御史，持节使幽州，慰抚北狄，所过皆图写山川、屯田、聚落百余卷，悉封奏上。《后汉书·李恂传》

高道穆，元匡引为御史，其所纠摘，不避权豪。正光中，出使相州。前刺史李世哲，即尚书令崇之子，多有非法，逼买人宅，广兴屋宇，皆置鸱尾，又于马埒堰上为木人执节。道穆绳纠，悉毁去之，并表发其赃货。尔朱荣讨蠕蠕，道穆监其军事，荣甚惮之。《北史·高道穆传》

隋游元兼书侍御史。宇文述等九军败绩，帝令元主其狱。述时贵倖，势倾朝廷，遣家僮造元，有所请属，元不之见。他日，案述逾急，仍以属请。状劾之，帝嘉其公正，赐朝衣［服］一袭。《北史·游元传》

书侍御史柳彧，持节巡河北五十二州，奏免长吏赃污不称职者二百余人，州县肃然，莫不震惧。上嘉之。《北史·柳彧传》

① 见卷二注释，"绣衣直指"，出讨奸猾，理大狱。汉武帝所制，不常置。

李靖为歧[岐]州刺史，人或私有[希旨]，告其谋反。高祖命一御史按之，谓之曰："李靖反且实，便可处分。"御史知其诬罔，与告事者行数驿，佯失告状，惊惧，鞭挞行典，乃祈求于告事者曰："李靖反状分明，亲奉进旨，今失告状，幸救其命，更请状。"告事者乃疏状于御史，验与本状不同。即日还以闻。高祖大惊。御史具奏，请[靖]不坐。惜逸御史之名。《大唐新语》卷十三"举贤"

青州有谋反者，逮捕满狱，诏殿中御史崔仁师等覆按之。仁师，止坐魁首十余。孙伏伽以平反者多，仁师曰："凡治狱当以仁恕为本，岂可自规免罪，知其冤而不为伸耶！万一误有所纵，以一身易十囚之罪[死]，亦所愿也。"《纲目·唐纪》

贞观中，卫州板桥店主张迪妻归宁，有卫州三卫，杨真等三人投宿。夜有人取三卫刀杀张迪，其刀却内鞘中。真等早发不知。至明，店人追真等，视刀有血痕，拷讯诬服。上疑之，差御史蒋恺复推。至，总追店人十五以上集，为人不足，且散，惟留一八十老妪。晚放出，令狱典密觇之。曰："妪出，当有一人与语者，即记取姓名，令勿泄。"果有一人共语，如是者三[二]，并是此人。恺问之具服，云与迪妻奸，杀有实。奏之，敕赐帛二百段，除侍御史。《经世奇谋》卷四①

韩思彦，高宗时为监察御史。使并州，有[方]贼杀人，主名不立，【适】醉胡怀刀而污，讯掠已服。思彦疑之，晨集童儿数百，暮出之，如是者三。因问："儿出，亦有问【之】者乎？"皆曰："有之。"乃物色推讯，遂擒真盗。《新唐书·韩思彦传》

高宗时，河南北旱，遣御史中丞崔谧等分道赈给。侍御史刘思立上疏，

---

① 此案出处资料较多。唐人张鷟《朝野佥载》（卷四）记录此案，并被《太平广记》（卷一百七十一）、《全唐五代小说》（外编卷二）依次摘引。以上三则资料内容与《南台旧闻》所引此条有异，其中"杨真"，赵守严点校本作"杨贞"，"御史蒋恺"为"御史蒋恒"。

曰："麦秀蚕老，农事方殷，聚集参迎，妨废不少。既缘赈给，须立簿书，本欲安存，更成繁扰。伏望且委州县赈给。"疏奏，谧等遂不行。《蠧海集》（另见《资治通鉴》卷二百二十"高宗二年"）

狄仁杰拜侍御史，使歧州。有亡卒数百剽行人，道不通。官捕系之，余党纷纷不能制。仁杰患其穷且乱，乃明开首原格，出系者使相晓，皆自缚归。帝叹其达权。《历代名臣传·狄仁杰》

苏颋迁监察御史。长安中，诏覆来俊臣等冤狱，颋验发其诬，多所洗宥。《历代名臣传·苏颋》

徐有功为左肃政台侍御史。时有诏："公坐流、私坐徒以上会赦免，踰百日不首者，复论。"有功奏曰："凡［故］律，告赦前事，以其罪坐之。若无告言，所犯终不自发；如告言赦前事，则与律乖。今赦前之罪，不自言者，还以法论，即恩虽布［天下］，而一罪不能贷，臣窃为陛下不取。"后更诏五品以上议可。又上疏曰："天下员有定，比选者日多，选曹诱嘱公行，嚣谤满路。近岁人多逆节。事表生情，法外构理，而刻薄吏驱扇成奸。虽朝堂进表，列匦内牒，叫阍弗听，叩鼓弗闻，使伸［申］其冤，正增其枉。诚令天官铨注有所不平、法司推断舞法深诋、三司理匦受所上章拥塞不白者，皆许臣按验劾发，夺禄贬劳，不越月踰时，可致刑措。"后纳之。《新唐书·徐有功传》

武后屡兴大狱，徐有功数犯颜争之。前后活数千百家，诬构者皆为平反。尝争李行褒不应族，周兴奏有功故出反囚，当斩。后仅免其官，寻起为侍御史，辞曰："臣不能枉陛下法，必死是官矣。"后固授之。因言豫王妃母庞氏不应斩，薛季昶奏有功阿党，当绞。令史以白，有功叹曰："岂我独死，诸人永不死耶！"掩扉熟寝。后召谓曰："卿比按狱，失出何多？"对曰："失出，人臣之小过；好生，圣人之大德。"后默然。庞氏得减死，有功坐除名。凡以议狱，故三坐大辟，泰然不忧，赦之，亦不喜，后益重之。擢殿中侍御史，当时语曰："过来侯必死，遇徐、杜必生。"杜即景俭也。

既而周兴、来俊臣、索元礼、侯思止诸酷吏相继诛灭，而有功荣显。善终，卒赠都督。杜景俭官至宰相，其祸福不爽如此。《臣鉴录》（另见《新唐书·徐有功传》）

李尚隐，神龙中擢监察御史。睦州刺史冯昭泰性鸷刻，人惮其强，曾诬系桐庐令李师旦二百余家为妖蛊，有诏御史覆验，皆称病不肯往。尚隐曰："善良［方］蒙枉，不为申明，可乎？"因请行，果推［雪］其冤。《新唐书·李尚隐传》

山东大蝗，民或于田旁焚香膜拜设祭而不敢杀。姚崇奏遣御史督州郡捕而瘗之。议者以为蝗众多，除不可尽，明皇［上］亦疑之。崇曰："今蝗满山东，河南、北之人，流亡殆尽，岂可坐视食苗，曾不救乎！借使除之不尽，犹胜养以成灾。"明皇［上］乃从之。《大唐新语》①

李华迁监察御史。宰相杨国忠支娅所在横猾，华出使，劾按不挠，州县肃然。《白孔六帖》卷四十六

张镒累迁殿中侍御史。乾元初，华原令卢杕谯责邑人齐令铣。令铣，宦人也，衔之，诬［构］杕罪。镒按验当免官，有司承风以死论。镒不直之，乃白其母曰："今理杕，杕免死而儿［镒］坐贬。默则负官，贬则为太夫人忧，敢问所安？"母曰："儿无累于道，吾所安也。"遂执正其罪。《新唐书·张镒传》）

永泰时，禁中火，近东宫，代宗疑之。赵涓以监察御史为巡使，验治明谛，迹出［火］所来，乃宫［宦］人直舍。帝在中宫颇德之。及治衢【州】，不为观察使韩滉所容，奏免官。帝见其名，问宰相曰："是岂永泰时御史乎？"对曰："然。"诏拜尚书左丞。《新唐书·赵涓传》

陆南金官太子洗马，曾匿卢崇道，按捕当诛。弟璧请抵罪，御史怪之。

---

① 经查，《大唐新语》中未记有此事，此条应摘自《资治通鉴》卷二百一十一"玄宗三年"。

璧曰："母未葬，妹未归，兄能办之。我生无益，不如死。"御史上状，并免。《臣鉴录》（另见《夜航船》卷五"伦类部"）

卢群官御史，郭子仪被讼，德宗促按之。群奏："子仪有社稷功，请勿问。"人谓其识大体。《臣鉴录》（另见《新唐书·郭子仪传》）

大历二年，秋霖损稼，渭南令刘澡称县苗不损，上疑之，命御史朱毅往视，损三千余顷。上叹曰："县令，字民之官，不损犹应言损，乃不仁若是乎！"贬澡南浦尉。《臣鉴录》（另见《资治通鉴》卷二百二十五"代宗十二年"）

颜真卿为监察御史，使河陇［时］，五原有冤狱久不决，天且旱，真卿辨狱而雨，人呼"御史雨"。复使河东，劾奏朔方令郑延祚母死不葬三十年，有诏终身不齿，闻者耸然。《新唐书·颜真卿传》

元稹拜监察御史，按狱东川，［因］劾奏节度使严砺违诏过赋数百万，［没］入塗山甫等八十余家田产奴婢。时砺已死，七刺史皆夺俸。《新唐书·元稹传》

吕琦，明宗时兼侍御史，知杂事。河阳主藏吏盗所监物，下军巡狱，狱吏尹训纳赂反其狱，其冤家诉于朝，下御史台按验，得训赃状，奏摄训赴台。训为安重海所庇，不与，琦请不已，训惧自杀，狱乃辨，蒙活者甚众。《新五代史·吕琦传》

潞公为御史。时边将刘平战死，监军黄德和拥兵观望，欲脱己罪，诬平降虏，而以金带赂平奴，使附己。平家二百口皆冤系。诏彦博置狱河中，彦博鞫治得实，德和党援谋翻狱，已遣他御史来代之矣。彦博拒之曰："朝廷虑狱不就，故遣君。今狱具矣，事或弗成，彦博执其咎，与君无与也。"德和并奴卒就诛。《续晨钟集》（另见《藏书·大臣传》卷十"容人大臣"）

上官均，元丰中，蔡确荐为监察御史里行。时相州富人子杀人，谳狱为审刑、大理所疑，京师流言法官窦莘等受赇。蔡确引猜险吏数十人，穷治莘等惨酷，无敢明其冤。均上疏言之，乞以狱事诏臣参治，坐是，谪知

光泽县。莘等卒无罪，天下服其持平。《宋史·上官均传》

沈畸为御史。值蔡京当国，吴门盗铸，狱起。京欲陷刘逵妇兄章延辈，遣私人鞫之，株连者千余，复命畸往勘。畸至吴，即日决释无左验者七百人，叹曰："为天子耳目，而可附会权要，杀人以苟富贵乎！"遂阅实，平反以闻。京怒，削畸三秩。《臣鉴录》（《宋史》亦载）

王孙全以侍御史，为广南转运使兼市舶。旧蕃货之来，十税其一，必择精者。孙全精粗兼收，夷人悦之，目为"金珠御史"。《五车韵瑞》（另见《范仲淹全集》文集卷十六"墓表"）

理宗淳祐八年，御史陈垓言："民命与国脉相维，狱讼不当、刑罚不中，则无以保斯民之命脉，尚何以保吾国之命脉？"因极言检覆、决狱、疏决、推勘、拘锁、刺环、奏裁、详覆、重勘、追证十弊，帝皆从之。《万世玉衡录》卷一"慎刑"

张纲，以左司召，权监察御史。请令郡邑月具系囚存亡数，申提刑司，岁终较多寡行殿最。《宋史·张纲传》

王扩迁监察御史，被诏详谳冤狱。是时，凡斗杀奏决者，章宗辄减死，由是中外断狱，皆以出罪为贤。扩谓同辈曰："生者既谳，地下之冤云何！"扩 案［按］之无所假借。《金史·王扩传》

姚天福按行畿内，有出使者凌民取贿，天福乃易服间行得其状，奏戮之以徇，豪右慴服。《元史·姚天福传》

商琥，至元十四年拜江南行台御史。建康戍卒有利 荡民［汤氏］财者，投戈于其家，诬为反具。琥知其冤，罪诬者而释之。华亭蟠龙寺僧思月以叛被擒，其党纵火来劫，民大扰，琥亟诛其魁。文法吏责琥擅诛，［行台］中丞张雄飞曰："江南盗贼屡起，顾尚循常例，安用宪台为哉！"吏议遂屈。都昌妖贼杜莘一，借号倡乱，行台檄琥按问。械系胁徒者盈狱，琥悉以诖误纵遣之。党与窜伏者犹众，琥揭榜招徕，不三日云集。《元史·商琥传》

程钜夫拜侍御史，［行］御史台［事］，奉诏求贤于江南。帝素闻赵孟获、叶李名，钜夫临［当］行，帝密谕必致此二人；钜夫又荐赵孟頫、余恁、万一鹗、张伯淳、胡梦魁、曾希［晞］颜、孔洙、曾冲子、凌时中、包铸等二十余人，帝皆擢置台宪及文学之职。还朝，陈民间利病［五事，拜集贤学士，仍还行台］。《元史·程钜夫传》

尚文，元贞初拜中台侍御史。时行台御史及浙西宪司劾江淛［浙］行省平章不法者十七事，制遣文往诘之。左验明著，犹力争不服，文以上闻，平章乃言御史达制取会防镇军数。成宗命省台大臣杂议，咸曰："平章勋臣之后，所犯者轻，事宜宥；御史取会军数，法当死。"文抗言："平章罪状明白，不受簿责，无人臣礼，其罪非轻。御史纠事之官，因兵卒争恳，责其帅如籍均役，情无害法，即有罪亦轻。"廷辨［辩］数四，与省台入奏，帝意始悟，平章、御史各杖遣之。《元史·尚文传》

谢让擢南台御史，举湖广行省平章政事哈剌哈孙答剌罕可为御史大夫，山东廉访使陈天祥可为御史中丞，右司员外郎高昉可任风宪。劾江浙省臣听诏不恭及不法事，帝遣使杂问，既款服，诏令让与俱来，人皆危之，让恬然若无事者，台纲以之益振。《元史·谢让传》

自当擢监察御史。录囚大兴县，有以冤事系狱者，其人尝见有橐驼死道旁，因舁至其家酝之，置数瓮中。会官橐驼被盗，索捕甚亟，乃执而勘之，其人自诬服。自当审其狱辞，疑为冤，即以上御史台。台臣以为赃既具，是特御史畏杀人耳，不听，改委他御史谳之，竟处死。后数日，辽阳行省以获盗闻，冤始白。《元史·自当传》

成宗时，中书卢世荣请立规措所，规画钱谷，肆无忌惮。监察御史陈天祥上疏言："世荣欲以一岁之期，致十年之积。考其行事，不副所言。始言能令钞法如旧，钞今愈虚；始言能令百物自贱，物今愈贵；始言不取于民，能令课程增三百万锭，今乃进胁诸路官司虚增其数。凡若所为，动为民扰。脱不早有更张，须其自败，正犹蠹虽就除，木病深矣。"疏闻，诏丞相以下杂问其罪。《广治平略》卷十六"国计篇"

泰定二年，西台御史李昌言："曾经平凉府、静、会、定西等州，见西番僧佩金字圆符，络绎道途，驰骑累百，传舍至不能容，则假馆民舍，因迫逐男子，奸污妇女。奉元一路，自正月至七月，往返者百八十五次，用马至八百四十余匹，较之诸王、行省之使，十多六七。驿户无所控诉，台察莫得谁何？且国家之制圆符，本为边防警报之虞，僧人何事而辄佩之？乞更正僧人给驿法，且令台宪得以纠察。"不报。《闲道录》卷十三（另见《元史·必兰纳识里传》）

统制院使桑哥请置征理司，又理算诸路耗失之数。行台侍御史程文海入朝言："今权奸用事，立尚书省钩考钱谷，以割剥生民为务，所委任者，率皆贪饕邀利之人。江南贼盗窃发，良以此也。臣窃以为宜清尚书之政，损行省之权，罢言利之官，行恤民之事。"桑哥大怒，奏请杀之者六，帝皆不允。后廷臣言者益众，免桑哥官，罢征理司。诏下之日，百姓相庆，而各路钩考犹未尽罢，既而御史言："阿合马、桑哥当国，设法钩考钱谷，而其党公取贿赂，民不能堪，不如罢之。"诏从之，仍命取昔有负钱谷文牍，聚置一室，非上命而窃视者罪。《广治平略》卷十六"国计篇"

星吉任江西行台御史。秦桧裔孙夺民田，群讼不决。公问："秦桧何人？"僚属以奸臣对。公阅桧传，大署其状曰："桧之误国，千载有余僇，矧兹遗孽敢为民害！"尽断其田于民。《金罍子》卷十九

侍御史郭贞谳华阴狱，有李谋儿者累杀商贾，至百余事。狱已具。有司以贿故，五年不决。陕西行台掾董 搏 [抟] 霄言于贞，即以尸诸市，时苦旱，天乃大雨。《历代名臣传·董抟霄》

秦起宗迁南台御史。建康多水，或 有 [实] 灾而有司抑之，或无灾而诉灾，起宗微行得实，人以为神明。《元史·秦起宗传》

许有壬转江南行台监察御史，行部广东，以贪墨劾罢廉访副史哈只蔡衍。至江西，会廉访使苗好谦监焚昏钞，检视钞者日至百余人，好谦恐有弊，痛鞭之。人畏罪，率剔真为伪，以迎其意。笞库吏而下，榜掠无完肤，

迄莫能偿。有壬覆视之，率真物也，遂释之。凡势官豪民，人畏之如狼虎者，有壬悉擒治以法，部内肃然。《元史·许有壬传》

至正时，袁有守多惠政，民甚德之。部使者臧新贵，［将］按【部】［郡］至袁。守自负年德易之，闻其至，笑曰："臧氏之子也。"或以告臧，臧怒，欲中守以法。会袁有豪民曾受守杖，知使者意，［即］诬守纳己贿。使者逮守，胁服，夺其官。袁人大愤。博鸡者遮豪民于道，直前捽下，提殴之。徇诸市，曰："若不自谨，冒使君杖法也。敢【厚】［诬］诬使君，汝罪当死。"豪民气尽，谢不敢，乃释之。众曰："［然］使君冤未白，无益也。"博鸡者即连楮为巨幅，广二丈，大书一"屈"字，以两竿揭之。走诉行御史台，御史弗为之理，乃与其徒日张"屈"字游金陵市中。御史惭，追受其牒，为复守官，而黜臧使者。《阐义》卷一"义民"（另见《凫藻集》卷五"书博鸡者事"）

潜溟授监察御史，太祖遣使北平，面命十数事。既出，追还诘问，对无遗，上器之。后果称旨，受知益深事难决者，辄曰"付虎眼御史"，谓［溟］也。都督纪纲恃宠不法，御史按之，多不得其要领，乃改命［溟］，不数日狱具以闻。《南京都察院志》卷三十九"人物志"

陈琰，洪武时为御史，曾按云南。每出入则凝顾院东一民家烟楼，人莫测其故。一日，召其家督某锢之后堂，遣人绐取其家所藏文券检阅之，中有江西贩商路缡一角，乃呼某出讯曰："若杀江西一贩商而取其货有之乎？"某骇服，遂寘之法。琰因言出入时，见烟楼中有人，若招以诉者，盖某杀商而瘗其尸灶下也。远近惊以为神。《南京都察院志》卷三十九"人物志"

李叔正擢监察御史，奉命巡领表。琼州府吏讦其守踞公座签表文。叔正鞫之，守得白，抵吏罪。太祖嘉之曰："人言老御史懦，乃明断如是耶。"《明史·李叔正传》

鲍忠，洪武九年应直言诏，疏治道十策，擢监察御史，巡按广东。平反连州冤狱七十二人，事毕欲起，忽有白衣人诉冤状，追之不得，既而见一白鸟绕台飞鸣，忠疑，命左右审置笔楮于东北方，坐至二更，果得冤状。云其妻有外私被害，按得其情，人称神明。《类纂》（另见《钦定古今图书集成·明伦汇编·氏族典》卷四百三十三、《万姓统谱》卷八十四）

郑埜，永乐年授御史。时车驾在北京，或奏南京钞法为豪民沮坏，帝遣埜廉视。众谓将起大狱，埜惟擒一二市豪归，奏曰："市人闻令惧，钞法通矣。"事遂已。《臣鉴录》（另见《钦定古今图书集成·明伦汇编·官常典》卷七百三十八）

永乐十七年，巡按交趾御史黄宗载上言："交趾人民新入版图，劳来安辑，尤在得人。而郡县官多两广、云南举贡，未历国学，遂授远方，牧民者不知抚字，理刑者不明律意，若俟九年黜陟，废弛益多。宜令至任二年以上者，巡按御史及布、按二司严加考核，上其廉污能否以凭黜陟。"疏上，报可。《明史纪事本末》卷二十二"安南叛服"

交趾城中诸军营房覆以茅，故多火。宗载廉，知军民岁岁伐材、陶瓦备官用，皆以资权豪。命三司幕官稽其数，凡有取者，皆著于籍，由是无敢私。不半年，营房皆易以瓦，火患遂息。及归，行李萧然，无交趾一物。尚书东莱黄福掌藩、宪二司印。常语人曰："吾久居此，见御史多矣，惟宗载知大体。"《使职文献》卷八

吴中为监察御史。成祖勤政，常躬录囚，公卿在前，按簿阅实。中默唱囚名，举成律无一讹误，上命特记其名。上虑法司论死罪多冤，遣大臣覆讯之，囚辄纷诉不已，若所讯无词问之，皆曰经吴御史所断，是以绝意。《南京都察院志》卷三十九"人物志"

御史李立发奸摘伏，风纪肃然。上目为小李而不名，尝告归省，赐钞二百锭。道经巡盐官舍，见鸡毛委积如山，即命馆人以一鸡令试拔之，得毛几何，计赃。奏黜其官，时人谓为"李鸡毛"。《南京都察院志》卷三十九"人物志"

邵嵩，永乐时授御史，历按广东、河南。随扈从山东讨武定州及汉府

有功，赐铸剑。诗有"三尺神锋光皎洁，一片精诚为白雪"之句。《南京都察院志》卷三十九"人物志"

御史张政出巡辽东，过一驿，将止宿，驿吏以妖告政，不听。更深，果有万马驰骤声，政疑庭下古木为祟，悉令伐之，妖遂息。《南京都察院志》卷三十九"人物志"

吴讷，仁宗时以御史巡按贵州还。三司赍黄金百两追送至夔州，讷不启封，题诗谢之曰："萧然行李不艰难，便过前途最险滩。若有赃私并土物，河神莫许讷生还。"《臣鉴录》

宣德元年，于谦授山西道御史，每奏对，声朗朗彻殿陛。宣宗目属之，巡按江西，辨冤狱，出数百人于死。《臣鉴录》

王来，宣德六年擢御史，出按苏、松。中官陈武以太后命使江南，横甚，来数抑之。武还，愬于帝。[帝]问左都御史顾佐："巡按谁也？"佐以来对。帝叹息称其贤，曰"识之"。及报命，奖谕其至。《明史·王来传》

宣宗即位，巡按浙江监察御史尹崇高奏："朝廷近差内官内使，市买诸物，[每物]置局，有拘集之扰，有供应之烦。朝廷所需甚微，民间所费甚大。宜皆取回，惟令有司买纳。"诏从之。《日知录集释》卷九"宦官"

巡按湖[御史]广朱鉴言："洪武间，各府、州、县皆置东、西、南、北四仓以贮官谷，多者万余石，少者四五千石。仓设富民守之，遇有饥馑，以贷贫民。今各处有司，以为不急之务，仓厫废弛，赎谷罚金掩为己有，深负朝廷仁民之意。"上曰："此祖宗良法美意。其如御史言，守令不职，从按察司、监察御史劾奏。"《明书稗录》（另见《宪章录校注》卷二十四"宣德七年"）

正统三年，巡按湖广监察御史陈祚奏："南岳衡山神庙，岁久颓坏，塑像剥落，请重修立。依祭祀山川制度，内筑坛址，外立厨库，缭以周垣，附以斋室，而去其庙宇塑像，则礼制合经，神祇不渎。"事下礼部，未允。《日知录集释》卷十四"像设"

韩雍，正统时授御史。负气果敢，以才略称。录囚南畿，砀山教谕某笞膳夫，膳夫逃匿，父诉教谕杀其子，取他尸支解以证。既诬服，雍踪迹得之，白其冤。《明史·韩雍传》

韩雍弱冠为御史，巡江西。值庐陵饥，盗大作，不可弭。公乃从巡抚杨宁谋，捕首虏二百余，群党遂解散去。宁大惊异，以为御史材，即百宁何敢当？己遂代宁为巡抚，时年未三十。《天山录》（另见《黄道周集》卷三十五"王新建"）

正统间，御史庐陵孙鼎每阅诸生试卷，虽盛暑［若］灯下，必衣冠焚香，朗诵而去取之。侍者劝便服，先生曰："士子一生功名富贵，发轫于此。此时岂无神明在上？各家祖宗之灵，森列左右，亦未可知。小子岂敢不敬？"故事，士子中小试赴举者，插花挂红，鼓乐导［道］送。时睿皇北狩之报方至，先生语诸生云："天子蒙尘在外，正臣子泣血尝胆之时。小子［吾］不敢陷诸生于非礼，花红鼓乐，今皆不用。"乃亲送至察院前门而还。《菽园杂记》卷三

叶宗留党周明松等，四出剽掠金华、武义、崇安、铅山诸县。朝廷虑其与闽寇合，命御史朱英［瑛］及中官分守要地。英［瑛］榜谕胁从，示以祸福，降者甚众。以计生致明松等数人，械于庆元。谍报贼首黑面大王领众三万，来劫明松等，中官大惧欲走，英［瑛］不为动，立诛明松等，尸于市。贼闻之，逡巡遁去。《明史纪事本末》卷三十一"平浙闽盗"

李纲，天顺元年进士，授御史。历按南畿、浙江，劾去浙江赃吏至四百余人，时目为"铁御史"。《明史·李纲传》

滕祐，成化中擢御史。孝穆皇太后早崩，孝宗嗣位，追念不置命。广西守臣访其族，有司漫举入京授官，赐宅。未几，有讦其异姓冒滥者，时成命既下，廷中莫能决，诏祐往究虚实。祐乃微服间行，直抵连山、贺县等乡村，与猺獞叟妪相语，指顾庐井、邱陇而潜迹之，辨其伪，果得要领。

归奏前所勘者，皆虚，内外重臣预事者，皆坐谴罚。《使职文献通编》卷八

成化十二年，监察御史徐镛奏：通州密迩京师，南北粮运积贮于此，城池不可不谨。正统十四年，也先［额森］侵境，以仓廒在西城外，乃筑新城障之，仓猝经营，未如制度。请拆旧城西面，而展新城北角相与连接，增其丈尺使上下齐一，仍建瓮城敌台，于城北开一门以通［河］道。《明宪宗实录》

尹宗高，成化时为南京监察御史，曾按浙江等处，贪暴绝迹。当时民谣有曰："杀气稜稜尹丈夫，才丁四十便呜呼。明年若得重巡此，猾吏刁军种也无。"《南京都察院志》卷三十九"人物志"

戚畹、周彧奏请武强、武邑二县空闲田地，命官勘之，得田七十四顷。彧意不满，更令刑部郎中彭韶与御史李琼勘之。韶等言曰："皆民之恒产，不当动扰，以失民心。"诏以田归诸民，而责韶等方命遂逮治之。君子曰："归田于民，宪之所以为宪也。不得已而逮韶与琼以悦于彧也，惩戒盖两失之矣。"《明书稗录》

孝宗命御史王哲巡按江西。哲所至，恤民隐、作士气、表先贤祠墓。时天旱，种不入土，乃亲录系囚，出其所当原者数百人。翌日雨，是岁有秋。《续晨钟集》（另见《纲目·明纪》）

李熙，上元人，弘治时拜南道监察御史。事多执法乡里，有不悦者，熙曰："朝廷与乡里孰重耶？"《南京都察院志》卷三十九"人物志"

许襄毅公进巡按山东时，单县人有夫耕，妇馈食，夫食毕而死。官问以毒药杀夫罪。公辨其路，由荆科荆花落鱼羹，人食者死，验实，免妇死。《天都载》

正德四年，畿南盗起。刘瑾欲速除之，分遣御史宁杲于真定。杲奏立什五连坐法，盗贼捕获无虚日。每械盗贼入真定，用鼓吹前导，金鼓之声弥日不绝。文安大盗张茂家有重楼复壁，多为深窖。同时刘六、刘七、齐彦名、李隆、杨虎、朱千户名皆附之。诸大珰多文安人，茂通赂纳交。诸

将闻风缩朒。及［宁］杲至，有巡捕李主簿承杲意，假［伪］作弹琵琶优人入茂家，具知曲折。杲率骁勇数十人，乘不备掩擒之，斧折茂股，载归。《明史纪事本末》卷四十五"平河北盗"

典史王宗妾被杀于舍馆，尚书周用发河南司究问，欲坐宗罪。宗曰："闻杀而归，众所共见，且是妇无外行，何为杀之？"覆讯无异辞。既数月，都察院檄御史杨逢春会审，杨示约二更时鞠之，命隶云："门外有觇视者，执以来。"果获两人，甲云："彼挈我伴行，不知其由。"乃舍之。严究乙，乙具服，言与王宗馆主人妻乱，为其妾所窥，杀之以灭口。即置于法而释宗。杨曰："若日问，则观者众矣，何由踪迹其人？人非切己事，肯深夜来瞰耶？"《臣鉴录》

王以旃巡按河南，会宸濠叛。镇阉刘璟与通谋，倡言上亲征，道出汴，取帑金日万，以备供应。诸司莫敢忤，以旃独曰："供应大驾，诚不可缓。然敕未至，姑俟之，万一从他道，金散安归。"未几，璟诛，金服其见。《金陵人物志》①

沈越巡按江西，执法峻整，以风力著称。时恩倖得官者多武员，冗滥京卫旗役，冒替滥占不可胜数。奉旨查核，凡落职罢役者数千人。疏四上，必得请乃已。《金陵人物志》

嘉靖二年，御史向信请修复大通桥至张家湾、广利等八闸，以纾民陆运之苦。工部议行河道，侍郎相度以闻。《明世宗实录》（见于《钦定日下旧闻考》卷一百九十）

嘉靖十九年，清军御史姚虞言："承天府修造陵宫，远近饥民皆未就役，以匠作有额不容，并收冻馁无告。积尸载道，流离万状，不能尽述。

---

① 《南台旧闻》中引得《金陵人物志》共计四处。据《明史·艺文志》《千顷堂书目》记载，陈镐著有《金陵人物志》六卷，陈镐字宗之，号矩庵，浙江会稽（今绍兴）人，明成化二十三年（1487 年）丁未科进士，曾任都察院右副都御史。另一部由清人陈作霖所著的《明代金陵人物志》主要记录了明朝晚期人物，未见明前期人物。但陈镐的《金陵人物志》疑似散佚，所以《南台旧闻》反而保存了其所遗失的珍贵史料。

臣谨命工为图一十有二，伏望圣明垂鉴，宜从赈恤。"从之。《明书稗录》

嘉靖时，御史魏谦吉上言："畿辅、山东诸郡灾伤频，仍科敛烦重。贪酷之吏所在，咸有闾阎小民，朝不谋夕，甚者流为盗贼。臣切隐忧，意惟严加考核。凡诸贪酷之吏，尽行罢黜，庶几民困日苏，盗贼不戒而息耳。"上嘉之曰："此御史忧民至意。"诏如所奏亟行之。《明书稗录》

故事，御史有所执讯，不具狱以移刑部，刑部狱具，不复牒报。【御史冯】恩请尚书仍报御史。诸曹郎谨，谓御史属吏我。恩曰："非敢然也。欲知事本末，得相检核耳。"尚书无以难。《明史·冯恩传》

潘季驯［擢］御史，巡按广东。行均［平］里甲法，广人大便。临代去，疏请饬后至者守其法，帝从之。《明史·潘季驯传》

归有光云：嘉靖乙卯，侍御馀姚周公，被简命来按吴中。故事，御史巡行天下郡国，率一岁还报，公满岁且去，［而］吏民伏阙上书愿留者数千人。诏听复留。于是几及三载，公在吴，每行县还，百姓扶老携幼，填溢街巷，使车不得行。《春明梦余录》卷四十八

嘉靖二十九年，古北口有警，御史王忬驰至通州，收漕舟舣潞河西，寇阻水，不得渡。《方舆纪要》（见于《钦定古今图书集成·方舆汇编·职方典》卷十三）

新昌吕光洵之父豪于乡，县令曹祥杖之，后改行为善士。祥，太仓人也，光洵后为御史，巡按三吴。行部至太仓，祥不自安，光洵曰："非君，吾父安得悔过。"盖戴恩十余年如一日也。留竟夕，乃去。《臣鉴录》

刘少保缨按闽时，民有随母出嫁者，刲股疗继父疾。有司以孝闻，缨判："弃本姓而冒他姓，义已不明，亏父体以保父雠，孝则安在？"《臣鉴录》（另见《莆田集》卷二十六）

小阿卜户袭破黑峪关，杀数十百人去。蓟辽总督周诇诈以功上，为巡按御史李植所劾。上命御史江东之往勘。公至，廉得其情。顾未有以显服诇等，乃间行关外，见新时蔬圃，疑之，立命吏士发蔬深入得九尸，尸皆

中创。副将陈文治者坐死，督抚以下降罚有差。《魏禧江东之传》（载于《东林列传》卷十四）

隆庆初，陕西巡按御史王君赏奏请积谷之例，言："近时有司积谷之数虽已半减，然州县大者数万石，小者数千石，即日入民于罪，不可得盈，宜再减其额。时知州尹际可等积谷不如数，例当降调。吏部言赃罚纸赎，及他设处所入之数。若必欲所在取盈，是徒开有司作威生事之端，反失济民初意。"制可。《广治平略》卷二十五"贮粜篇"

隆庆五年，西番羶藏请纳马保塞，廷议勿受。巡茶御史李时成上言："羶藏生西番中，［一朝］率众来降，彼实畏我威灵。洮西极边地，更得此族，不益 上 ［厚］固藩篱耶？矧今急须马，何为拒之？"上从之。俺答请比番开茶市，廷议且许之，时成复奏："俺答意不在茶，在得番人耳。洮西绵亘数千里，番族星罗。西寇之不敢长驱而南，以番为之蔽也。顾番人须茶最急，一日无茶则病且死，是番人之命悬于中国，俾世受约束，藩我西土。脱以茶市假之，俺答逐利，而专意于番。番求生，而制命于俺答，彼此合一，其遗患可胜道哉！"上是之。《明史纪事本末》卷六十"俺答封贡"

万历二十一年，宁夏擒献哱承恩等议叙兵部。议覆监军御史梅国桢一腔忠荩、八面雄才。忧时事而抗疏请缨，奉特简而戎服莅事，誓驰奏之不欺。每见披肝沥胆，恨灭贼之不早。时闻怒发指冠，微服营中，问士卒之甘苦。因系其更生之望，单骑城下，晓逆贼以祸福，且发其诱伏之奸。坚意主决水之谋，而亲督堤工；发兵御渡河之虏，而功收张亮。驰谕帖而间贼，卒令人自相攻，鼓士气以登城，且能戒止勿杀，可谓料敌而多，中不负休命之对。扬帝擢四品京堂，候边方巡抚推用。《登坛必究》卷四十"奏疏四"

直隶巡按御史刘曰梧行部徽州，见程守训竖坊曰"特旨"，下书"咸有一德"，［即］收之。守训讦奏曰梧短。不报。《明史纪事本末》卷六十五"矿税之弊"

万历三十一年，云南税监杨荣责丽江土官木增退地听开采。巡按御史宋兴祖上言："丽江古荒服也。木氏世知府，守石门以绝西域，守铁桥以断土番，不宜自撤其藩，贻误封疆。"不报。《明史纪事本末》卷六十五"矿税之弊"

巡按御史赵某凡，考察官吏，审谳重囚，惟霁威平气，温语细诘，使人得尽所欲言，务得其情而后止。或曰："风宪衙门，体统尊严，何琐琐不惮烦也。"赵曰："我正谓风宪衙门，出生入死之地。进吾门者，业已胆落心悸，有情而不敢尽言，况再示之威烈，则情不达，冤何以伸，枉何以理？朝廷设巡按之职，顾若是哉。"《续晨钟集》

天启四年，傅宗龙巡按贵州，上屯守策：一曰清卫所原田，一曰割逆贼故壤，而以卫所之法行之。盖黔不患无田，患无人。客兵聚散无常，不能久驻。莫若仿祖制，尽举屯田以授有功。因功大小，为官高下，畀以应得田为世业，而禁其私卖买。不 得［待］招徕，户口自实。［部议］从之。《明史·傅宗龙传》

崇 正［祯］中，宝应乔可聘以御史按浙江，至金华，遇山水暴涨，舟不得进，索挽舟者。县令盛王赞呼曰："农忙矣，令请以身挽。"乔遂改而陆行。仍荐之于朝，时两贤之。《池北偶谈·谈献四》"盛王赞"

咸宁雍泰巡盐两淮，见灶丁贫而鳏者几二千人。比及二年，俱与完室。既去，淮人咏曰："客 还［边］检橐浑无砚，海上遗民尽有家。"又曰："了却四千男女愿，春风解缆去朝天。"《续晨钟集》（又见《万姓统谱》卷八"雍泰"）

祁彪佳，弱冠，出按苏、松诸府，廉积猾四人杖杀之。宜兴民发首辅周延儒祖墓，又焚翰林陈于鼎、于泰庐，亦发其祖墓。彪佳捕治如法，而于延儒无所徇，延儒憾之。回道考核，降俸，［寻以侍养归。］后［召］掌河南道事。［十六年］佐大计，问遗莫敢及门。《明史·祁彪佳传》

辽阳既破，方震孺一日十三疏，请增巡抚，通海运，调边兵，易司马。日五鼓挝公卿门，筹画痛哭，而自请犒师。是时，三岔河以西四百里，人烟绝，军民尽窜，文武将吏无一骑东者。帝壮其言，发帑金二十万震孺犒师。六月，震孺出关，延见将士，吊死扶伤，军民大悦。因命震孺巡按辽东，监纪军事。震孺按辽，居不庐、食不火者七月。议者欲弃三岔河，退守广宁，震孺请驻兵镇武。军法不严，震孺请敕宁前监军，[专] 斩逃军逃将。并从其言。《明史·方震孺传》

南台旧闻·卷十三

风节

严延年迁侍御史。是时大将军霍光废昌邑王，尊立宣帝。延年劾奏光"擅废立，无[亡]人臣礼[，不道]"。奏虽寝，[然]朝廷肃焉敬惮。《汉书·酷吏列传》)

谯玄为绣衣使者，持节，与太仆任惲[王恽]等分行天下，所至专行诛赏。事未及终，而王莽居摄，玄于是纵使者车，变易姓名，间审归家，因以隐遁。《后汉书·谯玄传》

桓典拜侍御史。是时宦官秉权，典执政无所回避。常乘骢马，京都畏惮，为之语曰："行行且止，避骢马御史。"《后汉书·桓典传》

杨仁、宇文义拜侍御史。明帝崩，[是]时诸马贵盛，各争入宫。仁披甲持戟，遮敕宫门，不得令人。《汉魏六朝杂传集》卷十四"益都[部]耆旧传"

朱穆为侍御史。时桓帝临雍，礼毕，公卿出，虎贲置弓阶上，公卿下阶，皆避弓。穆[过，]呵虎贲曰："执天子器，何故投于地？"即劾奏，抵罪。公卿皆惭曰："朱御史可谓临事不惑者也。"《历代名臣传·朱穆》

207

穆同郡赵康、叔盛者，隐于武当山，清静不仕，以经传教授。穆时年五十，[乃]奉书称弟子。及康叔殁，丧之如师。《阐义》卷四"义弟子"（另见《后汉书·朱穆传》）

梁冀骄慢[暴]不悛。侍御史朱穆以故吏，奏记谏[曰："]将相大臣，均体元首，共舆而驰，同舟而济。岂可以去明即昧，履危自安，主孤时困，而莫之恤乎！宜时易宰守，非其人者，减省第宅园池之费，拒绝郡国诸所奏送。内以自明，外解人惑。"[冀]不纳。穆云："如此，仆亦无一可邪？"《后汉书·朱穆传》

李膺死，侍御史[蜀郡]景毅子顾为膺门徒，而未有录牒，故不及于难[谴]。毅乃慨然曰："本谓膺贤，遣子师之，岂可以漏夺名籍，苟安而已！"遂自表免归，时人义之。《后汉书·李膺传》

郑太，字公业，迁侍御史。大将军何进[辅政，]将诛阉宦[官]，欲召并州牧董卓为助。公业谓进曰："董卓强忍寡义，志欲无厌。若借之朝政，援[授]以大事。将恣凶恶[欲]，必危朝廷。明公以亲德之重，据阿衡之权，秉意独断，诛除有罪，诚不宜假卓以为资援也。且事留变生，殷鉴不远。"又为陈时务之所急数事。进不能用，乃弃官去。《后汉书·郑太传》

河间王政傲狠，不奉法。帝以侍御史沈景有强能[称]，[故]擢为河间相。景到国谒王，王不正服，箕踞殿上。侍郎赞拜，景峙不为礼，问王所在，虎贲曰："是非王邪？"景曰："王不服，常人何别！今相谒王，岂谒无礼者邪！"王惭而更服，景然后拜。出[住宫门外]，请王傅责之曰："前发京师，陛[下]见受诏，以王不恭，使相检督。诸君空受爵禄，曾[而]无训导之义！"[景]因捕诸奸人奏[上]案其罪，出冤狱百余人。政遂[为]改节，悔过自修。《涉世雄谈》（另见《后汉书·河间孝王开传》）

种暠为侍御史，擢暠监太子于承光宫。中常侍高梵从中单驾出迎太子，时太傅杜乔等疑不欲从而未决，暠乃手剑当车，曰："太子国之储副，人命所系，今常侍来无诏信，何以知非奸耶？今日有死而已。"梵辞屈，不敢对，驰还奏之。诏报，太子乃得去。乔退而叹息，愧暠临事不惑。《历代名臣传·种暠》

刘暾为侍御史。武库火，尚书郭彰率百人自卫而不救［火］，暾正色诘之。彰以后亲呵暾曰："我【不】能截君角耶［也］。"以御史著法冠有两角也，暾作色曰："天子法官［冠］而欲截角［乎］！【何以敬耳！】"索［求］纸笔奏之，彰伏不敢言，众为［人］解释，乃止。《晋书·刘暾传》

晋永和三年，遣侍御史俞归至凉州，授张重华大将军、凉州刺史、西平公。重华以朝廷封慕容皝为燕王，己才为大将军，未肯受。诏归曰："圣人［上］以贵公忠贤，故爵以上公，任以方伯，宠荣极矣，岂鲜卑［夷狄］所可比哉！且吾闻之，功有大小，赏有轻重。今贵公始继世而为王，若帅河右之众，东平胡、羯，修复陵庙，迎天子返洛阳，将何以加之乎？"重华乃止。《鉴语经世编》（另见《资治通鉴》卷九十七"晋孝宗三年"）

魏元徽诬广阳王深降贼，收录妻子，宋游道为诉得释。中尉郦善长嘉其气节，引为殿中侍御史。台中语曰："见恶能讨，宋游道。"游道领书侍御史。文襄疑黄门郎温子昇知元瑾之谋，系诸狱［而饿之，食弊襦而］死，弃尸路隅，游道收而葬之。文襄谓曰："［今］卿真是重旧节义人，此情不可夺。子昇吾本不杀之，卿葬之何所惮？天下人代卿怖者，是不知吾心也。"《北史·宋游道传》

鹿悆兼殿中侍御史，监临淮王彧军。时梁遣其豫章王综据徐州，综密信通彧，云欲归款。众议谓不然，悆遂请行，曰："综若诚心，与之盟约；如其诈也，岂惜一人命乎！"时徐州始陷，边方骚扰，综部将成景俊、胡龙牙并总强兵，内外严固。悆遂单马间出，径趣彭城，备陈士马之盛。［寻而］与梁话盟契讫。《北史·鹿悆传》

右仆射杨素当途显贵，百僚慴惮，无敢忤者。尝以少谴，敕送南台。

素恃贵【戚】，坐或床。或从外来，见素如此，于阶下端笏整容曰："奉敕推公罪。"素遽下。或据案坐，立素于庭前，辩诘事状。素由是衔之。《北史·柳彧传》

李义琛历监察御史。贞观中，文成公主贡金，遇盗于岐州，主名不立。太宗召群御史至，目义琛曰："是人神情爽拔，可使推捕。"义琛往，数日获贼。帝喜，为加七阶。《新唐书·李义琛传》

［侍］御史王义方［廷］奏义府犯状。帝怒，黜［出］［义方为］莱州司户，［而不问义府奸滥之罪。］义府云："王御史妄相弹奏，得无愧乎？"义方对云："孔子［仲尼］为鲁司寇七日，诛少正卯于两观之下；义方［任御史］旬有六日，不能去奸邪于双阙之前，实以为愧。"《职官分纪》卷十四（另见《旧唐书·李义府传》）

姚崇用齐瀚为监察御史，弹劾违犯先于风教，当时以为称职。《职林》（另见《旧唐书·齐瀚传》）

［唐］宋璟为殿中侍御史，同列有博于台中者，将责名品而黜之，博者惶恐［自匿］。《日知录集释》卷二十八"赌博"

孔华历监察御史，门无宾谒，时称其介。韩琬拜监察御史，先天中，赋绢非时，人多逃［徙］亡。琬曰："御史乃耳目官，知而不言，尚何赖？移檄罢督乃闻。"诏可。《白孔六帖》卷七十四

张仁愿，武后时［累］迁殿中侍御史。御史郭弘霸［者，］称后乃弥勒佛身，又凤阁舍人张嘉福、王庆之请以武承嗣为皇太子，邀仁愿联章，仁愿正色拒之。《新唐书·张仁愿传》

御史韦思谦曰："御史衔命出使，不能动摇山岳，震慑州县，诚旷职耳。"① 又尝曰："大丈夫居［当］正色之地，须［必］明目张胆以报国恩，终不能为碌碌［之臣保］妻子【之臣】耳。"《旧唐书·韦思谦传》

① 此句出自《通典·职官六》"侍御史"条注。

中宗时，监察御史萧至忠，劾奏凤阁侍郎苏味道赃贪。李承嘉尝让诸御史曰："弹 奏 [事] 有不咨大夫，可乎？"众不敢对，至忠独曰："故事，台无长官。御史，天子耳目也，其所请奏当专达，若大夫许而后论，即劾大夫者，又谁白哉？"承嘉惭。《新唐书·萧至忠传》

王志愔为 [左台] 侍御史，以刚鸷为治。[所居] 人吏畏 之 [耆]，呼为"皂雕【御史】"①。《新唐书·王志愔传》

李朝隐迁侍御史。时政出权幸，不关两省而内授官，但斜封其状付中书，即宣所司。朝隐执罢千 [四] 百员，怨诽欢腾，朝隐 [胖然] 无避屈。《新唐书·李朝隐传》

开元 五 [四] 年，监察御史杜暹，[仍] 往碛西覆屯仓。[会安西副都护] 郭虔瓘与 [西突厥可汗] 史献、[镇守使刘遐庆] 等不叶，更相执奏，[诏] 暹按其事实。 史献以金遗暹 [番人赍金以遗]，暹固辞 [不受]，左右曰："公远使绝域，不可失蕃人情。"暹不得已受 [之]，埋【于】幕下，既去出境，乃移牒令 取收 [收取] 之。《旧唐书·杜暹传》

崔咸为侍御史。穆宗复以裴度为司空。度至京师，朝士填门，度留之饮。京兆尹刘栖楚附度耳语，[崔] 咸举觥罚度曰："丞相不应许所由官呫 [呫] 嗫 [耳] 语。"度笑而饮之。栖楚不自安，趋出。左右莫不壮之。《山堂肆考》卷六十三"臣职"

令狐楚镇滑台日，于僧中见蔡京，曰："此童眉目疏秀，进退不慑，可以劝学 [乎]？" [师从之]，因 [乃得] 陪学于相国子弟。后 [以进士] 举上第，作尉畿服。[既] 为【殿中侍】御史，覆狱淮南，李相绅忧悸而卒，颇传绣衣之称。《唐诗纪事校笺》卷四十九"蔡京"

张霭为侍御史。太祖方弹雀于后苑，霭亟请入奏事，及【帝】见所奏，

---

① 称王志愔为"皂雕御史"，见于《全元文》卷一千二百八十六"神羊"。

乃常事，【遂大】［帝］怒，霭曰："臣以为尚急于弹雀。"帝色愈厉，以斧柄凿堕霭二齿。霭徐拾之，帝曰："欲讼朕耶？"霭曰："臣不敢讼陛下，自有史官书之耳。"《宋史全文·宋太祖一》①

明道二年，尚书议庄献、庄懿太后升祔，省官带内外制、兼三司副使［承例］移文不赴。监议御史段少连以为官带近职，一时之选，宜有建明，不当反自高异。乃奏议事不集以违制论。从之。《宋史·礼志二十三》

唐介改知复州，未至，召充言事御史。帝曰："知卿被谪以来，未曾以私书至京师，可谓不易所守。"公顿首谢，出知扬州。御史吴中复请还公言路。时潞公再当国，亦言顷介为御史，所言亦中臣病，愿如中复言。召之。《宋名臣言行录》后集卷五

傅光俞为御史。谏官四年，所上百六十余章，多触忌讳，诋权倖，名重朝廷，而风节凛然闻于天下。《宋名臣言行录》后集卷十

庞庄敏公籍为殿中侍御史，中丞孔道辅谓人曰："今之御史多承望要人风旨，［阴为之用］独庞公天子御史耳。"《山堂肆考》卷六十三"臣职"

张戬为里行，请罢条例司，因诣中书，极陈其事，辞气甚厉。介甫以扇掩面而笑，公怒曰："参政笑戬，戬亦笑参政所为事耳。岂惟戬笑，天下谁不笑之者？"《宋名臣言行录》外集卷四

刘挚事仁宗为御史里行，曾召入对。因问曰："卿从王安石学耶？安石极 言 ［称］卿器识。"对曰："臣东北人，少孤独学， 未曾学安石 ［不识安石也］。"《读史节要》（另见《宋史·刘挚传》）

范文忠公镇为谏官，赵清献公为御史，以论事有隙。王荆公数毁范公，且曰："陛下问赵抃，即知其为人。"他日，神宗以问清献，对曰："忠臣。"上曰："卿何以知其忠？"对曰："嘉佑初，仁宗违豫【镇】，首请立皇嗣以安社稷，岂非忠乎？"既退，荆公请清献曰："公不与景仁有隙乎？"清献

① 此条内容在《宋史全文》中虽有载，但内容有异。此条与《大明一统志》卷七十六《建宁府·人物》"宋"的内容表述更为一致。

曰："不敢以私害公。"《宋贤事汇》卷下

刘孝叔名述，神宗时擢侍御史，知杂，数论事剀切。曾与王安石争狱事，不合，出知江州。《施注苏诗》卷十"诗三十七首"

钱颛为殿中侍御史里行。以论事忤旨得贬，将出台。于众中责同列孙昌龄曰："平日士大夫未尝知君名，徒以昔官金陵，媚事王安石，得为御史。【今】亦当少思报国，奈何专为附会以求美官？"即拂衣上马去。颛家贫母老，怡然无谪官之色。苏轼赠以诗，有"乌府先生铁作肝，霜风卷地不知寒"之句，世遂目为"铁肝御史"。《宋史节要》（另见《宋史·钱颛传》）

王素既升台，风力愈劲，常与同列奏事。有不合众皆引去，素方论列是非，俟得旨乃退。帝曰："真御史也。"议者目公为"独去鹘"。《宋名臣言行录》后集卷四

杜莘老迁侍御。上曰："以卿忠直，不畏强御，故有此授。自是用卿矣。"《名臣言行录》别集上卷六

杜莘老官中都久，知公论所予夺奸蠹，皆得其根本脉络，尝叹曰："台谏当论天下第一事，若有所畏，姑言其次，是欺其心不敬其君者也。"及任言责，极言无隐，取众所指目者悉击去，声振一时，都人称骨鲠敢言者必曰"杜殿院"云。《宋史·杜莘老传》

沈畸进殿中侍御史。尝经国子监门，有小内侍从数骑绝道突过，驱卒追问不为止，台檄诸司捕之不获。畸曰："风宪之地，可但己乎？"入言之，徽宗下内省迹治，竟抵罪。《宋史·沈畸传》

吕午为御史。初，李左丞相深以周、葵之言为疑，会 言 ［来］自淮东者，乃言台官皆以葵交书，独吕御史无之。宗勉始以午为贤，语人曰："吕伯可谓独立无党者。"《宋史·吕午传》

吕颐浩欲援陈橐为御史，约先一见，橐曰："宰相用人，乃使之呈身耶？"谢不往。赵鼎、李光交荐其才。绍兴二年五月，召对，改秩。六月，除监察御史。《宋史·陈橐传》

绍兴中，颜师鲁为监察御史。有自外府得内殿宣引，且将补御史阙员，师鲁亟奏："宋璟召自广州，道中不与杨思勖交一谈。李郃耻为吐突承璀所荐，坚辞相位不拜。士大夫未论其才，立身之节，当以璟、郃为法。今其人朋邪为迹，人所切齿，纵朝廷乏才，宁少此辈乎？臣虽不肖，羞与为伍。"命乃寝。《宋史·颜师鲁传》

林大中，绍兴末除御史。一日，御札示大中，谓言事，觉察宜遵旧例。大中曰："台臣不当踰分守【职】，固如圣训，然必抗直敢言，乃为称职。"迁殿中侍御史。奏言："进退人才，当观其趣向之大体，不当责其行 之事 [事之] 小节。趣向果正，虽小节可责，不失为君子；趣向不正，虽小节可喜，不失为小人。"章数上不报。大中求去，朱熹贻书朝士曰："[闻] 林和叔入台，无一事不中的，去国一节，风义凛然，当于古人中求之。"《宋史·林大中传》

萧服召为将作少监。[以] 谓唐、虞盛世，犹畏巧言而疾谗说。纚纚数百言，徽宗谓有 净 [争] 臣风，擢监察御史。奉诏作《崇宁备官记》，帝称善，诏辅臣曰："服文辞劲丽，宜居翰苑。朕爱其鲠谔，顾台谏中何可阙此人？"《宋史·萧服传》

马伸，靖康初，枢密孙傅以卓行荐 [公]。中丞秦桧素高其节，迎辟为监察御史，令人取愿状。公曰："中丞取台官，但问堪不堪，无问愿不愿。"《宋名臣言行录》外集卷九

汴京陷，金人立张邦昌，集百官，环以兵胁之，俾推戴。众唯唯，伸独奋曰："吾职谏争，忍坐视乎！"乃与御史吴给约秦桧共为议状，乞存赵氏，复嗣君位。会统制官吴革起义，募兵图复二帝，伸预其谋。邦昌既僭位，贼臣多从臾之，伸首具书请邦昌速迎奉元帅康王。同院无肯连名者，伸独持以往，而银台司视书不称臣，辞不受。伸投袂叱之曰："吾今日不爱一死，正为此耳，尔欲吾称臣 耶 [邪]？"即缴申尚书省，以示邦昌。邦昌得书，气沮 [谋丧]。明日，议迎哲宗后孟氏垂帘，追还伪赦，乃遣冯澥、

李回等迎康王。《宋史·马伸传》

道夫言："察院黄公钺，刚正，人素畏惮。其族有纵恶马踏人者，公治之急。其人避之惟谨，公则斩其马足以谢所伤。"《朱文公政训》（另见《朱子语类》卷一百六十"外任"）

李衡为侍御史，以外戚掌兵柄，争之不得，力求罢。家居昆山，结茅别墅，杖履徜徉，左右惟从二苍头，架上聚书万卷，号曰"乐菴"。《昆山县志》（另见《宋史·李衡传》）

王缙为监察御史，擢侍御史，迁左司谏。时在言路，知无不言。每谓："人才实难，多事之际，宜为朝廷爱惜。"以故不专弹奏击，而惟论安危利害大计与所以启沃君心者。高宗尝称其中正不阿，得谏臣体。他日言事者有不称，帝曰："王缙论事可思。"《续晨钟集》（另见《大明一统志》卷四十一《严州府·人物》"宋"）

赵岉为御史。上疏言："治平以前，大臣不敢援置亲党于要涂，子弟多处筦库，甚者不使应科举。自安石柄国，时［持］内举不避亲之说，始以子雱列侍从，由是循习以为常。今宜杜绝其源。"以此为防，犹有若秦桧子熹、孙埙试进士皆为第一者。《日知录集释》卷十七"大臣子弟"

陈思济拜监察御史，时阿合马立尚书［省］，权在中书右。思济与魏初等劾其不法，帝命近臣正之。御史各以次对，思济独厉声曰："御史言官也，非为辨讼设！"拂袖而出。《元史·陈思济传》

吕思诚拜监察御史，劾中书平章政事彻里帖木儿变乱朝政，章上，留中不下，思诚纳印绶殿前。《元史·吕思诚传》

苏天爵，元统元年，复拜监察御史。在官四阅月，章疏凡四十五上，自人君至于朝廷政令、稽古礼文、间阎幽隐，其关乎大体、系乎得失者，知无不言。所劾者五人，所荐举者百有九人。《元史·苏天爵传》

泰不华拜中台监察御史。顺帝即位；加文宗后太皇太后之号，大臣燕帖木儿、伯颜皆列地封王。泰不华率同列上章言："妪母不宜加徽称，相臣不当受王土。"太后怒，欲杀言者。泰不华语众曰："此事自我发之，甘受诛戮，决不敢累诸公也。"已而太后怒解曰："风宪有臣如此，岂不能守祖宗之法乎？"赐金币二，以旌其直。《元史·泰不华传》

余阙转中书刑部主事，与当路议不合，拂衣竟归。复召拜监察御史，知无不言，言多峭直无忌，或劝之稍逊以避祸，阙弗答。《元史》①

教坊官位在百官后，御史大夫撒迪传旨俾入正班，朵尔直班执不可。撒迪曰："御史不奉诏耶？"朵尔直班曰："事不可行，大夫宜覆奏可也。"西僧为佛事内廷，醉酒失火，朵尔直班劾其不守戒律，延烧宫殿，震惊九重。撒迪传旨免其罪，朵尔直班又执不可，一日间传旨者八，乃已。又言："治国之道，纲常为重。前西台御史张恒仗节死义，不污于寇，宜首旌之，以劝来者。"《元史·朵尔直班传》

魏卓，洪武时任监察御史，激浊扬清，廷臣所惮。因言大事忤旨，临刑，上曰："御酒同卿饮，锋刃不肯饶。"卓应声曰："能为忠臣死，不怕帝心焦。"卒就戮。《南京都察院志》卷三十九"人物志"

洪武时，王朴起御史，性鲠直，数与帝辨是非，不肯屈。一日，遇事争之强。帝怒，令戮之。及市，召还，谕之曰："汝其改乎？"朴对曰："陛下不以臣为不肖，擢官御史，奈何催辱至此！使臣无罪，安得戮之？有罪，又安用生之？臣今日愿速死耳。"帝大怒，趣命行刑。过史馆，大呼曰："学士刘三吾志之：某年月日，皇帝杀无罪御史朴也！"竟戮死。《明史·王朴传》

崔灏，洪武时擢监察御史。出按惟乘一驴，所至贪吏皆望风遁去［，民谣以为神］。继有诏，下海采珠，灏得三石，未尝以颗粒私己。时同事者二人，俱以匿珠赐死海上。灏独得归。《南京都察院志》卷三十九"人物志"

周观政，洪武中擢监察御史。尝［监］奉天门。有中使将女乐入。观

---

① 经查，《元史·余阙传》中未见此条原文，此条原文在清人张英《御定渊鉴类函》卷八十九中有收录。

政止之，再三不容，已而帝亲出宫，谓之曰："宫中音乐 缺废 [废缺]，欲 令 [使] 内家肄习【之】耳。朕已悔之，御史言是 [也]。"《明史·周观政传》

高翔，洪武中为监察御史。诸所论奏皆国家机要，当上心。建文时，尤僇力戎事，相与激发忠义。靖难后，[帝] 召翔，翔丧服入见，大哭，语多不逊，遂族翔。《南京都察院志》卷三十九"人物志"

凌汉任御史，巡按陕西，疏所部疾困数事。帝善之，召其子赐衣钞。汉鞫狱平允。及还京，有德汉者，邀置酒，欲厚赠以金。汉曰："酒可饮，金不可受也。"帝闻之嘉叹。《明史·凌汉传》

御史王彬巡按江淮。驻扬州，与镇抚崇刚婴城坚守。守将王礼谋举城降，彬执之及其党，系狱。刚出练兵，彬修守具，昼夜不懈。有力士能举千斤，彬尝以自随。燕兵飞书城中："缚王御史降者，官三品。"左右惮力士，莫敢动。礼弟崇赂力士母，诱其子出。乘彬解甲浴，猝缚之。出礼于狱，开门纳燕师。彬与刚皆不屈死。《明史·陈性善传》

魏冕，建文时为监察御史，劲直有才名。靖难兵至，有约开门者，冕约同僚 十 [八] 人即殿前殴之，几毙。会辍朝，冕及邹瑾大呼请速加诛臣等，义不与此贼同生。不听。靖难后，自尽。法官请追罪夷其族。《南京都察院志》卷三十九"人物志"

金川门失守，建文出亡。程济碎高帝遗箧，得度牒三张：一名"应文"，一名"应能"，一名"应贤"。袈裟、帽鞋、剃刀俱备，白金十锭。朱书箧内："应文从鬼门出，余从水关御沟而行，薄暮会于神乐观之西房。"帝曰："数也！"程济即为帝祝发。吴王教授杨应能愿祝发 [随亡]。监察御史叶希贤毅然曰："臣名贤，应贤无疑。"亦祝发。各易衣披牒，[在殿凡内五六十人，] 痛哭仆地，俱矢随亡。《明史纪事本末》卷十七"建文逊国"

邹朴，建文初仕周府，谏王邪谋，锢狱。上嘉其忠，召至京，授御史。

归省，闻魏冕死，亦不食死，时称"永丰双烈"。《明史纪事本末》卷十八"壬午殉难"

曾凤韶，建文初为监察御史。会藩王入觐，驰皇道入且不拜。凤韶侍班，言："殿上宜展君臣之礼，宫中乃叙叔侄之伦。"由皇道不拜，大不敬，帝以至亲勿问。靖难兵起，凤韶使北平，请罢兵归国，不报。靖难后，召复御史，不至，寻加侍郎，召又不至。刺血书愤词襟上曰："予生庐陵忠节之邦[乡]，素负刚鲠之性[肠]。读书而登进士第，仕宦而至绣衣郎。既一死之得宜，可以含笑于地下，而不愧吾文天祥。"属妻李、子公望曰："我死，勿易衣。"遂自杀。时年二十九，李亦守节死。《吾学编·建文逊国臣记》卷五（另见《续藏书》卷六"逊国名臣"）

燕王入，[时] 御史不屈死者，有诸城谢昇、聊城丁志方，而怀宁、甘霖从容就戮，子孙相戒不复仕。又董镛，不知何许人。诸御史有志节者，时时会镛所，誓以死报国。诸将校观望不力战，镛辄露章劾之。城破被杀，家戍极边。《明史·谢昇传》

监察御史郑公智，坐方孝孺党，召见，不屈，死之，戍其族。同时，御史连楹、王度、董镛、魏冕、甘霖、林英、王彬、邹林、王玭、丁志方、巨敬、谢昇皆死难。《明史纪事本末》卷十八"壬午殉难"

何文渊，永乐时为监察御史。经贵州，杨宣慰谒以银器，文[渊]笑而却之。来嘉丞以乡谊遣子间道遗金，词曰："行比赆礼也，且道远地僻，无知者。"文渊正色拒之，愧而退。后名其馆为"却金馆"。《南京都察院志》卷三十九"人物志"

郑惟桓，永乐中拜监察御史，蹇谔不避，大著风裁。广东宪使陈某被诬入于法，惟桓知其冤，讯出之。陈怀白金为报，笑曰："法当尔耳，吾岂有所私耶?"竟却之。《南京都察院志》卷三十九"人物志"

靳义任北平道监察御史。永乐初，出按北平，纠治贪墨，决疑狱滞讼，得其情，吏民怀服。日恒蔬食，毫发无取于下。时皇太子居守北京，赐鱼米以旌其廉，且语左右曰："靳义可谓真御史也。"《南京都察院志》卷三十九"人物志"

梁轸，永乐时授御史［，肃清风纪，务持大体］。巡按直隶，所至激烈。有指挥抵法，讬乡人馈金砚一、夜明珠五，叱之出。《南京都察院志》卷三十九"人物志"

周新，初名志新，成祖常独呼"新"，遂为名。评事改监察御史，敢言，［多所］弹劾。贵戚震惧，目为"冷面寒铁"。《明史·周新传》

严孟衡初为邑诸生。一御史至部行庆节礼，适天雨，拜［于］庭上，孟衡厉声曰："拜下，礼也；今拜乎上，泰也。"御史瞠目视之，复厉声曰："怒目视君，大不敬也。"后登永乐乙未进士，授［监察］御史，正色立朝，屡疏大臣不法，刚正严毅，人不敢干以私。《类纂》（另见《万姓统谱》卷六十七"严孟衡"）

洪堪少登进士，授监察御史，以年少辞，俾冠豸归里。永乐中［初］，召入台，弹劾不避权势。同僚［寅］有馈双白鹇者，却以诗曰"白鹇本是山中物，何事飞来到柏台"。《类纂》（另见《万姓统谱》卷七"洪堪"）①

彭登［慎］为御史，执法不阿受。知宣宗数鞫疑狱，有绯衣之赐。曾被诬，下法司鞫之，得白。上笑曰："朕知小彭御史，岂有此耶！"《明史臣记》（另见《万姓统谱》卷五十五"彭慎"）

陈祚，宣德时起为御史。疏请帝读《大学衍义》，帝怒曰："蛮嗤朕不读书，大学且不识，岂堪作皇帝乎！"下诏狱。五年出狱，复发辽府不法事，又下狱，出，又劾法司乱成法。吴宽曰："陈御史忠义之心、刚大之气，蹭而复奋，九死不悔，天下想望其风采云。"《明史臣记》（另见《御定渊鉴类函》卷八十八）

---

① 《浙江通志》卷一百九十一亦载此事，时间为永乐初；《钦定古今图书集成·明伦汇编·氏族典》亦转载此事，时间与《浙江通志》一致，又《万姓统谱》卷七"洪堪"中也言此事发生在永乐初，遂据此三资料，对此条进行修正。

于谦，宣德初，授御史。奏对，音吐鸿畅，帝为倾听。顾佐为都御史，待僚属甚严，独下谦，以为才胜己也。扈跸乐安，高煦出降，帝命谦口数其罪。谦正词崭崭，声色震厉。高煦伏地战栗，称万死。帝大悦。师还，赏赉与诸大臣等。《明史·于谦传》

左鼎居官清勤，卓有声誉。御史练纲以敢言名，而鼎尤善为章奏。京师语曰："左鼎手，练纲口。"自公卿以下咸惮之。《明史·左鼎传》

陈鉴，宣德时擢御史。宦官王振用事，趋者如市，鉴独不往。振中伤之，枷于国门，先是有冤者得鉴以白，至是为鉴奏请，乃得释。《使职文献通编》卷八

罗学古，吉水人，以御史出知清化州。在交趾，新附远夷，朝士所惮，公亦以忤旨故迁。而土酋黎利叛，攻清化，公累战却之。会成山侯王通欲亟还，遂私约黎利，拔吏士归。公怒，誓以死守，黎利益攻公，公死战，大破之。《天山录》（另见《黄道周集》卷三十五"杂著"）

萧鎡为御史，历宣德、正统。弹劾权势，重狱经台讯者，家口百余，晨暮告冤，鎡白都御史王文。俾鎡详谳，文黩货刚狠，不欲平反，语鎡曰："人罪不可轻出，御史好为之。"鎡雪其冤，文推案，大怒曰："御史轻出人罪，法当诛。"鎡曰："置无辜于死地，法当尔耶？"即当奏，文惧，乃从之。《使职文献通编》卷八

陈咏，正统时拜南台御史。敢言，不为身计。母疾，尝粪，母死，咏〔亦〕哀毁死。年才三十六，囊无一钱，同官棺殓之。耿清惠九畴归其丧，荐绅道奠者相望，王尚书竑祭咏而亡其楮，竑曰："可无用也。公生平不取一钱，死安受此楮为？"《南京都察院志》卷三十九"人物志"

正统九年十月，下监察御史李俨锦衣狱。时俨监收光禄寺祭物，值太监王振不跪，遂得罪。戍铁岭卫。《明史纪事本末》卷二十九"王振用事"

薛文清公瑄为御史。三杨欲识其面，令人要之，答云："某忝纠劾之任，无相识之礼。"后三杨于朝班中寻识之，称叹不已。王振闻其名，荐擢

大理寺少卿，或邀往拜。正色对曰："安肯受爵公朝，拜恩私门耶！"《臣鉴录》（另见《圣学宗传》卷十二"国朝"）

陈选以会试第一人授监察御史，督学南畿。试卷明书诸生姓名，并不弥封编号，曰："吾不自信，何以信于人？"时韩襄毅守制家居，颇尚崇饰。闻陈至，悉屏仪卫曰："毋令陈御史知也。"成化初，迁河南按察司，寻改提学。会汪直被命巡郡国，威侔人主。都御史以下咸匍匐趋拜，陈独长揖，直怒曰："尔宁大于都御史耶？"陈曰："提学何可比都御史，但宗主斯文，为世表率，虽死不可屈节。"词气严正，凛不可犯，直改容曰："先生既无公务，自后不必来见。"陈乃徐步出。《臣鉴录》（另见《明语林》卷四"方正"、《黄道周集》卷三十五"杂著"）

陈选初授监察御史，会彝正以论文达谪官，抗疏救之，时宰不能难也。既出按江西，布、按长贰以例素服入谒，公顾曰："此即为恭，非宪纲体人臣，觐君服必视其品，何独杀于御史前乎？"于是郡县各自饬成宪维谨。《天山录》（另见《黄道周集》卷三十五"杂著"）

孝宗嗣位，汤鼐首劾大学士万安罔上误国。明日，宣至左顺门。中官森列，令跪。鼐曰："令鼐跪者，旨耶，抑太监意耶？"曰："有旨。"鼐始跪。及宣旨，言疏已留中。鼐大言："臣所言国家大事，奈何留中？"已而安斥，鼐亦出畿辅印马。《明史·汤鼐传》

弘治中，包泽为御史，巡按湖广，风裁严峻。奏罢藩臬不职者，勒王府侵田归之民置参，将赵昇［善］、［萧］仪宾、叶琏于法所至，墨吏望风解印绶去。巨珰齐性怙宠横恣，闻泽按部，辄戒其下曰："毋纵，阎罗包老擒尔矣。"《类纂》（另见《万姓统谱》卷三十六"包泽"）

陈镒、王文同为御史。每入院，陈或后至，王辄命鸣鼓，集诸道御史升揖。诸道与堂吏皆不服。一日，陈先至，堂吏请击鼓，陈曰："少待。岂可学他？"王至，愧甚，曰："吾自知气质浮躁，不及陈公远矣。"《言行汇纂》（载于《在官法戒录》卷四"戒录"）

监察御史陈茂烈以母老，［陈情］乞终养，疏曰："慈闱衰迈，夕照如飞。母今年七十有七矣，君恩犹可以再酬，母年不可以多得也。况臣又无男嗣，又无兄弟。一母一子，各天一涯，千思万思，无时不思。疾病独自呻吟，药饵孰于调节？臣既思母，则报主之心乱；母复思臣，则保身之心微。臣心可悯，母心犹可虑也。伏望陛下怜母子孤苦，放臣终养，使得以慰倚门之望，少伸寸草之忱。"上许之。《续晨钟集》（另见《皇明通纪》卷二十九"弘治十七年"）

陈茂烈母老乞养，力供甘旨，身治畦一，苍头给薪水，妻子服食粗粝。朝廷以其养母清苦，命月给米三石。辞曰："古人行傭负米，皆以为亲，臣之贫尚未至是，反哺至情，固欲自尽，资养月米，心窃不安。"奏上，不允，始受之。《臣鉴录》（另见《续藏书》卷二十一"理学名臣"）

马继祖，弘治中擢留台御史。持重励风节，时二台长交讧，公劾免之，台中肃然。留台一时有三马御史，人有［德］骏，恶之谣，而公以"德马"称。《南京都察院志》卷三十九"人物志"

胡节，巡按山东，振肃风纪。时论齮之适逆瑾，擅权纳贿，节无所馈。忤瑾，捕下锦衣狱，捶死。瑾败，赠光禄少卿。《使职文献通编》卷八

御史蒋钦偕同官上疏劾刘瑾。时方夜属草灯下，闻［筐篋间］鬼声，钦念疏上，且掇奇祸，得非先人之灵，欲以尼吾事乎。因起视曰："倘是吾祖宗，何不厉声告我？"言未毕，声 出 ［四振］于壁。钦 ［子修］叹曰："业已委身，义不得顾私，使缄默负国为先人羞，亦均于不孝矣。"因奋笔曰："死即死耳，不可易也。"声遂止。疏上，与同官皆坐［建］被杖，创甚，钦 ［子修］曰："吾得死所矣。"竟不疗治而卒。《南京都察院志》卷三十九"人物志"

御史涂 贞 ［祯］，正德初，巡盐长庐。瑾纵私人中盐，又命其党［毕真］托取海物，侵夺商利，贞 ［祯］皆据法裁之。比还朝，遇瑾止长揖。

瑾怒，矫旨下诏狱。江阴人在都下者，谋敛钱赂瑾解之，[贞]〔祯〕不可，嘵然曰："死耳，岂以污父老哉！"遂杖三十，论戍肃州，创重，竟死狱中。《明史·涂祯传》

刘瑾矫诏榜奸党于朝堂，颁示天下，〔略曰："〕御史陈琳、贡安甫、史良佐、曹兰、王弘、任诺、李熙、王蕃、葛浩、陆昆、张鸣凤、萧乾元、姚学礼、黄昭道、蒋钦、薄彦徽、潘镗、王良臣、赵祐、何天衢、徐珏、杨璋、熊卓、朱廷声、刘玉〔递相交通〕，吏部查令致仕，毋俟恶稔，追悔难及。"是日，朝罢，令廷臣跪金水桥南听诏。《明史纪事本末》卷四十三"刘瑾用事"

熊卓，弘治中拜监察御史。值雷震养鹰坊，疏陈时事，[帝]〔上〕嘉纳之。刘瑾之乱，大臣科道同日勒令致仕四十八人，卓其一也。《明史列传》①

御史王时中抗疏论瑾，瑾衔之，识名于屏。已而时中巡按宣、大，见纲纪堕弛，极意振厉。总督刘宇，瑾私人也，常以赃吏嘱时中，不从。瑾既憾时中，宇复谮之。瑾矫诏逮系，令荷重枷，露立三法司之前三日，数踣且殆。李东阳援之，得释。《明史纪事本末》卷四十三"刘瑾用事"

吴学擢御史。条上十事著为令，武宗甚重之，常呼为"长面御史"。巡按河南，剿贼有功，授二子千户。刘瑾恶之，请老归。《金匮县志》②

周期雍授南京御史。刘瑾既诛，为瑾斥者悉起，而御史贡安甫、史良佐、曹兰、王弘、葛浩、姚学礼、张鸣凤、王良臣、徐钰、赵佑、杨璋、朱廷声、刘玉等未得录。期雍请，皆召用。《明史·周期雍传》

丁丑秋七月，上欲度居庸关，幸上谷云中，御史张钦谏阻，疏凡三上。至八月朔，忽报驾至昌平，即欲过关。是日，钦令分守指挥孙玺闭关，南门太监李嵩欲赴昌平候驾，钦止之曰："今日之事有死而已，可擅离职守

---

① 熊卓此条在《明史列传》中无记载，原文摘录自清人钱谦益《列朝诗集》丙集第十一"熊御史卓"。

② 此条内容见于《钦定古今图书集成·明伦汇编·氏族典》卷八十，且具体出自《无锡县志》。

乎?"俄千户阎岳至南门传旨,钦捧玺书并监察御史印,至门固守。收其扃钥,手自持之,誓曰:"有夺门者,御史当手刃之。"岳不得入,还报。上壮其节,回銮,猎昌平而还。《名臣应谥录》①

日下旧闻,御史本姓李,张其母姓也。正德辛未进士。由行人擢御史,巡视居庸诸关,历官工部右侍郎。卒,葬州城南黄泥沟曲。周王尚一鹗序三疏刊行,称其无尺寸之业,贻子孙清德,尤不易及也。《钦定日下旧闻考》卷一百五十四②

范辂,[寻命]清军江西。宁王宸濠令诸司以朝服见,辂不可。奏言:"高帝定制,王府属僚称官,后乃称臣。其余文武及京官出使者皆称官,朝使相见以便服。今天下王府仪注,制未画一。臣以为尊无二上,凡不称臣者,皆不宜具朝服,以严大防。"章下礼官议。宸濠驰[疏]争之,廷议请如辂言。《明史·范辂传》

武宗南巡,江彬纵其党横行州县。将抵常州,张曰韬兼绾府县印,不为办。彬党驰使告彬,曰韬即上书巡按御史言状。御史东郊行部过常州,谓曰:"事迫矣,彬将[以]他事缚君。"命曰韬乘己舟先发,自以小舟尾之。彬党果大至,索曰韬,误截御史舟。郊使严捕截舟者,而阴令缓之。其党恐御史上闻,咸散去,曰韬遂免。由是常以南诸府得安。《明史·张曰韬传》

杨爵除御史,条陈时政五事,忤旨廷杖,下锦衣卫。久之,上悯其无他,即狱中赐布衣一袭,日给米一升,寻放归。同年相识者,醵金相赆,爵飘然不顾而去。《使职文献通编》卷八

嘉靖时,御史杨爵以母老乞归养。母丧,庐墓,冬月笋生。推车粪田,妻馌于旁,见者不知其御史也。疏诋符瑞,系狱五年,后神降于乩。帝感[其言],出狱。未踰月,尚书熊浃言乩仙之妄。帝怒,复令东厂追执之。

---

① 此条出自《名臣应谥录》,收录于《钦定古今图书集成·方舆汇编·坤舆典》卷一百二十五。
② 此条《南台旧闻》原无索引,校查补。

爵抵家甫十日，校尉至。与共麦饭毕，即就道。尉曰："盍处治［置］家事。"爵立屏前呼妇曰："朝廷逮我，我去矣。"竟去不顾，［左右］观者为泣下。比至，系镇抚狱，桎梏加严。及大高元［玄］殿灾，帝祷于露台。火光中若有呼爵忠臣者，［遂传］诏急释之。《明史·杨爵传》

吴悌授御史，按河南。伊王典楧骄横，惮悌，遗书称为友。悌报曰："殿下，天子亲藩，非悌所敢友。悌，天子宪臣，非殿下所得友。"王愈惮之。《明史·吴悌传》

御史冯恩以劾御史大夫汪鋐等，论斩。会审时，鋐故令校卒持恩转膝面之，恩起立不跪，鋐怒谓："汝上书欲死我，死今不在手耶？"恩叱曰："若安能死我？"鋐［益］怒，欲拳之，恩应［之］声愈［亦］厉。左都御史王廷相谓："祖宗不杀谏臣百七十年矣，岂宜［以而］坏祖宗法。"又谓鋐［在］以［有］法论御史则可，以怒论御史不可。鋐乃止。［然］犹置情、真二字。恩囊三木，挺身出［不顾］，观者啧啧称叹曰："是御史始者，以其铁膝也，其辩口则亦铁，今者觉其胆与骨皆铁矣。"因目为"四铁御史"。《南京都察院志》卷三十九"人物志"

宋邦辅擢监察御史，吏部尚书汪鋐为冯恩所攻，欲杀之。疑邦辅恩党，中伤落职还家。躬菲薄以厚养其母，妻甘井臼，子乐樵牧，虽瓶无宿储，家人相对，了无戚颜。《使职文献通编》卷八

汪文辉，隆庆四年改御史。高拱以内阁掌吏部，权势烜赫。其门生韩楫、宋之韩、程文、涂梦桂等并居言路，日夜走其门，专务搏击。文辉亦拱门生，心独非之。明年二月，疏陈四事，专责言官。［然］其要在大臣［取鉴前失］，勿用希指生事之人，消朋比之私。疏奏［，下所司］。拱恶其刺己，甫三日，出为宁夏佥事。御史［富平］孙丕扬忤拱，为希指者所劾。方行勘，文辉抗言曰："毛举细故，龃龁正人，以快当路之私，我固不肯为，诸君亦不可也。"于是缓其事。《明史·汪文辉传》

225

万历十八年，播州乱，景荣监大帅刘綎、吴广辈军。綎驰金帛至景荣家，为其父寿，景荣上疏劾之。《明史·崔景荣传》

万历二十二年，河南大饥，巡按陈登云进饥民所食雁粪，帝览之动容。崇正[祯]七年，京师饥，御史龚廷献绘《饥民图》以进。《明史·五行志三》

先伯父侍御史公《咏梅》云："繁英任似火，冰棱自如石。南枝与北枝，不作春风格。"陈伯玑云："公忠烈之性，已见于此。"《分甘余话》卷四"诗如其人"

[吾幼时]闻之父祖：上祖有官御史者，巡按江西道桐，归祭于宗祠。自监司以下皆来宾，主祭者，侍御之从兄也。为庶人不得服舆马，侍御以骡从，仆隶择骏者乘，侍御轶而先，急下，拱立道左。及祭毕，从兄西向立，命取杖。众皆进，曰吉礼成，执事者有不共，愿以异日治之；曰过由，执事者则舍之矣。侍御遂自弛冠服，伏地受杖，[杖]已，曰："吾不予杖，是使汝负诟于乡邻也，且汝惟心懈故至此，汝持使节，一路数千里待命焉，而心常外驰，能无误人身家事乎？"侍御怡色受教冠服，礼宾兄弟各尽欢。《望溪先生文集》卷十七"家训"

王国掌河南道御史。首辅申时行欲置所不悦者十九人察典，吏部尚书杨巍等依违其间，国力持不可。时行以御史马允登资在国前，乃起允登掌察，而国佐之。诸御史咸集，允登书十九姓名，曰："诸人可谓公论不容者矣。"国熟视，叱曰："诸人独忤执政耳。天日监临，何出此语！"允登意不回。国怒，奋前欲殴允登。允登走，国环柱逐之，同列救解。事闻，两人并调外。《明史·王国传》

刑部主事吴正志疏言，给事中李春开以出位纠赵南星、张士昌，斥政府私人。而其党张与郊助媚政府，干清议，且论御史林祖述保留大臣之非。[于是]御史赫瀛集诸御史[于朝堂]，议令[合]疏纠正志[，以台体为辞]。万国钦与周孔教独不署名。瀛大恚，国钦曰："冠尔冠，服尔服，乃

日以保留大臣倾善类为事，我不能苟同。"瀛气夺。《明史·万国钦传》

大学士张居正，御史丁宾座主也，诬刘台以赃，属宾往辽东按之。宾力辞，忤居正意去官。《明史·丁宾传》

李贞［祯］，神宗朝御史，传应贞［祯］以直言下诏狱。贞［祯］与同官乔岳、［给事中徐贞明］拥入护视之，坐谪长芦运司知事。《明史·李祯传》

余王父与汤京兆同朝为言官，既老致政。每见朝廷事有得失，辄叹曰："今言路无汤公，卒无言者矣。"又言："有僧达观者，善言佛法，居京师，公卿见者皆膜拜。李太后方好佛，尝取达观所喂水入宫禁，谓之'法水'。汤公为御史，大怒，捕达观痛笞之，系狱以死。"《侯朝宗汤御史传赞》（见于《侯朝宗文选》）

王允成授南京御史。时甲第［科］势重，乙科多卑下之。允成体貌魁梧，才气飙发，欲凌甲科出其上，当天启初，东林方盛。其主张联络者，率在言路。允成居南，与北相应和，时贵多畏其锋。然谔谔敢言，屡犯近倖，其风采足重云。《明史·王允成传》

御史刘之勃出按四川，贼入城。［之勃等］被执，［贼］以之勃同乡，欲用之。之勃劝以不杀百姓，辅立蜀世子。不从，遂大骂，贼攒箭射杀之。《明史·刘镇藩传》

右金都御史张玮疏："荐原任南京试御史成勇。勇与臣曾不相知，家居闻勇被逮，士民泣送者万辈，百里不休。后入南都，始知勇在台不滥听一辞，不轻赎一锾，不受属吏一蔬一果；杰绅悍吏为民害者，不少假借；委曲开导民以孝弟。臣离南中，辄扳辕愿借成御史，惠我南人。虽前奉严谴，宜召为诸御史劝。"疏上［，一时称快］。成勇叙用。《明史·张玮传》

崇正［祯］十五年，即墨被兵，御史黄宗昌率乡人拒守，城全。仲子基中流矢死，其妻周氏及三姜郭氏、二刘氏殉之，谓之"一门五烈"。《明史·黄宗昌传》

张献忠陷衡［州］，走。［至］永州，巡抚湖南御史刘熙祚督水师御之，遣兵护三王南行入广西，而自入永州死守。奸人内应，开门迎贼，熙祚被执。贼［欲］胁降［之］，不屈，囚之永阳驿中。闭目绝食，题绝命词于壁。贼临以白刃，熙祚大骂［不已］，遂遇害。《明史纪事本末》卷七十七"张献忠之乱"

甲申之变，监察御史王章并子之杖死难，陈良谟并妾时氏投缳，提督北直学校陈纯德自缢，巡视中城御史赵譔骂贼被杀。《明史纪事本末》卷七十九"甲申之乱"

王章，字汉臣，常州武进人。河南道监察御史，巡视中营。甲申三月，贼攻广宁门，城破，遂入守阜成门，城复陷。公于城上，遇贼奄至，呼下马，公张目叱［之］贼，槊中公股，坠马被执，问曰："降否？"曰："不降。"贼以刃伤其膝，仆地，骂不绝口，遂遇害。《两朝遗诗传》（另见《石匮书·后集》卷二十"王章"）

金毓峒授御史。崇 正［祯］十七年，命监李建泰军。驰赴山西，抵保定，贼骑已逼，遂偕邵宗元等共守。毓峒分守西城，散家赀千余金犒士，其妻王亦出簪珥佐之。京师变闻，贼射书说降，众颇懈。毓峒厉声曰："正当为君父复仇，敢异议者斩！"悬银牌，令击贼者自取。众争奋，毙贼多。城陷，一贼挽毓峒往谒其帅，且骂且行，遇井。推贼仆地，自堕井死。妻闻，即自经。其从子振孙［有勇力］，群贼支解之。振孙兄肖孙、［子］妇陈与侍儿桂春，亦投井死。《明史·金毓峒传》

吴县夏玑，父夜坐凭窗。月阴中，见一少年醉行，疑为他人，及叩门，乃玑也，父置不言。后登第赴选，父戒之，遂终身不饮。后为河南道御史，焚黄先茔，抚军亲诣茔所，奉酒半卮以进，且曰："重泉之下，乐有恩封，少辍其戒无伤也。"玑悚却之。《臣鉴录》（另见《杨园先生全集》卷四十四"厚语"）

韩城卫贞固，开封司李擢御史，巡按真顺。甲申，京师陷，变姓名为羽衣，莫如所往。怀旧篇有"侍御当年理汴来，白日天中吼迅雷。晴指大河凭铁塔，月横高管上吹台。秉聪独走邯郸道，避暑同倾河朔杯。豸冠忽化黄冠去，满砌芝兰人未回"之句。《舆近园诗选》①

零陵陈公纯德，以御史殉甲申之难。楚人瘗之湖南会馆侧，京山贫士秦嘉系训蒙京师，积馆谷三十余金，买地于永定门外葬之，立石表墓。《蓟邱杂抄》②

三忠祠在上斜街，天启四年春敕建，以祀沁水张忠烈公铨、襄陵高忠节公邦佐、大同何忠愍公廷槐。三公皆山西人，故额曰"山右三忠祠"。张公巡按辽东监察御史，高公分巡辽海道，何公分守辽海道，皆死王事。张公初赐大理寺卿，后加赠兵部尚书。高、何二公初赠光禄寺卿，后加赠大理卿。《椿园杂记》③

陈侍御良谟按蜀回，夜梦拜文山于堂下，文山揖之，起曰："公与予先后，人品相同，何下拜为？"后果殉难。《西垣笔记》（另见《明季北略》卷二十一上"殉难文臣"）

甲申，李自成陷京师，则有【新城】于孺人随侍御公【王】与胤夫妇殉节之事。时侍御方以建言左迁，家居，闻变，以死自誓。或言公无封疆社稷之任，可无死，于 儒 ［孺］人独不言，既而曰："妾从君称命妇矣。君为忠臣，妾独不能为烈妇耶？"遂登楼相对自经死。子士和泣曰："父死忠，母死节，儿何心独生！"亦自经于其旁。而士和妻张氏先于壬午城陷自经死。《汤潜庵先生节要》（载于《汤子遗书》卷七"王氏五节烈状"）

---

① 经查，王紫绶《舆近园诗选》有清康熙刻本一卷，藏于河南省图书馆，为孤本，暂不可见。

② 此条摘录于《蓟邱杂抄》，收载于《钦定日下旧闻考》卷九十。

③ 此条索引为《椿园杂记》，据考应为《椿园杂集》，似有讹误。另该条收载于《钦定日下旧闻考》卷五十九。

南台旧闻·卷十四

北平黄叔璥玉圃辑

鉴戒

侯生、卢生相与讥议始皇，因亡去。始皇闻之，大怒曰："诸生为妖言以乱黔首！"使御史案问诸生。转相告引，犯禁者四百六十余人，皆坑之。《帝鉴图说》下篇其八"坑儒焚书"（另见《纲目·后秦纪》）

胡建，孝武天汉中，守军正丞。时监军御史为奸，穿北军垒垣以为贾区。当选士马日，监御史与护军诸校列坐堂［皇］上，建［从走卒趋至堂皇下］拜谒，因上堂皇，走卒皆上。建指监御史曰："取彼。"走卒前曳下堂皇。建曰："斩之。"遂斩御史。［遂上］奏曰："［今］监御史公穿军垣以求贾利，私买卖以与士市，亡以帅先士大夫，臣谨按军法以斩，昧死以闻。"建由是显名。《汉书·胡建传》

杨仆，以千夫为吏。河南守举为御史，使督盗贼关东，治放尹齐，以敢击行。咸［减］宣为［大］厩丞，迁御史及［中］丞。使治主父偃及［治］淮南反狱，所以微文深诋，杀者甚众，称为敢决疑。《汉书·酷吏列传》

帝使侍御史侯汶出太仓米豆为饥人作糜，经日而死者无限［降］。帝疑赈恤有虚，乃亲于御前自加临检。既知不实，使侍中刘艾出让有司。于是

尚书令以下皆诣省阁谢，奏收侯汶考实。诏曰："未忍致汶于理，可杖五十。"自是后多得全济。《后汉书·董卓传》

宋孝建，时有苏宝者［名宝生］，生本寒门，有文义之美。官至南台侍御史、江宁令，坐知高阇谋反，不即开启，［亦］伏侏。《南史·王僧达传》

梁伏珽［挺］除南台书待御史。因事纳贿被劾，惧罪，乃变服出家名僧挺，久之藏匿，后遇赦，乃出大［天］心寺。会邵陵王为江州，携挺之镇。王好文义，深被恩礼。挺不堪蔬素，因此还俗。《南史·伏挺传》

元寿上言："御史之官，义存纠察，直绳莫举，宪典谁寄？开府［仪同三司］萧摩诃命其子舍危�之母，为聚敛之行。［而兼］殿内侍御史［臣］韩微之［等］亲所闻见，竟不弹纠。若知非不举，事涉阿纵；如不以为非，岂闻理识？"《隋书·元寿传》

权万纪为侍御史，奏言："宣、饶部中可凿山冶银，岁取数百万。"帝让曰："天子所乏，嘉谋善政有益于下者。公不推贤进善，乃以利规我，欲方我汉桓、灵耶？"《新唐书·权万纪传》

房元［玄］龄、王珪掌内［外］考绩，治书御史权万纪奏其不平，追案勘问，王珪不复［服］。上又令侯君集案［按］之，魏征［公］屡谓不可。上案［按］之稍急，公云："元［玄］龄、王珪俱是国家重臣，以忠正任使，所考既多，即有一二不当，遽为推绳，倘［傥］错谬有实，未损国家；使穷鞫若虚，则失体殊甚矣。"事遂释不问。《天山录》（另见《黄道周集》卷三十四"杂著"）

御史大夫魏元忠病，僚属省候，郭弘霸独后入，忧见颜间，请视便液，即染指尝，验疾轻重，贺曰："甘者病不瘳，今味苦，当愈。"喜甚。元忠恶其媚，暴语于朝。尝按［芳州］刺史李思征，不胜楚毒死。后屡见思征为厉，命家人禳解。俄见思征从数十骑至曰："汝枉陷我，今取汝！"弘霸惧，援刀自刳腹死，顷而蛆腐。《新唐书·郭弘霸传》

睿宗七年，侍御史傅游艺上表，请改国号曰周，赐皇帝姓武氏［，太后不许；］擢游艺为给事中。于是百官、宗戚、百姓、［四夷］合六万余人，俱上表如游艺所请，太后［可之。］御则天楼，赦天下，以唐为周。《纲目·唐纪》

万岁通天中，监察御史孙承景监清边军，战还，自图先锋当矢石状。武后叹曰："御史乃能如是乎！"擢为右肃政台中丞，诏张仁愿即叙其麾下功。仁愿先问承景破敌曲 直 ［折］，承景实不行，所问皆穷。仁愿劾奏承景罔上，虚列厡级。贬为崇仁令。《新唐书·张仁愿传》

证圣中，天官侍郎刘奇以【张】鷟及司马锽为御史。性躁卞，傥荡无检，罕为正人所遇，姚崇尤恶之。开元初，御史李全交劾鷟多口语讪短时政，贬岭南。《新唐书·张荐传》

王旭，官数迁，常兼御史。［每］治狱，囚［皆逆服］。制［狱］械，率有名，曰"驴驹拔橛""犊子县"等，以怖下，又缒发以石，胁［臣］之。时监察御史李嵩、李全交皆严酷，［取名］与旭埒，京师号"三豹"，嵩为赤，全交为白，旭为黑。里闾至相诅曰："若违教，值三豹。"《新唐书·酷吏列传》

李全交，酷虐号"鬼面夜叉"。《唐书》[①]

王弘义迁 右 ［左］台侍御史，［始］贱时，求傍舍瓜不与，乃腾文言园有白兔，县［为］集众捕逐，畦蔬无遗。内史李昭德曰："昔闻苍鹰狱吏，今见白兔御史。"《新唐书·酷吏列传》

李林甫欲除不附已者，求治狱吏。萧炅荐吉温［于林甫］，林甫【得之】 甚 ［大］喜。又有罗希奭［者］，为吏深刻，林甫引 之迁 ［为殿中］侍御史。二人皆随林甫所欲，［深浅］锻炼，成狱，无能自脱者。时人谓之

---

① 经查，在《朝野佥载》卷四、《太平广记》卷二百六十八"酷暴二"、《唐御史台精舍题名考》卷二、《新辑实宾录》卷九中均有记载："李全交为监察御史，专以罗织酷虐为业，号曰'人头罗刹'；殿中王旭号曰'鬼面夜叉'"。可见，《南台旧闻》此条有窜误。

"罗钳吉纲"。《纲目·唐纪》

毛若虚，以国用 日［大］竭，数请掊天下财，巧傅于法，日月有献，渐见识用。大抵核囚，先收家赀以定赃，有不满意，摊索保伍姻近，人惧其威，无敢不如约。敬羽、毛若虚、裴升、毕曜同时为御史，皆暴忍，时称"毛敬裴毕"。未几，升、曜流黔中；羽斥道州刺史，诏杀之；若虚［以罪］贬实化尉，死。《新唐书·酷吏列传》

杨炎恶严郢异己，阴讽御史张著劾严郢匿发民浚渠，使怨归上。系金吾。长安中日数千人遮建福门讼郢冤，帝微知之，削 著［兼］御史［中丞］。人知郢得原，皆迎拜。《新唐书·严郢传》

第五琦，［诏］贬忠州长史。会有告琦纳金者，遣御史驰按，琦辞曰："位宰相，可自持金耶？若付受有状，请归罪有司。"御史不晓，以为具服，狱上之，遂长流夷州。宝应初，起为朗州刺史。《新唐书·第五琦传》

苏涣，少不羁，善 弓［白］弩，时号"白跖"。晚乃悔过就学，擢前第，官至御史，佐湖南幕。后逾岭扇动哥舒晃跋扈交广。《苕溪渔隐丛话·前后集》前集卷八

刘晏造转运船。每船破钱一千贯，或言虚费太多，晏曰："私用不窘，则官物坚牢矣。"咸通末，有杜侍御者，矫其法，止给合用实数，无复宽剩。专知官皆冻馁，船场遂破，馈运乏绝。《臣鉴录》（另见《续资治通鉴长编》卷四百七十五"元祐七年"）

唐侍御马希声贪纵，有贾客沈申者，往来番禺间，广主优待之，令如北［中］求宝带。申于汴洛间市一玉带，乃奇货也。路由湘潭，希声知之。召申诣衙，赐以酒食，抵夜送还，预戒军巡，以犯夜戮之，取其带。此后，恒见申为祟，或在屋脊，或据栏槛。未几，希声死。《臣鉴录》（另见《太平广记》卷一百二十四"沈申"）

大中祥符九年，殿中侍御史王奇上言，请天下纳职田以助振贷。帝曰："奇未晓给纳之理。然朕每览法寺奏款，外官占田多踰往制，不能自备牛

种，水旱之际又不蠲省，致民无告。"遂罢奇奏，因下诏戒饬之。《宋史·职官志十二》

杜衍好荐引贤士，王拱辰之党嫉之。衍婿苏舜钦，监进奏院，循前例，祠神以妓[伎]乐娱宾。进贤校理王益柔于席上作《傲歌》。拱辰讽[风]御史鱼朝询等举劾其事，被斥者十余人，拱辰喜曰："吾一网打尽矣。"《臣鉴录》（另见《宋史·杜衍传》）

御史唐询请罢制科，帝刊其名付中书，吴育奏疏驳议，帝因谕辅臣曰："彼上言者，乞从内批行下，今乃知欺罔也。"育曰："非睿听昭察，则挟邪蠹国，靡所不为。愿出姓名按劾，以明国法。"《宋史·吴育传》

赵稹以侍御史出知益。会诏度支市锦六千匹，稹召工计岁，织锦几何？裁十数匹，止即以岁所织数上供。人自是推能然善，寅缘性躁率。天圣中，[稹]厚结刘美人家婢，致位枢府。命未下，人弛告稹，稹急问曰："东头？西头？"盖意在中书也。闻者传以为笑。《读史节要》（另见《宋史·赵稹传》）

蒋之奇为欧阳修所厚，制科既黜，乃诣修盛言濮议之善，以得御史。复惧不为众所容，因修妻弟薛良孺得罪怨修，诬修及妇吴氏事，遂劾修。神宗批付中书，问状无实，贬监道州酒税。《宋史·蒋之奇传》

郑绾为御史，判司农寺。绾知王安石得君专政，乃条上时事，且言："陛下得伊、周之佐，作青苗、免役等法，民莫不歌舞圣泽。"人皆笑且骂，绾曰："笑骂从他笑骂，好官还我为之。"按郑绾举进士大魁，乃甘笑骂而博一官。厥子洵武遂以父之诣安石者，诣二蔡，而开天下之祸源。论者以绾为安石之犬，则洵武真犬子也。《臣鉴录》（另见《宋史纪事本末》卷三十七"王安石变法"）

李定上言青苗之法民便之，安石大喜，立荐【召】对。帝问之，定曰："民甚便之。"于是诸言新法不便者，帝皆不听。遂拜[监察]御史里行。宋敏求等言："定不由铨考[擢授朝列]，堕紊朝制。"封还制书。诏谕数四，【苏】颂、【李大临】等执奏不已，并落职。《宋史纪事本末》卷三十

七 "王安石变法"

贾易为侍御史。时苏轼守杭，诉浙西灾潦甚苦。易率其僚杨畏、安鼎论轼姑息邀誉，眩惑朝听，乞加考实。诏下，给事中范祖禹封还之，以谓正宜阔略不问，以活百姓。易遂言："轼顷在扬州题诗，以奉先帝遗诏为'闻好语'；草《吕大防制》云'民亦劳止'，引周厉王诗以比熙宁、元丰之政。弟辙畚应制科试，文缪不应格，幸而滥进，与轼昔皆怨诽先帝，无人臣礼，至指李林甫、杨国忠为喻。"议者由是薄易。《宋史·贾易传》

苏轼见王安石赞神宗以独断专任，因试进士发策，为问。安石［滋］怒，使御史谢景温论奏其过，穷治无所得，轼遂请外，通判杭州。徙知湖州，上表以谢。又以事不便民者不敢言，以诗托讽，庶有补于国。御史李定、舒亶、何正言［臣］①摭其表语，并媒糵所为诗以为讪谤，逮赴台狱，欲置之死。绍圣初，御史论轼掌内外制日，所作词命，以为讥斥先朝。遂以本官知英州，寻降一官。《宋史·苏轼传》

舒亶为御史里行，数起狱。尝论苏轼以歌诗讥讪时事，又言司马光、张方平、范镇、陈襄、刘挚等皆怀奸立党，不可不诛。张商英尝缄子壻文示亶，亶即具白，谓其干请言路。商英故亶所从荐拔者也，自是朝士痛恨。御史中丞劾其为翰林时，受厨钱事，疏下大理。亶乃伪为录目以自解，法官驳正之。帝曰："亶自盗为赃，情轻而法重；诈为录目，情重而法轻。"用停二秩以惩贪狡。《读史节要》（另见《宋史·舒亶传》）

中丞李定、御史舒亶言：苏轼怨谤侮慢，［盖］陛下发钱以本业穷［贫］民，则曰"赢得儿童语音好，一年强半在城中"；陛下明法以课试群吏，则曰"读书万卷不读律，致君尧舜终无术"；陛下兴水利，则曰："东海若知明主意，应教斥卤变桑田"；陛下谨盐禁，则曰"岂是闻韶解忘味，

---

① 据中华书局1985年版《宋史》卷三百二十九"何正臣传"记载："为御史里行，遂与李定、舒亶论苏轼。"推知李、舒同论苏轼的当是何正臣。孔平仲在《孔氏谈苑》卷一中也作"何正臣"，据改。

尔来三月食无盐"。逮轼赴台狱，定等治之，欲置之死。太皇太后曹氏违豫中闻之，谓帝曰："尝忆仁宗以制科得轼兄弟，喜曰'吾为子孙得两宰相'。今闻轼以作诗系狱，得非仇人中伤之乎？掎拾至于诗，其过微矣。宜熟察之。"帝曰："谨受教。"吴充申救甚力，王珪复举轼咏桧诗云："根到九泉无曲处，世间惟有蛰龙知"，陛下飞龙御天，而轼欲求之地下之蛰龙，非不臣而何？"帝曰："彼自咏桧耳，何预朕事？"轼遂轻贬，弟辙亦坐救轼而贬，坐轼诗案黜罚者张方平、司马光而下凡二十八人。《宋史全文》卷十二上

唐询子垌，父任为官。熙宁初，上书：青苗法不行，宜诛大臣异议者。王安石喜其言，荐为[崇文]校书。用郑绾荐为监察御史，同知谏院。既而数论事，不见听。因百官起居日，叩陛请对，力数安石用人变法非是，至六十余条。上屡止之，垌慷慨自若，且读且论，上下皆震悚，安石为之请去。上意虽寤，亦不深怒。明日贬监广州军资库。[至是]知鄂州。东坡为诗饯行。其于林夫贤否，殊无一言及之，意亦有在也。《施注苏诗》卷二十九

道君时，以言官建议，习诗赋者杖一百。[又]按建言者，御史李彦章也。疏以诗赋为元佑学术，其意在黄、秦、晁、张四学士，而并劾及前代。陶渊明、杜子美、李太白皆贬之，尤可笑。《宋史》①

来之邵，元丰中迁殿中侍御史。之邵资性奸谲，与杨畏合攻苏颂，论颂稽留贾易知苏州之命。又论梁焘缘刘挚亲党，致位丞弼。又论范纯仁不可复相，迄[乞]进用章惇、安焘、吕惠卿。绍圣初，之邵逆探时指，先劾吕大防。惇既相，擢为侍御史。王安石配食神宗，之邵又请加美谥。疏："司马光等畔道逆理，典刑未正，鬼得而诛。独刘挚尚存，实天以遗陛下。"其阿恣无忌惮如此。《宋史·来之邵传》

---

① 《南台旧闻》中此条索引为《宋史》，经查，《宋史》中并无此原文，该条应摘自《分甘余话》卷一。

杨畏，擢殿中侍御史，助吕大防攻刘挚十事，并言梁焘、王严叟、刘安世、朱光庭皆其死党，必与为地。既而焘等果救挚，皆不纳。挚罢，苏颂为相，畏复攻颂，以留贾易除书为颂罪。颂罢，畏意苏辙为相。宣仁后外召范纯仁为右仆射，畏又攻纯仁，不报。畏本附辙，知辙不相，复上疏诋辙不可用。[其]倾危反覆[如此]，百僚无[莫]不侧目。《宋史·杨畏传》

董敦逸，元佑六年，召为监察御史，同御史黄庆基言："苏轼昔为中书舍人，制诰中指斥先帝事，其弟辙相为表里，以紊朝政。"绍圣初，轼、辙失位，刘拯讼敦逸无罪。哲宗记其人，曰："非前日白须御史乎?"复除监察御史。论常安民为二苏之党，凡论议主元佑者，斥去之。改侍御史，入谢曰："臣再污言路，第恐挤逐，不能久奉弹纠之责。"哲宗曰："卿能言，无患朕之不能听;卿言而信，无患朕之不能行也。"《宋史·董敦逸传》

刘拯，绍圣初，复为御史，言："元佑修先帝实录，以司马光、苏轼之门人范祖禹、黄庭坚、秦观为之，窜易增减，诬毁先烈，愿明正国典。"又言："苏轼敢以怨忿形于诏诰，丑诋厚诬。策试馆职，至及王莽、曹操之事。愿正其罪，以示天下。"时祖禹等已贬，轼谪英州，而拯犹鸷视不惬也。《宋史·刘拯传》

秦桧乘间挤赵鼎，又荐萧振为侍御史。振本鼎所引，及入台，劾参知政事刘大中罢之。鼎曰："振意不在大中也。"振亦谓人曰："赵丞相不待论，当自为去就。"会殿中侍御史张戒论给事中勾涛，涛言："戒之击臣，乃赵鼎意。"因诋鼎结台谏及诸将。上闻益疑，鼎引疾求免，言："大中持正论，为章惇、蔡京之党所嫉。臣议论出处与大中同，大中去，臣何敢留?"《宋史·赵鼎传》

《哲宗实录》成，赵鼎迁仆射，吕本中草制，有曰："合晋、楚之成，不若尊王而贱霸;散牛、李之党，未如明是以去非。"桧大怒，言于上曰："本中受鼎风旨，伺和议不成，为脱身之计。"讽[风]御史萧振劾罢之。

《宋史·吕本中传》

秦桧以岳飞不死，终梗和议，己必及祸，故力谋杀之。以谏议大夫万俟卨与飞有怨，讽［风］卨劾飞，又讽［风］中丞何铸、侍御史罗汝楫交章弹论。《宋史·岳飞传》

［宋］罗汝楫官监察御史，【陷】附秦桧。踰月，迁殿中侍御史。希桧意，与中丞［何］铸论岳飞有异志，竟诬杀之。楫居父丧，忽暴死。其子愿知鄂州，有治绩，以父故，不敢入岳飞庙。一日自念曰："吾［政］治善，姑往祠之。"甫再拜，遽死于神像前。《臣鉴录》（另见《鸿苞》卷四十一"冤对"）

秦桧用事久，每除台谏，必以其耳目。知张阐久次，喜论事，一日，微讽公，谓当入台。公曰："丞相苟见知，老死秘书足矣。"桧默然。公先尝为席益辟客，桧初罢相，益盖有力，故深憾之，台臣汪勃遂劾罢公。《宋名臣言行录》别集上卷六

台臣辛炳言，张浚被命宣抚，不能成功，轻失五路，坐困四川。用刘子羽辈皆小人，而杀曲端、赵哲为无辜。以致［至］设秘阁以崇儒，拟尚方而铸印，及被召不肯出，乞黜责。浚遂落职，奉祠。炳等复交论浚跋扈不臣之罪大，于是诏浚福州居住，即日如福州，从者皆去，肩舆才两人而已。《宋名臣言行录》别集下卷三

张采曰："谓浚无学无识则可，谓之跋扈则不可。浚之病正在自以为忠，而不知学识耳。"

侍御张浚与宋齐愈素善，知齐愈死非其罪，（齐愈在围城中，自外至会议所写"张邦昌"三字，御史台鞫之，赐死。或言齐愈论李纲［公］不已，纲［公］以危法中之。）谓上初即位，而纲以私意杀侍从，典刑不当。乃首陈纲［公］罪，而罢之。浚章不下，【黄】潜善密以付朱胜非［行词］，纲［公］相凡七十五日。《宋名臣言行录》别集下卷一

贾似道以国计困于造楮，富民困于和籴，思有以变法，而未得其说。

刘贵良、吴势卿献买公田之策。似道乃命殿中侍御史陈尧道等上疏言："为今日计，欲便国便民，而办军食［重楮价者］，莫若行祖宗限田之制。将官户田产逾限之数，抽三分之一回买以充公田。但得一千万亩［之］田，则每岁可收入六七百万石米，其于军饷，沛然有余；可免和籴，可以饷军，可以住造楮币，可平物价，可安富室，一事行而五利兴矣。"帝从之。诏："买公田。"似道首以己田在浙西者万亩为公田倡，由是朝野无敢言者。六郡之人莫不破家矣。《宋史·贾似道传》①

初，朱熹为浙东提举，劾知台州唐仲友。［王］淮素善仲友，不喜熹，乃擢陈贾为监察御史，俾上疏言："近日道学假名济伪之弊，请诏痛革之。"郑丙为吏部尚书，相与叶力攻道学，熹由此得祠。其后庆元伪学之禁始于此。《宋史·王淮传》

韩侂胄党胡纮未达时，尝诣［谒］朱熹于建安，熹待学子惟脱粟饭，遇纮不能异也。纮语人曰："此非人情。只鸡尊酒，山中未乏也。"及为御史，引沈继祖诬论熹十罪，且言："熹剽窃程颐、张载之余论。以喫菜事魔之妖术，簧鼓后进，张浮驾艇，私立品题，收召四方无行诇［义］之徒以益其党。其徒蔡元定，佐熹为妖，乞送别州编管。"诏熹落职，罢祠，窜元定于道州。《臣鉴录》（另见《续资治通鉴·宋纪》卷一百五十四"庆元二年"）

韩侂胄谋逐赵汝愚，然难其名或教之，曰彼宗姓托以谋危社稷，则一网尽之矣。侂胄遂嗾御史胡纮疏劾："汝愚中云，倡引伪徒，谋为不轨，乘龙授鼎，假梦为符。"盖汝愚尝梦孝宗授以汤鼎，背负白龙升天，其奉宁宗以素服登大宝，盖其验也，而言者遂执为罪端。诏永州安置。《读史节要》（另见《纲目·宋纪》）

张岩为监察御史，与张釜、陈自强、刘三杰、程松等阿附时相韩侂胄，

---

① 《宋史·贾似道传》中只记此事概要，并无全文。该条内容摘自《宋史纪事本末》卷九十八"公田之置"。

诬逐当时贤者，严道学之禁。进殿中侍御史。《宋史·张岩传》

刘黼言："元祐间，章惇、吕惠卿皆在贬所。自吕大防用杨畏为御史，初意不过信用私人，牢护局面，不知小人得志，摇唇鼓吻，一时正人旋被斥逐，继而章惇复［柄］用，［虽］大防亦不能安其身于朝廷之上。"台谏风宪之地，年来用人非据，与大臣为友党，［且］甘为鹰犬听其指嗾［焉］。宰相所不乐者，外若示以优容，而阴实颐指台谏以去之；台谏所弹击者，外若不相为谋，而阴实奉承宰相以行之。举朝无公论，空国无君子。宣靖之祸，夫岂无其故哉？《宋史·刘黼传》

袁枢[①]言于孝宗曰："威权在下则主势弱，故大臣逐台谏以蔽人主之聪明；威权在上则主势强，故大臣结台谏以遏天下之公议。"机仲之言未尽也。台谏为宰相私人，权在下则助其搏噬，以张其威；权在上则为蒙蔽，以掩其奸。刘时可（应起）谓："台谏之议论，朝堂之风旨，颇或参同。夹袋之欲汰，白简之所收，率多暗合。"此犹婉而言之也。开庆初，边事孔棘，御史有疏云："虏虽强，而必亡之势已见。"咸淳初，召洪君畴长台端，御史自造谤诗，以尼其来。罔上诬善至此，岂但参同暗合而已哉！《困学纪闻》卷十五"考史"

通州民高氏以产业事下大理，殿中侍御史冷世光纳厚赂曲庇之，袁枢直其事以闻［，人为危之］。上怒，立罢世光，以朝臣劾御史，实自枢始。手诏擢［权］工侍郎。《宋史·袁枢传》

刘仪凤在朝十年，每归即匿其车骑，扃其门户，客至，无亲疏皆不得见。政府累月始一上谒，人尤其傲。俸入，半以储书，凡万余卷，国史录无遗者。御史张之纲论仪凤录四库书［本］以传私室，遂斥归蜀。三年，上曰："刘仪凤无罪，可与复集英殿修撰。"《宋史·刘仪凤传》

---

① 袁枢（1131—1205 年），字机仲，南宋建安（今福建建瓯）人，著有《通鉴纪事本末》。刘应起，字时可，成都人。淳祐三年十月，刘应起以知南康军除秘书郎，辞免，改差知宝庆府；四年九月主管成都府玉局观，十二月令赴行在奏事，五年正月除丞。

史弥远用事，拜右相。陈晦草制[有][用]"昆命元龟"语，倪思叹曰："董贤为大司马，册文有'允执厥中'[语][一言]，萧咸以为尧禅舜之文，长老见之，莫不[骇][心]惧。今[昆命元龟][制词所引，]此舜、禹揖逊【事】也。天下有如萧咸者读之，[能无][得不大]骇乎？"弥远怒，擢晦侍御史，即劾，思遂落职去。《宋史·倪思传》

宝庆元年，梁成大拜监察御史。寻奏："魏了翁已从追窜，人犹以为罪大罚轻。真德秀狂僭悖缪，不减了翁，相羊家食，宜削秩贬窜，一等施行。"御史李知孝上疏："士大夫汲汲好名，正救之力少而附沾激之意多，扶持之意微而诋訾扇摇之意胜。既虑君上之或不能用，又恐朝廷之或不能容，姑为激怒之辞，退俟斥逐之命。始则慷慨而激烈，终则恳切而求去，将以树奇节而[成][求]令名，此臣之所未解。"盖阴诋真德秀等。世指知孝及梁成大、给事莫泽为三凶。卒以贬死[，天下快之]。《宋史·梁成大传》《宋史·李知孝传》

牟子才在太平建李白祠，自为记曰："白之斥，实由高力士激怒妃子，以报脱靴之憾[也]。彼昏不知，顾为逐其所忌。其后分提禁旅，蹀血宫庭，虽天子且不得奴隶之矣。"又写力士脱靴状，为之赞而刻诸石。属有拓本遗董宋臣，宋臣[大]怒，持二碑[泣]愬于帝。乃与大全合谋，嗾御史交章诬劾子才在郡公燕及馈遗过客为入己，降两官，[犹未已]。《宋史·牟子才传》

丁大全，面蓝色。嘉熙中，以贪缘猎进侍御史[兼侍读]。尝劾奏宰相董槐，章【犹】未下【也】，[大全]夜半辄调隅兵百余人，露刃围槐第，以台牒[迫驱][驱迫]之出，绐[言][令]舆槐至大理[寺]，[盖][欲以此]恐之【也】。须臾，出北关，【舆人】弃槐，【群】嚣呼[而]散【去】。槐徐步入接待寺，【而】罢相之命【始】下[矣]。远近传之，无不惊愕者。【大全曾】为子寿翁[娶][聘]妇，见其艳，【辄】自娶为妻，[为]世

共［所］丑【之】。《宋史·奸臣列传四》

刘豫僭号，八年仍为金所废。豫少［时］无行，【初入太学，】尝盗【其】同舍生白金盂、纱衣。已官，御史犹为言者，发其丑云。《宋史·叛臣列传上》

监察御史施廷臣擢侍御史，府丞莫将赐出身，超拜起居郎，皆上书迎合者。翻黄下吏部，张焘［公］执奏曰："故事，迁、除未有如此之骤。"力诋两人，引疾病卧家。《宋名臣言行录》别集上卷三

度宗咸淳七年，贾似道欲制东南士［心］，乃令御史陈伯大请置士籍，令乡邻结勘，于科举条例［制］无碍，方许纳卷。又严后省覆试法。时边事危急，束手无策，而以科举累士人，议者谬之。《广治平略》卷三十"贡举篇"

周昂拜监察御史，路铎以言事被斥，昂送以诗，语涉谤讪，坐停铨。《金史·周昂传》

雷渊为御史，至蔡州得奸豪，杖杀五百人，号曰："雷半千。"《金史·酷吏列传》

元更钞法，命廷臣集议。丞相脱脱见吕思诚言直，颇狐疑未决。御史大夫也先帖木儿独曰："吕祭酒之言亦有是者，但不当在庙堂上大声厉色尔。"已而监察御史承望风旨，劾思诚狂妄，夺其诰命。《元史·吕思诚传》

李元礼谏止太后［亲］临【幸】五台，台臣不敢以闻。大德元年，侍御史万僧与御史中丞崔彧不合，取前章封［之］，［入］奏曰："崔中丞私党［汉人］李御史，为大言谤佛，不宜建寺。"帝大怒，敕右丞相完泽、平章政事不忽木［等］鞫问，完泽曰："其意正与吾同。"不忽木［抗言］曰："他御史惧不肯言，惟一御史敢言，诚可赏也。"［完泽等］以章上闻。帝［沉思良久］曰："御史之言是也。"乃罢万僧，复元礼职。《元史·李元礼传》

仁宗崩，铁木迭儿复相，乃宣太后旨，召杨朵儿只，责以前违太后旨

之罪。又引同时为御史者二人，证成其狱。朵儿只顾二人唾之曰："汝等尝得备风宪，乃为是犬彘事耶！"坐者皆惭。《元史·杨朵儿只传》

许有壬之父熙载仕长沙，日设义学，训诸生。既殁，而诸生思之，为立东冈书院，朝廷赐额设官，以为育才之地。南台监察御史木八刺沙，缘睚眦怨，言书院不当立，并构浮辞，诬蔑有壬，并其二弟有仪、有孚，有壬遂称病归。《元史·许有壬传》

星吉为江南行［御史］台御史大夫。湖东佥事三宝住，儒者也，性廉介，所至搏贪猾无所贷。御史有以自私请者，拒不纳，则诬以事劾之。章至，星吉怒曰："若人之廉，孰不知之，乃敢为时言耶！"即奏杖御史而白其诬。《元史·星吉传》

马祖常拜御史中丞。帝以其有疾，诏 得 ［特］免朝礼，光禄日给上尊。祖常持宪务存大体。西台御史劾其僚禁酤时面有酒容，以苛细黜之。《元史·马祖常传》

至正六年，别儿怯不花乃讽监察御史劾奏阿鲁图不宜居相位，阿鲁图［即］避出城。其姻党皆为之不平，请曰："丞相所行皆善，而御史言者无理，丞相何不见帝自陈［，帝必辩焉］。"阿鲁图曰："我博尔术世裔，岂丞相为难得耶？但帝命我不敢辞，今御史劾我，我宜即去。盖御史台乃世祖所设置，我若与御史抗，即与世祖抗矣。尔等无复言。"《元史·阿鲁图传》

元顺帝至正十四年，丞相脱脱督军讨贼，连战大捷。右丞哈麻与脱脱有隙，讽御史劾奏："脱脱出师三月，略无寸功，倾国家之财以为己用，半朝廷之官以为己随。"诏削脱脱官，寻杀之。自是元亡矣。《万事玉衡录》卷三"报功"

至正二十四年，孛罗帖木儿称兵犯阙，皇太子出奔冀宁，下令讨孛罗帖木儿。孛罗帖木儿怒，嗾监察御史武起宗言后外挠国政，奏帝宜迁后出于外，帝不答。《元史·后妃列传一》

洪武时，监察御史王常奏庐州府同知李顺，以官仓厅为架阁库，知事赵谦卖马于民，多取其值。上曰：“御史居风宪，当［常］持大体，乃摭拾小事如是耶！”皆勿问。《南京都察院志》卷四十“志余”

左都御史陈瑛言：“监察御史［章一作］车舒怠惰不事事，请绳以法。”上召舒，谕曰：“朝廷擢尔宪纪之职，尔日所治何事，试言之。”舒不能对，又问：“人谓尔都不事事，唯嗜安佚，信有之乎？”又无以对，遂谪戍边。《南京都察院志》卷四十“志余”

陶安事帝十余岁，视诸儒最旧。及官侍从，宠愈渥。御制门帖子赐之曰：“国朝谋略无双士，翰苑文章第一家。”时人荣之。御史或言安隐过。帝诘曰：“安岂［宁］有此，且若何从知？”曰：“闻之道路。”帝大怒，立黜之。《明史·陶安传》

洪武壬午黜妄言，御史赵起元曰：“国初，诸礼多陶安裁定，御史以道听劾安，毅哉，黜也。平小人婞直之心，绝君子中伤之祸，岳渎英灵，有余感矣。夫是故忠良汇起，而节义日新，妄言者不书名，名不足书也。”《明书稗录》

薛瑄为大理寺少卿。曾有武弁［吏］病死，其妾有色，王振姪王山欲娶之，妻持不可，妾乃诬告妻毒杀其夫。鞫问已诬服，公辨其冤，屡驳还之。都御史王文陷事振，谮之，振嗾御史劾公受贿，故出人死罪，请廷鞫，竟坐公死罪。公怡然曰：“辩冤获咎，死无愧焉。”《臣鉴录》（另见《明史纪事本末》卷二十九“王振用事”）

况钟言：“宪纲有云，御史所至之处，博采诸司官吏，廉勤公谨者礼之荐之，污滥奸佞者威之纠之。劝惩得体，人自畏服。至于御史与在外官相见礼仪及凡迎诏敕、诣学校，皆有一定礼制。比来御史多过越礼分，知府亦自顾阘茸贪暴，畏其纠劾，谄谀拜跪，甘受詈辱。间有持己，不屈者，御史辄求其小过，擅作威福，以致贤良不安于位，而邪佞得以苟全矣。伏乞禁约。”上命会议申明。《臣鉴录》（另见《宪章录校注》卷二十四“宣德七年”）

宣德四年，谪御史沈润戍辽东。润受金出死罪，事觉。上曰："御史朝廷耳目，受重赂纵死罪，是耳目蔽矣。"时事在赦前，特命谪 戍 [戍]。《明史纪事本末》卷二十八"仁宣致治"

御史戴缙者，佞人也，九年秩满不得迁。窥帝旨，盛称汪直功。不数年，至南京工部尚书。无他能，工侧媚而已。《明史·汪直传》

成化时，以御史戴缙、王亿言，复西厂，命汪直仍刺事。缙言："近年灾变洊臻，未闻大臣进何贤，退何不肖。唯太监汪直厘奸剔弊，允合公论。而止以官校韦瑛张皇行事，遂革西厂。伏望推诚任人，命两京大臣自陈去留，断自圣衷。"上悦。时缙九年不迁，以觊进，故颂直。其自陈一事，尤直所喜，盖直常恶商辂、李宾难于施行也。亿言："汪直所行，不独可为今日法，且可为万世法。"天下闻而唾之。《明史纪事本末》卷三十七"汪直用事"

汤鼐抨击，间及海内人望，以故大臣多畏之，而刘吉尤不能堪。使人啗御史魏璋曰："君能去鼐，行佥院事矣。"璋欣然，日夜伺鼐短。末几，而吉人之狱起。璋遂草疏，伪署御史陈景隆等名，言吉人抵抗成命，私立朋党。帝怒，下人诏狱，令自引其党。璋又嗾御史陈壁等言："其党则鼐 [、概及主事李文祥、庶吉士邹智、]【寿州】知州 刘概 [董杰是]也。概尝馈鼐白金，贻之书，谓夜梦一人骑牛几堕，鼐手挽之得不仆，又见鼐手执五色石引牛就道。因解之曰：'人骑牛谓朱，乃国姓。意者国将倾，赖鼐扶之，而引君当道也。'鼐、概等自相标榜，诋毁时政，请 [并文祥、智、杰] 逮治。"疏上，吉从中主之，悉下诏狱。《明史·汤鼐传》《明史·吉人传》

歙人倪进贤者。初 [粗] 知书，无行，谄事万安，日与讲房中【之】术。安昵之，因令就试，得进士。授为庶吉士，除御史。《明史·彭华传》

吕泾野尝言，御史有九病：见善忘举者，妬；知恶不劾者，比；依违是非者，谲；借公行私者，佞；意存觊觎者，狡；惧祸结舌者，偷；指摘疑似者，刻；怒人傲己盖其所长而论者，忿；喜人奔竞获其所短而荐者，贪。惟开诚布公，九病可勿药而愈。《钱子测语》（见于《广阳杂记》卷一）

王时中为御史。正德初，吏部尚书马文升致仕，时望属刘大夏、闵珪。时中诋珪和媚，大夏昏耄。两人各求退，焦芳遂得之，众咸咎时中。《明史·王时中传》

嘉鱼吴献臣令顺德时，有都御史召见，言大珰欲修家庙，可稍葺之，公谢曰："令非有旧例新恩，一夫不敢役，一钱不敢费。"适［市］舶太监出银市葛，公市二葛，曰："奉此为式，如不中，请还金。且葛雷产，此非［非此］中有也。"太监怒，取金去。巡按御史恶公为沽直，会毁淫祠，以私盗材木中公，公梏两手诣讼所，士大夫群泣，白公无他。御史大惭，得释。《天山录》（另见《黄道周集》卷三十五"杂著"）

遣御史等官清理各边屯田。［刘］瑾既止各边年例银，又禁商人报纳，边储遂大匮乏。因询国初如何充足，议者以为国初屯政修举，故军食自足。后为世家所占，以此不给。瑾遂慨然修举屯田，分遣【御史】胡汝砺、周东、杨武、颜颐寿等往各边丈量屯田。以增出地亩数多及追完积逋者为能；否则罪之。各边伪增屯田数百顷，悉令出租，人不聊生。《明史纪事本末》卷四十三"刘瑾用事"

刘瑾分遣御史甯杲于真定，殷毅于天津，薛凤鸣于淮阳，专事捕盗。旧例御史出，不得以家属随。至是，杲等许携家往，以灭贼为期。凤鸣在归德，与守备［指挥］石玺会饮，令人歌舞为乐。逻卒奏之，传旨降凤鸣为徐州弓手。《明史纪事本末》卷四十五"平河北盗"

参政唐锦舟父给事中仁，劾刘瑾杖死。瑾并欲害锦舟，锦舟罢归。瑾党御史刘潜者，巡按蜀中，构大狱且连及。其仆唐马，故善相人，乃亡去，与其徒夜半歃血饮酒，往刺潜于道。至则不刺，反奔告曰："公勿忧也，小人相潜，数日内必败。"已而潜果败，乃免。《阐义》卷十三"义仆"

许论总督宣、大，常杀良民冒功。后嵩党杨顺为总督。会俺答入寇，破应州四十余堡，惧罪，欲上首功自解，纵吏士遮杀避兵人，逾于论。【沈】炼【俱】遗书责之［加切］。又作文祭死事者，词多刺顺。顺大怒，走私人白世蕃，言炼结死士击剑习射，意叵测。世蕃以属巡按御史李凤毛。凤毛谬谢曰："有之，已阴散其党矣。"既而代凤毛者路楷，亦嵩党也。世蕃属与顺合图之，许厚报。会蔚州妖人阎浩等［素］以白莲教惑众，出入漠北，泄边情为患。官军捕获之［，词所连及甚众］。顺喜，谓楷曰：是足以报严公子矣。"窜炼名其中，诬浩等师事炼，听其指挥，具狱上。前总督论适长兵部，竟覆如其奏。斩炼宣府市，楷待铨五品卿［寺］。《明史·沈炼传》

嘉靖中，都御史汪鋐劾出差御史王宣、谭缵、沈奎、陈大器、陆梦麟、李美、胡体乾、陈世辅、熊爵等九人先后保荐官属，大计之日，多以贪酷不谨败，宜连坐。请敕吏部视其多寡而议罚焉。《春明梦余录》卷四十八

【严】分宜当国，家人永年专为世蕃过钱，［署］号曰"鹤坡"，无不称"鹤坡"者。一御史［朱］与之称义兄弟，而［小］九卿、给事、御史投刺十盖一二。至江陵当国，而家人子游七司其出纳，［署］号曰"楚滨"，无不称"楚滨"者。翰林一大僚为记以赠之，有［而］二给事［皆李姓］与之通婚媾，翰林诸公赠诗及文，而九卿、给事、［御史］投刺十至四五矣。《觚不觚录》

嘉靖二十六年，巡按［御史］杨九泽言："浙江、宁、绍、台、温［皆滨海］，界连福建福、兴、漳、泉诸郡，有倭患，虽设卫所城池及巡海副使、备倭［都］指挥，但两地官弁不能通摄，制御为难。请特遣巡视重臣，尽统海滨诸郡，庶事权归一，威令易行。"乃命副都御史朱纨巡抚浙江兼制福、兴、漳、泉、建宁五府军事。［其］各岛诸倭岁常侵掠，滨海奸民又往往勾之。纨乃严为申禁。又疏言，大姓通倭状，以故闽、浙人皆恶之［，而闽尤甚］。巡按御史周亮，闽产也，上疏诋纨，请改巡抚为巡视，以杀其权。又夺纨官，罗织其擅杀罪，纨自杀。自是不置巡抚［者］四年，海禁

复弛，乱益滋甚。《明史·外国列传三》

嘉靖四十一年，命御史姜儆、王大任［分行天下，］访求方士及符箓秘书。儆，江南、山东、浙江、江西、福建、广东、广西；大任，畿辅、河南、湖广、四川、山西、陕西、云南、贵州。还朝，上所得法秘数千册，方士唐轶、刘文彬等数人。儆、大任擢侍讲学士，秩等赐第京师。儆不自安，寻引退。大任入翰林，不为同官所齿。隆庆元年正月，言官劾【奏】［两人所进］刘文彬等已正刑章，宜并罪，遂夺职。《明史·佞倖列传》

隆庆元年，徐阶为御史齐康所劾，海瑞言："阶事先帝，无能救于神仙土木之误，畏威保位，诚亦有之。然自执政以来，忧勤国 是 ［事］，休休有容，有足多者。康乃甘心鹰犬，博噬善类，其罪又浮于高拱。"人韪其言。《明史·海瑞传》

给事中吴世忠言："乔新学、行政事，莫不优美，忠勤刚介，老而弥笃。御史邹鲁挟私诬劾，一辞不辨，怡然退归，杜门著书，人事寡接，士大夫莫不高其行。若必考退身之由，疑旌贤之典，则如宋蒋之奇尝诬奏欧阳修矣，胡纮辈尝诬奏朱熹矣，未闻以一人私情废万世公论也。"《明史·何乔新传》

御史曹嘉素轻险，仿宋范仲淹《百官图》，分廷臣四等，加以品题。给事中安磐疏驳之，言唐王珪之论房元龄等，本朝解缙之论黄福等，皆承君命而品藻之，未有漫然恣其口吻，如嘉者也。［玉复言嘉］背违成法，变乱国是，乞斥。帝从其言，贬嘉于外。《明史·毛玉传》

御史孔儒清军，里老多挞死。杨继宗榜曰："御史杖人至死者，诣府报名。"儒怒。继宗入见曰："为治有体。公但剔奸弊，劝惩官吏。若比户稽核，则有司事，非宪体也。"儒不能难。《明史·杨继宗传》

王万祥为巡江御史，居官极廉而性严刻。捶楚之下，有以小过而被重刑者，有以轻罪而致殒命者，先后之间不下数十。未几，得病，常有冤鬼前后呼叫，僚佐往候之，无不闻者，数日而死。《臣鉴录》

[适]御史奉命搜旧军,睢民滥入伍者千人,檄卢熙追送。熙令民自实,得尝隶尺籍者数人畀之。御史怒,系曹吏,必尽得,不则以格诏论。同官皆惧。熙曰:"吾民牧也。民散,安用牧?"乃自诣御史曰:"州军籍尽此矣。迫之,民且散,独有同知在耳,请以充役。"御史怒斥去,【熙】坚立不动。[已,]知不能夺,乃罢[去]。《明史·卢熙传》

神宗末,[南北]言官群击李三才、王元翰,连及里居顾宪成,谓之东林党。而祭酒汤宾尹、谕德顾天埈各收召朋徒,[干预时政,]谓之宣党、昆党。御史徐兆魁、乔应甲、刘国缙、郑继芳、刘光复、房壮丽辈,则力排东林,与宾尹、天埈声势相倚。至是,继芳巡按浙江,有伪为其书诋[绍徽、]国缙者,中云:"欲去福清,先去富平;欲去富平,先去耀州兄弟。"又言:"秦脉斩断,吾辈可以得志。"福清谓叶向高,耀州谓 保定 [王国、王图,富平即丕扬也。][国时]巡抚 王国 [保定],吏部侍郎王图,富平即丕扬也,皆秦人,故曰"秦脉"。① 盖小人设为挑激语,以害继芳辈,国缙疑书出徐绍芳及李邦华、李炳恭、徐良彦、周起元手,因目为"五鬼";五人皆选授御史候命未下者也。当是时,诸人[日事攻击,]植党求胜,朝端哄然。《明史·孙丕扬传》

万历十五年,某御史用红票买米,减半价,经纪持票击鼓告之。都御史海瑞大怒,欲加惩治,诸御史恳求得免。乃挟皂隶三十,革役荷校于某御史之门。《南京都察院志》卷四十"志余"

海瑞为南京右都御史。诸司素偷惰,瑞以身矫之。有御史偶陈戏乐,欲遵太祖法予之杖。百司惴恐,多患苦之。提学御史房寰恐见纠摘,连疏丑诋。瑞即乞休,遂寝。时进士顾允成等抗疏劾寰言:"瑞,[以]为当代伟人。寰大肆贪污,闻瑞之风,宜愧且死,反敢造言逞诬。"因劾其欺罔七罪。寰复诋太仆卿沈思孝,言益狂诞,坐谪。《明史·海瑞传》《明史·顾

---

① 此句疑出现讹串,《明史》原文为:"图以吏部侍郎掌翰林院,与丕扬皆秦人,故曰'秦脉'。"

允成传》

神宗末，台谏之势，积重不返，有齐、楚、浙三方鼎峙之名。齐则给事中亓诗教、周永春，御史韩浚。楚则给事中官应震、吴亮嗣。浙则给事中姚宗文、御史刘廷元。而汤宾尹辈阴为之主。其党给事中赵兴邦、张廷登、徐绍吉、商周祚、御史骆骎曾、过庭训、房壮丽、牟志夔、唐世济、金汝谐、彭宗孟、田生金、李徵仪、董元儒、李嵩辈，相与[与相]倡和，务以攻东林排异己为事。[其]时考选久稽，屡趣不下，言路无几人，盘踞益坚。后进当入为台谏者，必钩至[致]门下，以为羽翼，当事大臣莫敢撄其锋。《明史·夏嘉遇传》

万历己亥，中使马堂榷清源，横甚。中家以上大率破，远近骚然，王朝佐负贩为生，不胜愤。凌晨杖马箠挝中使门，请见，惧不敢出。朝佐攘臂大呼，破户而入，纵火焚其署。堂有心腹王炀者，时为守备，负而趋，以免。御史某，惧失中使欢，隐其情，以格斗闻。上怒，王炀以救不蚤，逮系，下朝佐，狱[具]弃市。州民立祠祀之。《阐义》卷一"义民"（另见《玉光剑气集》卷十六"义士"）

巡闽御史柳华檄各郡县，令乡村各置隘门望楼，编乡民为什伍，设总小甲统率之，以防御寇盗。而[不]从令者，听总甲究治。由是总小甲各得自恣号召，乡民无敢违者。沙县邓茂七与弟茂八皆编为总甲，扰害乡里，县逮茂七，不至，乃下巡检追摄之，因而杀弓兵数人。县闻于[上]司，调官军三百人，与之格斗，杀伤殆尽。惧讨，遂刑白马，斩血誓众，举兵反。《皇明通纪·正统十三年》

明人建京东水田之议莫详于徐尚宝、贞明。万历时，以贞明兼监察御史领垦田，使至永平一带相地形、算财力、募南人，为倡业有成。绪戚畹近侍皆有近畿庄田，恐夺其产，且议行白粮取自桑梓为后害，嗾御史王之栋疏称"不便"。上面谕内阁，令罢之。工部言开垦成熟地已三万九千余亩，弃之可惜。不听。《河纪》（亦载《天府广记》卷三十）

御史丁此吕言侍郎高启愚以试题劝进张居正，申时行谓，以暧昧陷人大辟，恐谗言［接］踵至，非清明之世［朝］所宜有。【后】帝从尚书杨巍［言］，请出此吕于外。《明史·申时行传》

御史黄卷索珠商徐性善赇，不尽应，上章籍没之。翰林刘应秋罾卷启天子好利之端。《明史·刘应秋传》

九门提督太监金良辅劾御史倪文焕擅责官军。文焕求解于崔呈秀，呈秀引入珰幕，青衣叩头，珍奇盈列，求为忠贤义子。阅数日，即具疏劾周顺昌等以逢其意。忠贤悦，自此入幕用事。《明史纪事本末》卷七十一"魏忠贤乱政"

张讷擢御史，承忠贤指，首劾赵南星十大罪，并及御史王允成，吏部郎邹维琏、程国祥、夏嘉遇。忠贤大喜，立除南星等名。寻请毁东林、关中、江右、徽州诸书院。痛诋邹元标、冯从吾、余懋衡、孙慎行并及侍郎郑三俊、毕懋良等，亦坐削夺。讷为忠贤鹰犬，前后搏击用力【居】多。忠贤深德之，后与兄朴并入逆案。《明史·阉党列传》

左都御史吉水、邹［先生］元标，副都御史三原，冯［先生］从吾，万历初，［各以］建言予杖，去里居讲学四十年。泰昌初徵，入掌宪公，暇［辄］会讲城隍庙，佥议建书院宣武门内，城下［中］御史周宗建董之，讲堂三楹、后堂三楹。以天启二年十一月，开讲至四年六月，罢讲御史倪文焕［等］，诋为伪学。疏曰："聚不三不四之人，说不痛不痒之话，作不深不浅之揖，噭［啖］不冷不热之饼。"乃碎碑暴于门外，毁先圣主，焚弃经史典律于堂中，院且拆矣。崇正［祯］初，倪等伏法，院遂以存。《帝京景物略》①

---

① 此条摘录于《帝京景物略》，收载于《钦定古今图书集成·方舆汇编·职方典》卷四十一，亦收载于《钦定日下旧闻考》卷四十九，此条应参考了《钦定日下旧闻考》，因《钦定日下旧闻考》标注出处为《帝京景物略》。

邹南皋、冯少墟建"首善书院"于京师，巡视周季侯成之，讲学以延四方之士。言者诋之，不啻巢窟。夫京师，缙绅杂沓之地，一开讲学，贤奸 并 [共] 进，不能不为政蠹。掌科朱五吉、郭默清意在去两公，初不 为 [因] 讲学起见，然两公实亦多此一事也。《黄尊素集》说略卷六

魏忠贤恶吏部侍郎李腾芳与杨涟同乡。御史王际逵因论腾芳被察骤起，丁忧进官，皆非制。遂削夺。《明史·李腾芳传》

崔呈秀，天启初，擢御史，巡按淮、扬。卑污狡狯，赃私狼籍。高攀龙为都御史，尽发其贪 秽 [污] 状。[绍] 革职候勘。呈秀大窘，夜走魏忠贤所，叩头乞哀，愿 [乞] 为养子。忠贤方倾陷诸害己者，得呈秀，遂用为腹心，日与计画。【调】中旨 [即言呈秀被诬]，复其官。呈秀乃首疏荐张鹤鸣、申用懋、王永光、商周祚、许弘纲等。以间进《同志》诸录，斥 [皆] 东林党人。又进《天鉴录》，皆不附东林者。令忠贤凭以黜陟，善类为一空。其颂忠贤功德疏，末言："臣非行媚中官者，目前千讥万骂，臣固甘之。"疏出，朝野轰笑。母死，不奔丧，夺情视事。与吴淳夫、田吉、倪文焕、李夔龙，号称"五虎"。忠贤死，呈秀知不免，[钦] 已自缢。后定逆案，以呈秀为首，诏戮其尸。《明史·阉党列传》

高攀龙纠崔呈秀疏："臣往来淮扬间，[所见淮扬] 士民，无不谓自来巡方 [御史]。未 [尝] 有如崔呈秀之贪污者。强盗，地方大害也，[每名] 得贿三千金辄放；访犯，地方大 害 恶也，[每名] 得贿千金辄放。至于举劾失直 [真]，贪酷漏网，两淮运司谭天相 [在]，是呈秀所荐也。呈秀甫离地方，而监臣刘大 受 [绶]、且胪【列】其赃私以入告矣。霍邱知县郑延祚 [在]，是呈秀所荐也。吏科都给事中魏大中且发其馈遗，[奉旨] 提问矣，是贿而荐之实证也。臣闻其知谭天相之贪欲论劾也，天相奉之以千金求免劾，而卒免；天相又奉之以千金求荐，而卒荐。则是摇山撼岳之威，只供其御货攫金之用；而墦间垄断之贱，且冒居触奸指佞之官。所当

重处，以一洗巡方之辱也。《高子遗书》卷七（另见《春明梦余录》卷四十八）

梁梦环，历官御史。父事忠贤，兴汪文言狱，杀杨涟、左光斗等。出巡山海关，会宁远叙功，崔呈秀不获，与梦环力叙其贤劳。刘志选之劾张国纪也，忠贤意未逞。梦环侦知之，遂抗疏极论国纪罪，且故诘"丹山、蓝田"二语，冀倾 中宫 ［后］。其建忠贤祠，三疏颂以"德被四方，勋高百代"。忠贤败，仅罢官听勘。御史高弘图言："倾危社稷，摇动宫闱，如梦环及志选、刘诏三贼者，罪实浮于'五虎''五彪'。"由是三人皆被逮，论死。《明史·阉党列传》

石三畏，初知文登、曹二县，大著贪声。以谄附忠贤，遂授御史。追论京察三变，力诋李三才、王图、孙丕扬、曹于汴、汤兆京、王宗贤、顾宪成、赵南星、张问达等十五人，而荐乔应甲、徐兆魁等十三人。于是三才等生者除名，死者追夺。三畏为忠贤"十孩儿"之一。《明史·阉党列传》

卢承钦擢御史，首劾［罢］户部侍郎孙居相等，因言："东林自顾宪成、李三才、赵南星而外，如王图、高攀龙等谓之副帅，曹于汴、汤兆京、史记事、魏大中、袁化中谓之'先锋'，丁元荐、沈正宗、李朴、贺烺谓之'敢死军人'，孙丕扬、邹元标谓之'土木魔神'。请以党人姓名、罪状榜示海内。"《明史·阉党列传》

门克新擢御史，劾右庶子叶灿、光禄卿钱春、按察使张光缙倚傍门户，且【承忠贤旨】请 连 ［速］诛熊廷弼。太仓人孙文豸，［与同里武进士］顾同寅尝客廷弼所。廷弼死，文豸为诗诔之，同寅题尺牍亦有返惜语［，为逻卒所获］。克新遽以诽谤闻，两人遂弃市。《明史·阉党列传》

刘徽由［临淮］知县擢御史。 疏论 ［陈朝辅劾］冯铨，［徽出疏继之，］ 有云 ［且曰］："臣与铨同乡，痛恶群小之误铨，不忍铨坐失燕、赵本色。"闻者笑之。出督辽饷，乾没不赀。先后颂忠贤至十一疏。《明史·刘徽传》

智珽，幼受业赵南星门，授知县。由魏广微通于忠贤，得擢御史，遂疏诋南星为元恶。先后劾罢礼部侍郎徐光启等。珽以乙榜起家，欲得忠贤欢，搏击弥锐。《明史·阉党列传》

左副都御史王绍徽在万历朝，素以排击东林为其党所推，故忠贤首用居要地。【天启五年，】绍徽仿民间《水浒传》，编东林一百八人为《点将录》，献之，令按［名］黜汰，以是益为忠贤所喜。既而奸党转盛，后进［者求速化，］妒诸人妨己，拟次第逐之。孙杰乃谋使崔呈秀［入阁］，先击去绍徽，令御史袁鲸、张文熙诋绍徽朋比。鲸再疏列其鬻官秽状，遂落绍徽职。《明史·阉党列传》

左都御史周应秋，生平无 操持 ［持操］。家善烹饪，每【值忠贤从子】魏良卿过，进豚蹄留饮【食】，良卿大欢，时号"煨蹄总宪"。忠贤门下有"十狗"，应秋其首也。初，杨涟等拷死，应秋夜半 扣 ［叩］户，语其馆客曰："天 开眼 ［眼开］，杨涟、左光斗死矣。"弟维持。天启中为御史，请刊党籍，尽毁天下书院。兄弟并丽逆案。《明史·阉党列传》

李 藩 ［蕃］由［庐江］知县入为御史，与【同乡给事中】李鲁生皆为忠贤心腹。孙承宗请入朝， 藩 ［蕃］以王敦、李怀光为比，承宗遂还镇。朱国 正 ［祯］当国，不为忠贤所喜， 藩 ［蕃］希指劾去之。同官排击忠良，多其代草。始与鲁生谄事魏广微，广微 去 ［败］，改事冯铨，铨宠衰，又改事崔呈秀，时号两人为［四］姓奴。出督畿辅学政，建祠天津、河间、真定，呼忠贤【为】九千岁。《明史·阉党列传》

怀柔县东南［三十里为］有丫髻山，二峰高耸，【上】有碧霞元君祠。天启七年，巡按御史倪文焕请建太监魏忠贤生祠于此，赐名崇功祠，未成，而忠贤败。《昌平山水记》

贾继春，万历中为御史，以论移宫被黜。天启四年，魏忠贤既逐杨涟等，即以中旨召复官。至则重述移宫事，极言："涟与左光斗目无先皇，罪不容死。"与【杨维垣、】霍维华辈【深相结纳，】力扼正人。且请用杨所修言，亟修《三朝要典》，忠贤大喜。庄烈帝即位，继春方督学南畿，知忠贤必败，即驰疏劾崔呈秀及田吉、单明诩、李夔龙等，给事中刘斯球言其反覆善幻，[乃自引归]。初，[帝]定逆案，继春不列名，帝问故。阁臣言继春虽反覆，持论亦可取。帝曰："惟反覆，故为真小人。"遂引交结近侍律，坐徒[三年，自恨]死。《明史·阉党列传》

徐大化，由庶吉士改御史，以京察贬官，再起再贬。故事，大计斥退官无 起复 复起者。万历末，群邪用事，文选郎陆荣卿破例 用 [起]之。[天启初，]结魏忠贤、刘朝，为之谋主。给事中周朝瑞劾其奸贪，御史张新诏抉其闺房之隐，大化颇愧沮。已，承要人指，力诋熊廷弼。益与魏广微比，助忠贤为虐。疏荐邵辅忠、姚宗文、[陆卿荣、]郭巩等十三人，即召用。杨涟等之下狱也，大化献策于忠贤曰："彼但坐移宫罪，则无赃可指。若坐纳杨镐、熊延弼贿，则封疆事重，杀之有名。"忠贤大悦，[从之，]由是诸【正】人皆不免。后入逆案，戍死。《明史·阉党列传》

毕懋康与族兄懋良并有清誉。懋康为巡抚之岁，懋良亦擢总督仓场。魏忠贤以懋康为赵南星所引，欲去之。御史王际逵劾其附丽邪党，遂削籍。而懋良亦以不附忠贤，为御史张讷所论，落职闲住。兄弟相继去国，士论更以为荣。《明史·毕懋良传》

崔景荣屡忤忠贤指。又移魏广微，劝其申救杨涟、左光斗。广微不得已，为具揭。寻以景荣书为徵，曰："景荣教我也。"于是御史倪文焕、门克新先后劾景荣阴护东林，媚奸邪而邀后福。得旨，削夺为民。崇 正 [祯]改元，复[原]职。《明史·崔景荣传》

庄烈帝 初 [即]立，忠贤虽败，其党犹盛，言路新进者群起抨击之。诸执政尝与忠贤共事，不敢显为别白。【长山刘】鸿训至，毅然主持，斥杨维垣、李恒茂、杨所修、田景新、孙之獬、阮大铖、徐绍吉、张讷、李藩[蕃]、贾继春、霍维华等，人情大快。而御史袁弘勋、高捷、史𡐣本由维垣辈进，【身】思合谋攻去鸿训，则党人可安。弘勋乃言所修、继春、维垣夹攻表里之奸，有功无罪，且极诋鸿训会给事中邓英尽发弘勋赃私。帝怒，落弘勋职候勘。已而高捷言鸿训斥击之非，谬主焚毁《要典》，以便[私党]孙慎行进用。史𡐣复佐捷攻之。言路多不直[两人]，两人遂罢去。《明史·刘鸿训传》

[御史]高捷、史𡐣既罢，王永光力引之，颇为钱龙锡所扼，两人大恨。逆案之定，半为龙锡主持，奸党衔之次骨。及袁崇焕为杀毛文龙，事闻，捷遂上章，指通款杀将为龙锡罪。𡐣后上疏继之。时群小[丽名逆案者]，聚谋指崇焕为逆首，龙锡等为逆党，更立一逆案相抵。谋既定，欲自兵部发之。尚书梁廷栋惮帝英明，不敢任而止。《明史·钱龙锡传》

御史高捷、史𡐣素憸邪，为清议所摈，吏部尚书王永光力荐之。故事，御史起官，必都察院咨取，[左都御史曹]于汴恶其人，久弗咨。永光愤，再疏力争。已得请，于汴犹以故事持之，两人遂投牒自乞，于汴益恶之，卒持不与[予]。两人竟以部疏起官，遂日夜谋倾于汴。《明史·曹于汴传》

督师杨嗣昌奏[为祈年事]，抚臣宋一鹤咨报承天府诵经蝗死，荆门知州沈廷祉报诵经蝗死，宜城知县陈美报诵经蝗死，江陵[知县]何至孟禀称诵经得雨、蝗变为鱼虾，《华严》之神应若此，皆按臣汪刊行颁布之效也。疏中且有"蝗死，贼岂复活"之言，直令人读而掩口耳。《吴次尾偶记》①

召考选官时敏等面问兵食，即注官，俱补给事中。初，敏令固始县，转主事。因礼部[主事]吴昌时通周延儒，自奏固始御寇，求考选，得首

---

① 吴次尾即明末吴应箕，"次尾"乃吴氏字。吴应箕为复社领袖，清人夏燮作有《忠节吴次尾先生年谱》一书，记载其生平事迹。该条内容即收载于吴应箕所著的《楼山堂集·诗文辑补》"偶记"中。

对。上面注御史。敏出语人曰："安能以兽补向人乎？"是夕延儒揭入，改给事中。《明史纪事本末》卷七十二"崇祯治乱"

田间先生墓表：先生生明季世，弱冠时，有御史某，逆阉余党也，巡按至皖，盛威仪，谒孔子庙，观者如堵。诸生出迎，先生忽前攀［扳］车而揽其帷，众莫知所为。御史大骇，方命停车，溲溺已溅其衣矣。先生徐正衣冠，植立昌言以诋之。骑从数十百人，皆相视莫敢动，而御史方自幸脱于"逆案"，惧其声之著也，漫以为病颠而舍之。《望溪集》文集卷十二"墓表"（另见《所知录》"田间先生墓表"）

崇正［祯］十五年，上［尝］语辅臣："往例御史巡方，类微服访民间。近高牙大纛，气凌巡抚，且公署前后皆通窦纳贿，每奉使，富可敌国，宜重惩。"遂［劾］逮福建巡按李嗣京。《明史·毛士龙传》

李自成围承天犯显陵。巡按李振声守陵，迎降贼，［贼］列之上班。振声自以为与贼同姓，肩舆出入营中，扬扬自得，［请］贼将发显陵。忽大声起山谷，若雷震，贼惧而止。《明史纪事本末》卷七十八"李自成之乱"

十七年，贼将刘方亮自蒲坂渡河。巡按御史苏京托言塞太行道，先遁去。俄兵变［，化熙被伤走］。兵执京，披以妇人服，令插花行，稍违，辄扶之以为［笑］乐。［叛将陈永福引］贼至，京即迎降。《明史·丁泰运传》

北平黄叔璥玉圃辑

杂录（上）

程邈为御史，得罪始皇，① 系云阳十年，于狱中作大篆。少者增益，多者减省，方者使圆，圆者使方，奏之始皇。善之，出为御史。《卫恒集》（另见《晋书·卫恒传》）

翌日亲登嵩南［高］，御史乘属、在庙旁吏卒咸闻呼万岁者三。《汉书·武帝纪》

晋先蔑为左行，其后为氏，汉有御史左行恢。《重修广韵》卷三

赵岐，字邠卿，京兆长陵人也。初名嘉，生于御史台，因名［字］台卿，后避难，故自改名字，示不忘本土也。《后汉书·赵岐传》

周腾，字叔达，为御史。桓帝欲南郊，平明将出，叔达仰首曰："今宫中策马，星不动，帝何出焉？"四更，皇太子卒，遂止。《豫章列士传》②

京兆第五永为督军御史，使督幽州，百官［大会，］祖饯［于常乐观］。蔡邕等皆赋诗，高彪［乃］独作箴，邕［等甚］美其文，以为莫尚也。

---

① 据《晋书》卷三十六"卫恒传"载，"程邈为衙狱吏，得罪始皇"，此处有差误。

② 此条摘录于《豫章列士传》，收载于《事类赋》卷二"天部二"。

《后汉书·文苑列传》

蔡邕以侍御史又转侍[持]书御史，迁尚书。三日之间，周迁[历]三台。《后汉书·蔡邕传》

沈文季嗜饮，一饮必五斗，妻王氏，亦能饮三斗。为吴兴太守时，恒夫妻对饮竟日，不视事。及与宴殿中，明帝令御史纠不醉者，文季独不肯饮，被驱下殿，亦不顾也。《南齐书·沈文季传》

崔瞻[赡]，在御史台，恒宅中送食，备尽珍馐；别室独食[餐]，处之自若。有河东[人]士姓裴，亦为御史，伺瞻[赡]食，便往造焉。瞻[赡]不与交言，又不命匕箸。裴坐观瞻[赡]食罢而退。明日，自携匕箸，恣情饮啖。瞻[赡]谓曰："我初不唤君食，亦不共君语，遂能不拘小节。昔刘毅在京口冒请鹅炙，岂亦异是？君定名士。"乃[于是每]与之同食。《北史·崔赡传》

崔逿精选御史，皆是世胄。李广独以才学兼侍御史，修国史。南台文奏，多其辞也。《北史·李广传》

熙平初，中尉、东平国[王]匡博召辞人以充御史。同时射策者八百余人，温子昇与卢仲宣、孙搴等一[二]十四人为高第。于是预选者争相引决，匡使子昇当之，皆受屈而去。搴谓人曰："朝来靡旗乱辙者，皆子昇逐北。"遂补御史，时年二十二。台中弹文皆委焉。《北史·温子昇传》

和士开，弥自放恣。琅琊王俨恶之，与领军大将军厍狄伏连、[侍中冯子琮、]书侍御史王子宜、武卫大将军高舍洛等谋诛之。士开[依式]早参，[厍狄]伏连把士开手曰："今有一大好事。"王子宜便授一函云："有敕，令王向台。"遣军士防送，禁治书侍御史厅事。俨遣都督冯永洛就台斩之。先是邺下童谣云："和士开，当入台。"士开谓入上台，至是果验。《北史·和士开传》

北齐阳翟太守张善，苛酷贪饕，恶声流布，兰台遣御史魏辉俊就郡治之，赃贿狼籍，罪当［合］死。善于狱中，使人通诉，反诬魏辉俊为纳民财，枉见推缚。文［宣］帝大怒，以为法司阿曲，必须穷正。令尚书左丞卢斐覆验之，斐遂希旨，成辉俊罪状。奏报，于州斩决。辉俊遗语州令史曰："我之情理，是君所见。办纸百番，笔二管，墨一锭，以随吾尸。"令史哀悼，为之殡殓，并备纸笔。未几，张善得病，惟云叩头，未旬日而死。才两月，卢斐坐讥魏史，为魏收所奏，文宣帝鸩杀之。《臣鉴录》（另见《太平广记》卷一百一十九"报应"）

【隋唐】孝意为侍御史。后以父忧去职，居丧过礼，有白鹿驯扰其庐，时人以为孝感。《北史·陈孝意传》

初，帝遇马周厚，周颇自负。为御史时，遣人以图购宅，众以其兴书生，素无赀，皆窃笑。它日，白有佳宅，直二百万，周遽以闻，诏有司给直，并赐奴婢什物，由是人乃悟。周每行郡县，食必进鸡，小吏讼之。帝曰："我禁御史食肉，恐州县广费，食鸡尚何与？"榜吏斥之。《新唐书·马周传》

唐太宗［留心右军之迹，因魏徵言］闻兰亭真迹在僧辨才处，特遣御史萧翼赚得。武德四年，收入秦府。贞观十年，始命汤普 澈 ［彻］、冯承素、诸葛贞、欧阳询、褚遂良 临之 ［各有临本］。《春明梦余录》卷六十七

太宗召见李义府，试令咏栖鸟，立成，诗曰："日裹飏朝彩，琴中伴夜啼。上林多少树，不借一枝栖。"上［太宗］深赏之曰："我将全树借汝，岂惟一枝！"拜监察御史。《唐书》①

唐高宗时，李义府恃宠用事，侍御史王义方欲奏弹之。乃先白其母曰："义方为御史，视奸臣不纠则不忠，纠之则身危，忧及其亲则不孝，奈何？"母曰："昔王陵之母，杀身以成子之名。汝能尽忠以事君，吾死不恨！"义

---

① 此条未见于《唐书》，经查，在《大唐新语》卷七"知微"有载。

方乃举义府事劾之。《阐义》卷十一"义女"（另见《资治通鉴》卷二百"显庆元年"）

高宗问群臣求可为御史者，佥举万年尉杨子，失其名。居数月，复问之，群臣复举焉。上曰："吾闻斯人常亵服居公堂视事，其可以为准绳司乎？"自是百官必图［表］而视事。《唐类函》（另见《通典·职官六》"侍御史"注）

安禄山反，杨国忠遣侍御史崔众至太原纳钱度僧尼、道士，旬日，得百万缗。明年，御史郑叔清与宰相裴冕议，度僧尼、道士。至 令 ［今］祠部给僧尼牒，则天宝六载五月制也。《困学纪闻》卷十四"考史"（阎若璩注）

先天中，王上客为侍御史。自以才望 ［华妙，］当前，忽除膳部员外郎，微有恨惋 ［怅］。吏部郎中张思咏曰："有意嫌兵部，专心 望 ［取］考功。谁知脚踠 ［蹭］蹬， 几 ［却］落省 桥 ［墙］东。"盖膳部省最东北隅也。《南部新书·丁》

郭弘霸自陈 ［往］讨徐敬业云："臣誓抽其筋，食其肉，饮其血，绝其髓。"武后大悦，授左台监察御史，时号"四其御史"。《新唐书·郭弘霸传》

陆元方为监察御史。武后时，使岭外，方涉海，风涛惊壮，舟人惧，元方曰："吾受命不私，神岂害我？"趣使济，而风讫息。《新唐书·陆元方传》

侯思止为渤海高元礼奴，拜 ［思止］游击将军。元礼 ［惧，引与同坐］，密教曰："上不次用人，如问君不识字，宜对獬豸不学而能触邪，陛下用人安事识字？"无何，后果问，思止以对，后大悦。天授中，迁左台 ［侍］御史。《新唐书·酷吏列传》

侍御史年深者一人判台事，知公廨杂事等；次知西推、赃赎、三司，受事监奏；次知东推、理匦之事。台中有黄卷，不纠举所职则罚之。其新

261

除者未晓制度，罚有日逾万钱者。旧例，新人罚止于四万，及崔隐甫为大夫，以其数 大 [太] 广减之，以万二千为限。三院各有院长，议罚则询于杂端也。《唐六典》卷十三"侍御史"注

唐自贞观中李乾祐为御史大夫，别置台狱。武后时，来俊臣、侯思止皆为御史，台狱圜扉恒满，崔隐甫总台务，言于朝，掘去，于是旁列精舍，以释典忏之，崔湜为文，梁昇卿书以八分。开元十一年勒诸石，碑阴列侍御史、殿中侍御史、监察御史并内供奉衔，题名仅卢怀慎、崔湜、陆景初三人，亦昇卿分书。自怀慎以下正书百二十二人，侍御史也，自湜以下正书百八十四人，殿中侍御史也，自景初以下正书三百四十七人，监察御史也。碑额又有天宝元载以后侍御史、知杂侍御史、监察御史共五十人，而碑之左右椎拓不及焉。中有薛侢侢者二名重文，碑凡三见，此唐一代所仅有也。昇卿自监察御史历殿中侍御，史迁侍御史，再迁太子右庶子。《曝书亭集》卷四十九跋（另收录于《唐御史台精舍题名考》附录一）

唐御史台精舍碑，今在西安府儒学。碑阴题名表其上格曰侍御史并内供奉，列卢怀慎等名。中格曰殿中侍御史并内供奉，列崔湜等名。下格曰监察御史，下有一并字，下缺不全，列陆景初等名。其卢、崔、陆三姓名，并八分书，盖梁笔也，余则正书，及后人续书之者。碑额空处，前后皆有刻，前刻监察御史及姓名，后刻知杂侍御史及姓名。有"自天宝元载以后"七字。按天宝三年始改年为载，不当云元载，恐是追书。《金石文字记》卷三（另收录于《唐御史台精舍题名考》附录一）

铭云左台精舍者，诸御史导群愚之所作也。长安初，湜始自左补阙授殿中侍御史，至止之日，其构适成就。群公固以碑表相托，为之作铭。开元十一年，殿中侍御史梁昇卿追书。《秦藻幽胜录》（另收录于《大唐御史台精舍题名考》"大唐御史台精舍碑铭并序"）

长安中，御史张循宪使河东，事有未决，问吏曰："若颇知有佳客乎？"吏以张嘉贞对。循宪召见，咨以事。嘉贞条析理分，莫不洗然。循宪

［惊］，试命草奏，皆意所未及；它日，武后以为能，循宪对皆嘉贞所为，因请以官让。后［引］拜监察御史，擢循宪司勋郎中，酬其得人。《新唐书·张嘉贞传》

河南伊阙县前，每僚佐有入台者，即水中滩出。石砾金砂，清澈可爱。牛僧孺为佐，一日报滩出，县僚共观之，有老吏曰："此必分司御史，若是西台，当是一只鸂鶒。"僧孺因举杯祝曰："既成有滩，何惜鸂鶒飞下滩中。"不旬日，僧孺拜察院。《剧谈录》卷上

吕太乙［一］拜监察御史里行，自负才华而不即真，因咏［院中丛］竹以见［寄］意，曰："濯濯堂前竹，青青耐岁寒。心真［贞］徒见赏，弱［篛］小未成竿。"《山堂肆考》卷六十三"臣职"

柳浑召拜监察御史，台僚以仪矩相绳，而浑放旷不乐检局，乃求补外。《山堂肆考》卷六十三"臣职"

薛大鼎、贾敦颐、郑德本［为刺史，］号"铛脚御史"。《纬略》卷四"古铛"

韦贯之始为监察御史，举其弟缓自代。及为左［右］补阙，缓代为御史，议者不谓之私。子澳，御史中丞高元裕与其兄温善，欲荐用之，讽澳谒已。温归以告，澳不答。温曰："元裕端士，若轻之耶？"澳曰："然恐无呈身御史。"《新唐书·韦贯之传》《新唐书·韦澳传》

宰相马植，议补杨收监察御史。收［又］以【兄】假［方］外迁，谊不可先，固辞。植叹［嗟］美为止。未几，假自浙西【观察】判官擢监察御史，［而］收亦自西川迁。兄弟同台，【当】世荣［其友］【之】。《新唐书·杨收传》

贾忠言撰《御史本草》："以里行及试员外为合口椒，最有毒；监察为开口椒，毒微次［歇］；殿中为萝卜，亦曰生姜，虽辛辣而不为患；侍御史为脆梨，渐入佳味，又侯味虚著。"《百官本草》题御史："大热，有毒。主

除邪疾，杜奸回，振冤滞，攻贪浊，服之长精神。"《山堂肆考》卷六十三"臣职"

韦表微擢进士［第］，［入］授监察御史里行，不乐，曰"爵禄譬滋味也，人皆欲之，吾年五十，拭镜搀白，冒游少年间，取一班一级，不见其味也。将为松菊主人，不愧陶渊明"云。《新唐书·韦表微传》

张镐好伯王大略，杨国忠执政，求天下士为己重，荐拜左拾遗，历侍御史。元［玄］宗入蜀，镐徒步扈从。俄遣诣肃宗所。论事，寻拜平章事，都统淮南诸军事。李白赠诗"佐汉解鸿门，生唐为后身"，盖喻镐为子房后身也。《分类补注李太白诗》卷十一

李白《赠韦侍郎黄裳》：太华生长松，亭亭凌霜雪。天与百尺高，岂为微飚折。桃李卖阳艳，路人行且迷。春光扫地尽，碧叶成黄泥。愿君学长松，慎勿作桃李。受屈不改心，然后知君子。此诗可为柏府座右铭。《辑园杂识》（另见《李太白全集》卷九"赠韦侍御黄裳二首之一"）

子美称苏涣为静者，而谓"庞公不浪出，苏氏今有之"。不知子美何取庞公之比［乎］？涣诗如："日月东西行，不照大荒北。其中有毒龙，灵怪人莫测。开目为晨光，闭目为夜色。一开复一闭，明晦无休息。居然六合内，旷哉天地德。天地且不言，世人浪喧喧。"唐人以为长于讽刺，观其词气颉顽如此，固自可见其胸中也。《蔡宽夫诗话》卷八

卢循盗贼，而沙门慧远与之友善；祖约叛逆，而少与阮孚齐名。杜子美《赠苏涣诗序》云："苏大侍御涣，静者也。"涣竟扇动岭表，与哥舒晃作乱，亦其类也。《分甘余话》卷一"祖约苏涣"

王蒙者，与赵门下憬布衣之旧。常知其吏才，及公入相，蒙自新淦令来谒，公将擢为御史。一日，偶诣慈恩僧寺占色者，蒙问："早晚得官？"僧曰："观君之色，殊未见喜兆，此后［若干年］当得一边上御史。"一日赵公乘间奏曰："御史府阙人太多，就中监察尤为要者。臣欲选择三数人。"德宗曰："［非不欲补］此官，须得孤直茂实者充【选】。［料卿］祗［应］

取轻薄后生、朝中子弟，不如不置。"赵公曰："臣欲于录事参军、县令中求【之】。"上大喜。公因荐二人，其一即蒙也。上曰："且将状来。"公既出，逢裴延龄，问公曰："相公奏何事［称意］？"公不之对。延龄既见上奏事毕，因问曰："赵璟向论请何事？"上曰："赵璟极公心，因说御史事。"延龄曰："赵璟身为宰相，岂谙州县官绩效？二人又不为人所称说，憬何由［自］知之，必私也。"他日，上阁问云："卿何以知此二人？"公曰："一是故人，一与臣微亲，谙熟之。"上无言。他日延龄又入，上曰："赵璟所请，果如卿料。"遂寝不行，蒙却归故林。而赵公薨后数年，边帅奏为从事，得假御史焉。《因话录》卷六（收录于《太平广记》卷七十九"慈恩僧"）

李夷简弹杨凭，贬临贺尉。亲友无敢送者，独徐晦送至蓝田与别。未几，夷简荐晦为御史，曰："君不负杨临贺，肯负国乎！"世两贤之，而李公尤得，古人举仇之意焉。《林居漫录》（另见《纲目·唐纪》）

韩愈自监察御史贬连州阳山令，所坐之因，传记各异。《唐书》本传谓上疏论宫市，德宗怒，故贬。李翱《行状》谓为幸臣所恶，故贬。皇甫湜作《神道碑》谓贞元十九年关中旱饥，公请宽民徭，专政者恶之，故贬。按《文公历官记》及《年谱》谓愈与同列上疏，为幸臣所谗，幸臣者，李实也。予考退之《自连山移江陵》诗云："孤臣昔放逐，泣血追愆尤。汗漫不省识，恍如乘槎浮。或自疑上疏，上疏岂其由。"则所坐之因，虽退之犹疑之也。集中有《上京兆李实书》，盛称其能。其后实出为华州，又有书云："愈蒙恩奖，知遇最厚，无与比者。"愈为实所谗，不应此书拳拳如是。及观《江陵途中》诗云："同官尽才俊，偏善柳与刘。或虑语言泄，传之落冤仇。"又《和张十一忆昨行》云："伾文未揃崖州 帜 ［炽］，虽得赦宥常愁猜。近者三奸悉破碎，羽窟无底幽黄能。眼中了了见乡国，知有归日眉方开。"又有《永 正 ［贞］行》以快伾、文之贬，则知阳山之贬，伾、文之力，而刘、柳下石为多，非为李实所谗也。《诗话总龟》（另见《柳宗元集校注》附录"柳宗元研究资料"）

《韩子年谱》载张署诗："九疑峰畔二江前，恋阙思乡日抵年。白简趋朝曾并命，苍梧左宦亦亦[一]联篇[翩]。鲛人远泛渔舟火[水]，鹏鸟闲飞雾里天。涣汗几时流率土，扁舟西下共归田。"署与退之同为御史，同迁谪，故诗中皆言之。退之得署诗云："山净江空水见沙，哀猿啼处两三家。筼筜竞长纤纤笋，蹋躅初[闲]开艳艳花。未报恩波知死所，莫令炎瘴送生涯。吟君诗罢看双髩[鬓]，陡觉霜毛一半加。"又有祭署文云："我落阳山，君飘临武。君止于县，我又南踰。"临武属郴州，在阳山之北，二诗皆此时作也。《苕溪渔隐丛话·后集》卷十"韩退之"（另见《韩愈年谱》"三十七岁"）

唐宪宗讳纯，凡姓淳于者改姓于，唯监察御史韦淳不改，既而有诏，以陆淳为给事中，改名质，淳不得已，改名处厚。《日知录集释》卷二十三"嫌名"

穆宗每宫中花开，则以重顶帐蒙蔽栏槛，置惜春御史掌之[，号曰"括香"]。《刘世杰杂钞》（另见《云仙散录》六"括香"）

元微之诗："松下[门]待制应全远，药树监搜可得知。"盖唐宣政殿为正衙，殿廷有四松，松下待制官立班之地，旧图至今犹存。紫宸殿亦有松树，为待对官立位。[大]殿门外有药树，监察御史搜之位在焉。唐制，百官入宫殿门必搜，监察所掌也。太和元年诏曰："自魏晋以降，参用霸制，虚议搜索，因习尚存。朕方推表相信，置人心腹，况吾台宰，又何问焉。自今以后，[紫宸]坐朝，众察[僚]既退，宰相[臣]复进奏事，其监搜宜停。"元昆驾，部比自长安携药树株至京师，其叶葱翠可爱，于今关右颇多，人罕识焉。《文昌杂录》卷一

杜牧诗："清时有味是无能，闲爱孤云静爱僧。拟[欲]把一麾江海去，乐游原上望昭陵。"盖不满于当时，故末有"望昭陵"之句。江[汪]辅之谪官累年，后知处州，谢表有云"清时有味，白首无能"。蔡持正为御

史，引［杜］牧诗为证，以为怨望，遂复罢。《石林诗话》卷中

【杜】牧自［之为］御史，分司洛阳，时李司徒罢镇闲居，声妓为当时第一，因会朝士，以牧之尝任风宪，不敢邀置［致］。牧之讽坐客达李，李遽驰书以招，而牧之遂来。谓李曰："闻有紫云者，孰是？"因指示。牧之作诗，曰："华堂今日绮筵开，谁唤分司御史来？忽发狂吟惊满座，两行红粉一时回。"意气闲逸，旁若无人。《古今诗话》（收录于《宋诗话辑佚》卷上）

《侍儿小名录》云："兵部李尚［书］乐妓崔紫云，词华清峭，眉目端丽。杜作前诗，［侍］罢，上马而去。李公寻以紫云赠之。紫云临行献诗曰：'从来学制斐然诗，不料霜台御史知。愁［忽］见便教随命去，恋恩肠断出门时。'"《苕溪渔隐丛话·后集》卷十五"杜牧之"

杜牧自侍御史出佐沈傅师宣城幕。雅闻湖州为浙西名郡，风物妍好，且多丽色，往游之，竟无所得。将罢，忽有里姥引鬅鬙女，年十余岁，牧熟视之曰："此真国色也。"因使语其姥将致舟中，姥女皆惧。牧曰："且不即纳，当为后期。吾十年必为此郡，若不来乃从所适。"因以重币结之。后移授湖州刺史。比至郡，则十四年，所约之姝已从人三载而生二子矣。牧即政之夕，亟使人召之。牧诘其母曰："曩既许我久矣，何为适人？"母拜曰："向约十年不来而后嫁，嫁已三年矣。"牧俯首曰："辞也直，强而不祥。"乃礼而遣之。因为《怅别》诗曰："自是寻芳去较迟，不须惆怅怨芳时。狂风落尽娇红色，绿叶成阴子满枝。"《丽情集》附录"怅别"①

太和初，有为御史分务洛京者，有妓善歌。时太尉李逢吉留守，求一见，既不敢辞，李姬四十余辈皆出其下。既入，不复出。为诗两篇投献。诗曰："三山不见海沉沉，岂有仙踪尚可寻？青鸟去时云路断，姮娥归去月

---

① 《丽情集》"怅别"：自恨寻芳到已迟，往年曾见未开时。如今风摆花狼藉，绿叶成荫子满枝。与《南台旧闻》记载有异。

宫深。纱窗暗想春相忆，书幌谁令夜独吟！料得此时天上月，只应偏照两人心。"一篇亡。苕溪渔隐曰："余观《刘宾客外集》有《忆妓四首》，内有一首即前诗也。《古今诗话》中既不云御史姓名，则此诗岂非梦得为之假手乎？"《漫庵诗话》（另见《升庵词话新笺证》卷十一"吕用之"）

李义山诗《天平公座中呈令狐令公时蔡京［在坐京］曾为僧徒，故有第五句》，按令公必为绹，非为楚也。"白足禅僧思败道"谓蔡京，"青袍御史拟休官"必义山自谓。义山以会昌三应王茂元之辟，始授御史，去楚没时久矣。《朱鹤龄笺注》（另见《李义山诗集》卷五）

会昌五年，命西京留佛寺四，僧唯十人；东京二寺。华、汝三十四治所，得留一寺，其余刺史州不得有寺。出四御史里行以督之。御史乘驿未出 开［关］，天下寺至于屋基耕而刊之。《侯鲭录》卷二

韩常侍为郎吏日，宣宗问曰："卿有好诗，如何得见？"韩稽首曰："容至私第录进。"乃选八十首进。后以眼疾辞，拜珥貂为御史，衔命出关，谳狱道中，看华山，有诗曰："野麋蒙象暂如犀，心不惊鸥角骇鸡。一路好山无伴看，断肠烟景寄猿啼。"御史出使不得与人同行，故云无伴。时补 衮［阙］谢病归，更寄《织锦篇》与薛郎中云："锦字龙梭织锦篇，凤凰文采间非烟。并他时世新花样，虚费工夫不直钱。"《古今诗话》（今收录于《宋诗话辑佚》卷上）

唐以秘书监望虽清雅，实非要剧，以监为宰相病坊，丞及著作郎为尚书郎病坊，秘书郎及著作佐郎为监察御史病坊。《类要》（另见《太平广记》卷一百八十七"秘书省"）

唐末，沈汾侍御，退居乐道。家有二妾，一日谓曰："我死，尔能哭乎？"妾曰："安得不祥之言？"固问，对曰："安得不哭。"汾曰："汝试哭，吾欲观之。"妾不得已，拥袂而哭。哭毕，汾已卒矣。《类说》卷十二"异人录"

李 审［畲］诸为御史，得廪米，母量之三斛而赢。问故，对曰："御史

米，不概也。"问车庸几何，对曰："御史不偿也。"母怒，敕归余米，偿其庸。因切责 审 ［畬］诸。《贻谋录》（另见《新唐书·列女列传》）

枢密使安重诲专权用事。重诲 前驱 ［尝出］，过御史台门，殿直马延误卫 ［其前导］，【之】重诲怒，即台门斩延而后奏。李琪为中丞，不敢弹纠，重诲 ［以斩延，乃］请降敕处分，明宗不得已从之，由是御史、谏官无敢言者。《新五代史·安重诲传》

闽王延羲，既立，更名"曦"。泉州刺史余廷英尝矫曦命掠取良家子，曦怒，召下御史劾之。廷英进买宴钱千万，曦曰："皇后上贡何在？"廷英又献皇后钱千万，乃得不劾。《新五代史·闽世家第八》

开宝六年，［翰林］学士李昉知贡举，有 讼 ［诉］昉徇私者，帝乃籍 ［终场］下第人姓名，得三百六十人，皆召见，择其一百九十 ［五］人，并昉首擢士宋准。御殿给纸笔，别试诗赋。命殿中侍御史李 台 ［莹］等为考官，得进士二十六人，五经四人，开元礼七人，三礼三十八人，三传二十六人，三史三人，学究十八人，明法五人，皆赐及第。而昉等皆坐责。自是殿试遂为常制。《读史节要》（另见《宋史·选举志一》）

樊知古尝举进士【于南唐】不第，［遂］谋［北］归。【太祖乃】渔钓采石江上，每乘小舟载丝绳，维南岸，疾棹抵北岸，以度江之广狭。开宝三年，诣阙上书，言江南可取状，请造浮桥，济师已南征。议用其策，或谓江涛险壮，恐不能就，乃于石碑口试造之。移 至 ［置］采石，三日桥成，不差尺寸。金陵遂平，擢侍御史。《宋史·樊知古传》

曹修古者，四御史之一也。明道初，请太后还政，谪守兴化，暴死于室。群僚及乡人怜之，相与敛钱数十万赠之。修古有女始笄，告母曰："先人忠节闻天下，不幸直言谪死。且君子不家于丧，此钱决不可受，浼先人清德。"哭谢遣之，送者固请，竟不肯受。《臣鉴录》

景祐中，有郎吏皮仲容街衢，为一轻薄子所戏，遽前贺之："闻君有台宪之命。"仲容立马愧谢,久之,徐问何以知之。对曰:"朝廷所置台宪,必用稀姓者,故以君姓知之。"盖是时三院御史,乃仲简、论程、掌禹锡也。闻者传以为笑。《事文类聚》新集卷十八"御史台部"

宰相陈执中娶妾杀婢,御史奏,逐去之。范镇言:"阴阳不和,财匮民困,执中当任其咎。今御史舍大责细暴,扬燕私欲,以一婢逐宰相,非所以明等级,辩堂陛也。"《臣鉴录》(另见《宋元学案补遗》卷十九"范吕诸儒学案补遗")

待制王公素仲仪任御史日,尝梦至玉京,黄阙殿上有绀服翠冠者曰:"吾东门侍郎,公则西门侍郎也。昔以奏牍玉帝前,语伤鲠讦,遂谪于世。"公梦回,题诗于书窗曰:"似去华胥国里来,云霞深处见楼台。月光冷射鸡窗急,惊觉游仙梦一回。"公晚岁复思玉京之梦,作诗曰:"虚碧中藏白玉京,梦魂飞入黄金城。何时再步烟霄外,皓齿仙童已扫厅。"《诗史》(另见《尧山堂外纪》卷四十七"王素")

濠州西有高唐[塘]馆,俯[附]近淮水。御史阎钦授宿此馆,题诗曰:"借问襄王安在哉,山川此地胜阳台。今朝寓宿高唐[塘]馆,神女何曾入梦来。"有李和风者至此,又作诗曰:"高唐不是这高唐[塘],淮上江南各异方。若向此中求荐枕,参差笑杀楚襄王。"《倦游录》(另见《南部新书》庚卷)

景祐中,有轻薄子,以古人二十字诗益成二十八字,嘲笑[谑]曰:"仲昌故国三千里,宗道深宫二十年。殿院一声河满子,龙图双泪落君前。"龙图[者],王博文也。尝更大藩镇、开封知府,三司使[任使]。一日对上,前因叙扬历之久,不觉泪下。殿院[者,]萧定基也。为殿中侍御史,与韩魏公、吴春卿、王君贶同发解。开封举人作《河满子》曲嘲之。因奏事,仁宗[上]问之,令诵一遍[过]。王宗道,为诸王[宫]教授及讲书凡二十余年,【不】求进用。仲昌者,章郇公之【仲】从子。论科场不

公，［郇公］奏闻，牒归建州。当时［人］以为虽用古人诗句，而切中一时之【盛】事，［盛］传以为笑乐。《东斋记事》卷三

　　唐介谪英州别驾。梅尧臣作《书宝诗》曰："皇祐辛卯冬，十月十九日。御史唐子方，危言初造膝。曰朝有巨奸，臣介所愤疾。愿条一二事，臣职敢妄率。宰相文彦博，邪行世莫匹。"　云 ［始］尧臣作此诗，不敢示人，及欧阳修［为］编其集，时有嫌避，又削去此诗，是以少人知者。唐介始弹张尧佐，谏官皆上疏。及弹文彦博，则吴奎畏缩不前，当时谓拽动阵脚。及唐争论于上前，遂并及奎之背约，执政又黜奎，而文潞公益不安，遂罢政事。时李师中诗送唐，有"并游英俊颜何厚，未死奸谀骨已寒"之句，为奎发也。《东轩笔录》卷七①

　　郑谷与僧齐已、黄损等，共定今体诗格："一曰葫芦，一曰辘轳，一曰进退。葫芦韵者，先二后四；辘轳韵者，双出双入；进退韵者，一进一退，［失此则缪矣］。"唐介谪英州别驾，朝中士大夫以诗送行者颇众，独李师中待制一篇，为人传诵。诗曰："孤忠自许众不与，独立敢言人所难。去国一身轻似叶，高名千古重于山。并游英俊颜何厚，未死奸谀骨已寒。天为吾君扶社稷，肯教夫子不生还。"按《韵略》，"难"字第二十五，"山"字第二十七，"寒"字又在二十五，而"还"字又在二十七。一进一退，此谓进退韵格也。《缃素杂记》

　　六一居士谓［沈］傅师游道［林］岳麓寺，诗［林］题云《酬唐侍御姚员外》，而二人之诗不见，不知何人也，独此诗以字画传于世，而诗亦自佳。蔡宽夫谓唐 状 ［扶］者，即沈傅师所谓唐侍御也，诗语秀拔。《苕溪渔隐丛话·前集》卷十七"唐人杂纪下"（另见《欧阳修全集》卷一百四十二"唐沈传师游道林岳麓寺诗"）

　　刘沆言："自庆历后，台谏官用事，朝廷命令之出，事无当否悉论之，

---

① 此处内容与《苕溪渔隐丛话·前集》卷三十一中关于《东轩笔录》的记载更为一致。

必胜而后已，专务抉人阴私莫辨之事，以中伤士大夫。执政畏其言，进擢尤速。"沆遂举行御史迁次之格，满二岁者与知州。御史范师道、赵汴岁满求补郡，沆引格出之，中丞张昇等言沆挟私出御史。时枢密使狄青亦因御史言，罢知陈州，沆奏曰："御史去陛下将相，削陛下爪牙，此曹所谋，臣莫测也。"昇等益论 辩［辨］不已，罢沆知应天府。《宋史·刘沆传》

傅尧俞出知和州。通判杨洙乘间问曰："公以直言斥居此，何为未尝言及御史时事？"尧俞曰："前日言职也，岂得已哉？今日为郡守，当宣朝廷美意，而反呫呫追言前日之阙政，与诽谤何异？"《宋史·傅尧俞传》

英宗新即位，任事者益专，凡台谏官言事，一切不听，或尽逐台官，不留一人，京师为之语曰"绝市无台官"。《事文类聚》新集卷十八"御史台部"

治平中，执政恃权以沮言者。凡台谏官 入言［言入］，辄以进呈讫寝之，时谓之"讫了"。台吏亦为之沮挩，每白御史言某事又讫了也。《事文类聚》新集卷十八"御史台部"

御史上事日，吏人参谒亦无通赞，忽于阶下齐拜，默然而退，谓之"鬼参"。《海录碎事》卷十一下

苏东坡送张舜民御史出倅诗："樊口凄凉已陈迹，班心突兀见长身。"注：台吏谓御史立处为班心。《海录碎事》卷十一下

余［予］以事系御史台狱，狱吏稍见侵，自度不能堪，死狱中，不得一别子由，故作二诗授狱卒梁成，以遗子由。［其一］"圣主如天万物春，小臣愚暗自亡身。百年未满先偿债，十口无归更累人。是处青山可埋骨，他年夜语独伤神。与君世世为兄弟，又结来生未了因。"［其二］"柏台霜气夜凄凄，风动琅珰月向低。梦绕云山心似鹿，魂飞汤火命如鸡。眼中犀角真吾子，身后牛衣愧老妻。百岁神游定何处，桐乡知葬浙江西。"《东氏诗集》卷十九"古今体诗四十八首"（《苏东坡文集编年笺注》附录一《苏轼诗集》卷二十九）

王定国《甲申杂纪》云："天下之公论，虽仇怨不能夺也。李承之尝谓余曰：'昨在从班，李定资深鞫子瞻狱，虽同列，不敢辄启问。一日，资深于崇政殿门忽谓诸人曰：苏轼奇才也。众莫敢对。已而曰：虽三十年所作文字诗句，引证经传，随问随答，无一字差舛，诚天下之奇才也。'叹息不已。"余之先君，靖康间尝为台端，台中子瞻诗案具在，因录得其本，与近时所刊行《乌台诗案》［为］尤详。今节入《丛话》，以备观览。《苕溪渔隐丛话·前集》卷四十二

东坡在御史狱，狱吏问云："双桧诗：'根到九泉无曲处，世间唯有蛰龙知。'有无讥讽？"答曰："王安石诗：'天下苍生待霖雨，不知龙向此中蟠。'此龙是也。"吏亦为之一笑。《苕溪渔隐丛话·后集》卷三

先生《［黄州］上文潞公书》云："［轼］某始就逮赴狱，有一子稍长，徒步相随。其余守舍，皆妇女幼稚。至宿州，御史符下，就家取［文］书。州郡望风，遣吏发卒，围船搜取，长［老］幼几怖死。既去，妇女恚骂曰：'是好著书，书成何所得，而怖我如此！'悉取焚［烧］之。"《苏氏年谱》卷十八"元丰二年"

东坡赴杭州通判，到扬州，有刘挚为作台官言事，责降湖南，别后作诗，即用其字为韵："江陵昔相遇，幕府称上宾。再见明光宫，峨冠揖缙绅。而今三见子，坎坷为逐臣。朝游云雪［霄］间，欲分丞相茵。暮落江湖上，遂学屈子邻。了不见喜愠，子岂真可人。邂逅成一欢，醉语出天真。士方在田里，肯比渭与莘。出试乃大谬，刍狗难重陈。岁晚多霜露，归耕当及辰。"《乌台诗案》（见于《苏轼诗编年笺注》卷四）

李端叔历枢密院编修官，通判原州。元符中，监内香药库。御史论为东坡客，不可任京官，诏停废。《苏轼诗集》卷三十七"古今体诗四十九首"

刘攽，性滑稽，喜谑玩。马默为台官，弹［奏］攽轻薄，不当置在文馆。攽［闻而叹］曰："既云马默，岂合驴鸣？"《东轩笔录》卷八

陈伯修名师锡，神宗时登第。奏名，帝[得][阅]其文，屡读屡赏，顾侍臣曰："此必陈师锡[文]也。"启封果然，擢为第三人。故云："闻君射策日，妙语发畴咨。"知临安县，拜监察御史。以言事出知宿迁县。元祐间，东坡三上章荐之，乃入为[秘][校]书郎，迁工部郎。徽宗用为殿中侍御史，坐党论，削官。《苏轼诗集》卷三十五"古今体诗五十首"

明道先生，熙宁二年，吕申公荐，授太子中允，权御史里行。神宗素知先生名，召对，从容访问，每对退，必曰"频求对来，欲常相见尔"。一日，论议甚久，日官报午正，先生遽求退。廷中人相谓曰："御史不知上未食耶?"《宋名臣言行录》外集卷二

明道先生曰："君子如[司马]君实不拜同知枢密院以去，范尧夫辞同修起居注得罪，张天祺[自]监察御史面折介甫被谪。介甫性狠[愎]，众人以为不可，则执之愈坚。君子既去，所用皆小人，争为刻薄，故害天下益深。使众君子未用与之敌，俟其势久自缓，委曲平章，尚有听从之理，俾小人无隙以乘，其为害不至此之甚也。"天下以为知言闻。《闻见录》卷十五（另见《宋元学案》卷十四"明道学案下"）

天圣中侍御史、知杂事章频使辽，死[于虏中]。[辽][虏中]无棺椁，舁至范阳方就殓。自后辽人常造数漆棺，以银饰之，每有使人入境，则载以随行，至今为例。《梦溪笔谈》卷二十五"杂志二"

御史初入台，陪直二十五日为"伏豹"，取不出之义。众官皆出，彼独潜谓之"豹直"。《山堂肆考》卷六十三"臣职"

谏官刘安世等攻蔡确为谤诗，侍御史盛陶曰："确以弟硕有罪，但坐罢职，不应怀恨。注释诗语，近于捃摭，不可以长告讦之风。"安世疏言："[陶]居风宪地，目睹无礼于君亲之人，而附会观望，纪纲何赖。"出知汝州。《宋史·盛陶传》

晁冲之乐府最知名，诗少见于世。政和末，先公为御史，朱深明为郎

[中][官]。其《谢先公寄茶兼简深明诗》云："谏议茶犹寄，郎官迹已疏。斜封三道印，不[奏][奉]一行书。会远长安去，终临顾渚居。大江清到底，为问渴何如？"《宋诗话辑佚》卷下"诗说隽永"

御史胡世将抚谕东南，韦斋先生谒而说之曰："今日庙堂之议，未知其但欲襟凭江汉，控引荆吴以保东南而已乎？抑当克复神州，迅扫陵阙，据中原而抚三河也？"尝闻，不取关中，中原不可复；不取荆淮，东南不可保。今蹙处一方，费日用于道途，未知漂漂者竟何如耶？"《宋名臣言行录》外集卷十一

王涣之未冠擢上第。徽宗以日食求言，大臣荐涣之召对，称旨命拜御史，辞曰："臣由大臣荐，不可以居是官。"乃授吏部员外[郎]，每云："乘舟常以覆溺处之，乘车常以颠坠处之，仕宦常以不遇处之，则无事矣。"《臣鉴录》（另见《宋史·王涣之传》）

绍兴二十四年，王纶以御史中丞魏师逊，荐为监察御史，与秦桧论事，忤其意，师逊遂劾纶，且言："[知][智]识浅昧，不能知纶。"由此罢去。《宋史·王纶传》

桧所厚权户部尚书梁汝嘉将特赐出身，除两府，汝嘉闻葵欲劾之，谓中书舍人[李][林]待聘曰："副端将论君矣。"待聘乘桧未趋门，亟告之，桧即奏为起居郎。葵方待引，桧下殿谕阁门曰："周葵已得旨除起居郎。"《宋史·周葵传》

吕午复为监察御史，入见，帝曰："卿向来议论甚明切。"兼崇政殿说书史嵩之雅不欲午在经筵，时殿中侍御史项容孙子娶午从子，嵩之俾容孙上疏避午，欲撼之去，而于法无避。嵩之乃与言路密谋，以为午尝劾王瓒姻家史洽，遂以瓒为右正言，午即治装去。上手诏趣留之。《宋史·吕午传》

吏部郎谢廓然由曾觌荐，赐出身，除殿中侍御史，命从中出。中书舍人林光朝愕曰："是轻台谏、羞科目也。"立封还词头。士论服之。《宋史·

儒林列传三》

唐璘，宁宗时擢监察御史，台吏且至，璘不诣阙。母曰："人言此官好，汝何［得］忧［乎］?"璘曰："此官须为朝廷争是非，一咈上意或忤权贵，［恐］重为大人累，何［得不忧?］"母曰："而第尽言，吾有而兄在［，勿忧］。"璘［拜谢，］入就职。疏奏："天变而至于怒，民怨而至［几］于离，海宇将倾，天下有不可胜讳之虑。"上为改容。《集事渊海》（另见《宋史·唐璘传》）

侍御史知杂事、殿中侍御史每月奉禄三十千，监察御史每月二十千。春冬绢各十匹，春【加】罗一匹，冬棉三十两。《宋史·职官志十一》《宋史·职官志十二》

金大定十三年八月于悯忠寺策试女直进士。寺旧有双塔，进士入院之夜半，闻东塔上有声如音乐，西达于宫［入］。考试官侍御史完颜蒲湼等曰："文路始开而有此，得贤之祥也。"《金史·选举志一》

大定二十四年，会有司市面不时酬直，世宗怒监察不举［劾］，杖责之。以问【参知政事程】辉，辉对曰："监察，君之耳目。所犯罪轻，不赎而杖，亦一时之怒也。"世宗曰："执［职］事不举，是故犯也［，杖之何不可］!"辉对曰："往者不可谏，来者犹可追。"王维翰摄侍御史奏事殿中，章宗曰："佳御史。"就除侍御史。《金史·程辉传》

章宗召登闻鼓院官欲有所问，皆不在【任】。上谕【中丞孟】铸曰："此辈慢法如此，御史台所职何事［也］!""朕闻唐宰相宿省中，［卿等所知也。］台官、六部官、其余司局亦尝宿直。今尚书省左右司官宿直，余亦当准此。"《金史·孟铸传》

兴定时，参知政事张行信上言："大定间，监察坐罪大抵收赎，或至夺俸，重则外降［而已］，间有的决者皆有为而然。又有敕旨，监察职主弹劾，而或看循者，非谓凡失察皆然也。近日无问事者之大小、情之轻重，一概的决，以为大定故实［、先朝明训］，过矣。"［于是］诏尚书［省

更定监察罪名［制］。《金史·张行信传》

监察御史石珌行部过 洛西 ［曼卿］，薛曼卿不之见。或曰："君何无乡曲情。"曼卿曰："［君未之思耳。］凡今时政未必皆善，御史一有所劾，将谓自我发之。同恶相庇，他日并邻里必有受祸者。"《金史·隐逸列传》

刘祁曰："金人南渡之后，近侍之权尤重。盖宣宗 善 ［喜］用其人以为耳目，伺察百官，故奉御辈采访民间，号'行路御史'，或得一二事即入奏之，上因责台官漏［泄］，皆抵罪。"《金史·完颜讹可传》

石鼓自唐以来无定论，茌平马子卿以字画考之，云是宇文周时所造。作辨［余］万【余】言，出入传记，引据甚明。学者以比蔡正甫《燕王墓辩》。子卿姓马氏，名定国，茌平人，金监察御史，仕至翰林学士。自号"茅堂先生"。《中州集》卷一"作家小传"

监察旧例，所进帖子止是今呈子样，但内为腰封，其囊上用黄纸作贴黄，上书"奏帖"二字，下书"臣某谨封"。《乌台笔补牒呈》"进帖例"

诸监司巡按，许接见宾客，唯不亲谒。《乌台笔补牒呈》"巡案许见宾客例"

大都酒使司于葡萄酒三十分取一。至元十年，抽分酒户白英十分取一，为御史台所察。议得葡萄酒浆虽【以】酒为名，其实不用米曲，难同酝造，别 ［丕］酒一体，办课仍改正三十分取一。《元典章·户部》

王恽《论节妇 王 ［雷］姑状》，［今体］访到：京兆府三白渠副使郭时中妻雷氏，系前监察御史雷希颜女，自三十一岁，夫郭身故。雷止生女子一人，经今十有六年，穷居守志，誓死靡它，贞顺坚确，殊有父风。宗族称贤，乡间服化。在雷门善继先声，居郭士实为节妇。理宜旌表，风励多方。《乌台笔补》"论节妇雷姑状"

鳌峰者，国史院庭中石名也。伯宁御史为仆言，自其先公时与诸老名胜赋诗者盖数百篇，金 ［今］玉堂无本，而御史家具有之。诗 ［且］曰：

"视草堂前石一拳，何人移置自何年？久怜翠色连重地，故拨孤根近九天。俯仰百年承雨露，等闲千尺接云烟。故 乡［家］御史遗书在，为录鳌峰旧赋篇。"《道园学古录》卷三

国初，序朝言官法司谓之"剑锷班"。《李材解醒语》

姚天福拜御史时，其母戒之曰："古称公尔忘私，委质为臣，当馨所衷，以塞其 责［职］，勿以未亡人为恤，俾吾追踪陵母，死之日犹生之年也。"天福亦请于宪府曰："监察 职［责］当言路，有犯无隐，苟获谴，乞不为亲累。"或以闻，帝叹曰："巴儿 恩［思］母子虽生今世，其义烈之言当于古人中求之。"《元史·姚天福传》

至元二十四年，命程钜夫为御史中丞，台臣言："钜夫南人，且年少。"帝大怒曰："汝未用南人，何以知南人不可用！自今省部台院，必参用南人。"遂以钜夫仍为集贤直学士，拜［侍］御史，行御史台事。《元史·程钜夫传》

杨桓至元三十一年，拜监察御史。有得玉玺于木华黎曾孙硕德［家］者，桓 辩［辨］识其文，曰："此历代传国玺也，亡之久矣。今［宫车晏驾，］皇太孙龙飞，而玺复出，天其彰瑞应于今日乎！"成宗即位，疏上时务二十一事，帝嘉纳之。《元史·杨桓传》

刘赓拜监察御史。是时，御史中丞崔彧，好盛气待人，他御史拜谒，或平受之，独见赓，则待以上客。《元史·刘赓传》

贡师泰，泰定四年释褐，除绍兴路总管府推官。考满，［复］入翰林，历待制，拜监察御史。自世祖以后，［省台之职，］南人斥不用，及是，始复旧制，［于是］南士复得居省台，自师泰始，时论以为得人。《元史·贡师泰传》

周景远为南台御史，分治［过］浙省。每日与朋友往复，其书吏不乐，似有举刺之意，大书壁上曰："御史某日访某人。"某日某人来访，御史

［忽］见【之】，呼谓曰："我尝又访某人，汝乃失记，何也?"第补 出 ［书］之，因复谓曰："人之所以读书为士君子者，正欲为五常主张也。使我今日谢绝故旧，是为御史而无一常，宁不为御史，不可灭人理。"吏赧服而退。《南村辍耕录》卷十"御史五常"

燕地未有梅花，吴闲闲宗师时为嗣师，新从江南移至，扁曰"潄芳亭"。张伯雨偶造其所，恍［若］与西湖故人遇，徘徊既久，不觉熟寝。梦觉，日已暮矣，嗣师笑曰："伯雨素有诗名，宜作诗［以赎过］。"伯雨遂赋长诗，有"风沙不惮五千里，将身跳入仙人壶"之句。嗣师大喜，送袁学士伯长、谢博士敬德、马御史伯庸、吴助教养浩、虞修撰伯生和之。《南村辍耕录》卷九"淑芳亭"

御史台言胄子之教寄寓官舍，隘陋非宜，奏请孔庙之西 当 ［营］建国子［监］学，以御史府所贮公帑充其费。迨至仁宗皇帝，于监学之北构架书阁。延祐四年夏经始，六年冬积成。材木瓦甓诸物之直、工役饮食之费一皆出御史府。雄伟壮丽，焕然增监学之辉，名其阁曰"崇文"。台臣请勒石以纪。《全元文》卷五百一十"崇文阁碑"

察院书吏，至元二十八年十一月定出身，于各道廉访司书吏内选取，三十月转部，九十月从八品内用。如非廉访司书吏取充者，四十五月转部，补用不尽者，九十月考满，降一等，正九品用。行台察院书吏，至元三十年正月定出身，于廉访司书吏内选取，历一考之上，转补江南宣慰司令史、并内台察院书吏，用不尽者，九十月正九品，江南用。《元史·选举志四》

南台旧闻·卷十六

北平黄叔璇玉圃辑

杂录（下）

明太祖命方常为御史，曰："朕闻昔人怀才满腹，抱道盈衷，一时志不能伸，致是窘于衣食，困于羁旅。一遇君者用之，竭忠报效，务公无私，终世不忘其恩，特致君称仁于海内，固为贤者矣。而方常自云窘于生理来朝，今命尔为守院御史，出纳一道之务，察微敷奏毋隐。"《南京都察院志》卷一"皇纶"

洛阳秦从龙，仕元为校官，累迁置江南行台侍御史。会兵乱，从龙以老避居镇江。太祖兵东下，谓徐达曰："镇江有秦元之者，才器老成，入城，当为吾访之。"既至，太祖亲至龙江【以】迎之［以］入。太祖即元故御史台为府，居从龙西华门外，事无大小，皆与谋。从龙尽言无隐，每以笔书漆简，问答甚密，左右无知之者。太祖呼为先生而不名。《明史纪事本末》卷二"平定东南"

洪武时，有二风宪官相讦，一人言甚便捷，一人言简而缓。太祖曰："理原于心，言发于口，心无所亏，辞出而简；心有所蔽，辞胜于理。彼二人者，其言寡者是，多者非。"《南京都察院志》卷一"皇纶"

洪武三年，选天下教官，入觐奉天门。太史奏文星见，帝亲擢胡子祺等十八人为监察御史，次日诣武楼下，赐袍赐燕。《静志居诗话》① （另见《历朝诗集》甲集第十七）

邵玘，兰溪人，中乡举入监。适值迎春会例，许监生簪花，时执事者畏缩不敢近上前，邵取花向上簪之。上睨视良久，见其状貌魁伟，复注意焉。既中进士，即擢为御史。既而点两浙巡按，推举皆不得人，上即呼邵玘堪差，玘辞臣以浙人不当往。上曰："以卿浙人知浙中利病，特命卿耳。"仍命御史一员协处。此亦特恩也。《漱石闲谈》②

解缙为监察御史，适都御史怙势恣横，诸道御史欲纠之，无敢执笔为草者。缙挥笔立就，历诋其奸状。上虑缙为众所倾，召其父至，谕之曰："才之生甚难，而大器者晚成。其以而子归，益进其学。"又谕缙曰："朕与尔，分则君臣，情犹父子。其归，尽心于古人，后十年来朝，大用尔未晚也。"《臣鉴录》（另见《皇明通纪·启运录》卷七"洪武二十一年"）

王英，洪武初授山东道监察御史，上特命署都御史事。大书"敦厚王英"四字揭诸殿柱。居乡尤率易，尝微服入郡城，时禁庶民服靴，门者缚英，英笑曰："吾官人也。"取舟中冠带示之，始得释，亦不色怒。《臣鉴录》③

洪武十年，工部承差张致中上言三事：其一，慎择监察御史；二，京师各府州县设常平仓，以时敛散；三，北方开垦旷土，令农民自实亩数，以定税粮［，守令不得责里甲虚增额数］。擢为宛平知县。《明史纪事本末》卷十四"开国规模"

杨允，洪武十四年岁贡。官御史，年才二十余，明断，善治狱，帝甚

---

① 此条摘录于《静志居诗话》，原文收载于《明诗综》卷十三"王佑"。

② 清人赵翼《陔余丛考》卷二十七"仕宦避本籍"中提到此事，且明确其语来自《漱石闲谈》；同时，在明人王世贞《弇山堂别集》卷二十二"史乘考误三"中亦有此事记载。

③ 清人俞樾《茶香室续钞》卷二十二"明初禁庶民服靴"开篇中说明引文出处，言："国朝赵吉士《寄园寄所寄》引《臣鉴录》……"，旁证此条出处。

宠任之。时人呼"小杨［杨小］御史"。《嘉靖宝应县志》卷三

洪武十五年，上［一日］录囚毕，命御史袁凯送东宫覆审，递减之。凯还复命，上问："朕与东宫孰是？"凯顿首曰："陛下法之正，东宫心之慈。"上大喜，悉从之。《明史纪事本末》卷十四"开国规模"

刘子敬，洪武末为山东道御史。有能名，以言事忤权贵，黜为侯官令，又言事，又降为侯官典史。益修其职，尝自署曰："录薄俭常足，官卑廉自高。"永乐初，拜河南道御史。《南京都察院志》卷三十九"人物志"

刘文德，洪武间以明经举任监察御史。一日，高皇帝谕群臣，次早廷问："有能记吾宣谕者乎？"文德出班朗诵之，即日擢广西佥事。后有奏文德受人银一两者，太祖见之曰："得非向记朕宣谕者，此人岂贪银一两者邪！"释之。《南京都察院志》卷三十九"人物志"

严德明（史作"珉"）。洪武中为左佥都御史，谪戍广西南丹，黥其面，后赦还，归吴中，宣德末年犹存。以西军事被逮，时御史李立坐堂上，公跪陈云："曾在台勾当公事，是识法度的。"李问何官，公云："洪武时曾都察院掌印，所谓严德明是也。"李大惊起，延之后堂，欢洽竟日而罢。后御史缪让家宴，客教授李绮上坐，致公作陪。公贫甚，帽破用杂布补之，绮易其人，问老人为何事刺字。公因自述："洪武时任左佥都御史，不幸有疾，蒙恩发南丹，今老而归。"且曰："先时法度严，不似今日。"绮大惊，请罪，因退避下坐。先辈朴雅安分如此。《耳谈类增》（另见《吴中小志丛刊·掌故人物篇》"严都堂刚鲠"）

洪武中，国子生出使视行人，覈天下土田，稽有司案牍，督吏民，修水利。十三道御史问刑虑囚，皆举重务以佐之。然虽劳绩有成，无不复监卒业者。其后有长差、短差之例。短差复监，长差则例满附选待除，不复监矣。《太学志》（另见《逊志堂杂钞》乙集）

凡监生历事，部、寺谓之正历。三月上选，［满日增减不定。］又［有］诸司写本，随御史出巡二［四十二］名，谓之杂历。一年满日上选。又随

御史刷卷一百七十八名，[俱]事完日上选。《明史·选举志一》

靖难兵南下，御史尹昌隆上言："今日事势日去，而北来章奏言周公辅成王，不若罢兵息战，许其入朝。彼既欲申大义于天下，不应使相违戾。设或有蹉，便须让位，不失守藩。若沉吟不断，祸至无日，进退失据，虽欲求为丹徒布衣不可得矣。"不报。靖难后，驱出就戮。昌隆当陛大呼曰："臣当时上章劝让位，陛下奏牍可覆也？"命缓刑，检奏有之，上曰："火烧头，早从此言，南北生灵受祸，不若是酷，朕亦无此劳苦。"遂贷昌隆死。《南京都察院志》卷三十九"人物志"

牛景先官御史，金川门失守，易服宵遁，至丹阳遇一僧云："徐行吉，速行凶。"遂改姓名"徐行"，死于杭州寺中。后因究治齐、黄事，将景先次妻刘氏没入教坊，刘氏后五世未敢失身辱祖。万历末，给照除名，复姓从良。《南京都察院志》卷三十九"人物志"

左都督徐增寿谋应燕，御史魏公冕等请诛之，不听。[至是，]燕兵屯金川门，帝乃责以大义，斩之。《明史纪事本末》卷十六"燕王起兵"

科道互改。洪武中，给事中宋善、万征、彭通、王惟言、王渐，永乐中，吏科右给事中罗亨信、工科给事中周岐，正统中，给事中朱良暹、李运，工科都给事中张楷，俱改御史。洪武中，御史李爌改工科给事中。永乐初，山东道御史文郁不谙刑名，改工科给事中，江西道御史汪俊明改刑科给事中。《春明梦余录》卷二十五

翰林兼[科]道者：洪武中，夏原吉、范显祖以太子宾客迁[兼]治书侍御史。嘉靖庚戌，赵贞吉以左春坊左谕德兼河南道御史。万历己未，徐光启以少詹事兼河南道御史。其实改科道者：永乐中，孔谔以中允改御史。洪熙初，侍读李时勉、罗汝敬俱以言事改御史。洪武中，编修马亮、任敬、王琏、王辉、陈敏、张唯俱改御史。正统己巳，徐珵以侍读改浙江道御史，杨鼎以中允改河南道御史，检讨王玉改江西道御史。崇正[祯]中，金声以编修改御史。《春明梦余录》卷三十二

徐义，永乐时初拜御史。问为官之要于祭酒，胡颐庵以前辈居官有三事勉之，云："一要省事，二勿避事，三行所无事。"《南京都察院志》卷三十九"人物志"

杨荣尝疏陈十事，皆指斥五府六部三法司积弊。上览而嘉之，密谕荣曰："汝言实切时弊，但卿为朕心腹之臣，若进此奏，恐群臣益相猜疑，不若使慎密御史言之。"《广治平略》（参见《皇明通纪》卷八"永乐十七年"）

景泰时，钟同为御史。会怀献太子薨，上言："沂王天资厚重，足令宗社有托。"下诏狱杖死，时年三十二。同［之］上疏[时][也]，策马出，马伏地不［肯］起。同叱曰："吾不畏死，尔奚为者？"马犹盘辟再四，乃行。同死，马［长］号数声亦死。《明史·钟同传》

洪熙改元，侍读李时勉抗疏论时政，降御史，复以言事忤旨下锦衣狱。先是肋骨为金瓜所伤，及是加棰，忽然自接，踰月而平。宣宗立，追怒时勉抵触仁考，命械至殿中面鞫，时勉一一诵之，至第六事伏而不言，上问何以不言，对曰："天威严重，臣不能详记。"上微笑曰："是第难言耳，谏稿在否？"对曰："已焚矣。"上曰："时勉能直谏，忠臣也。"命脱桎梏，复其官。《明史·李时勉传》

宣德时，御史谢瑶荐牍误书姓，自陈改正。帝谓吏部［臣］曰："古人奏牍皆存敬慎。石庆书'马'字缺点，惧及死。今荐贤不知其姓，岂能知其才？轻率如此，岂称御史之职？"遂谪交趾大蛮县知县。《明会要·职官五》

宣宗以教官多缺，选用监生三百八十人，而程富等以都御史顾佐之［属］［荐］，使于各道历政三月，选择任之。所谓试御史也。《明史·选举志一》

宣宗时，大臣奏苏州等九大郡，号剧繁难治。擢郎中况钟、莫愚、御史何大渊、员外陆本深等，知苏、常、温、吉、安等府，上特召见，宴劳焉。《广治平略》（参见《皇明通纪》卷十一"宣德五年"）

宣德三年，怒御史严皑、方鼎、何傑等沉湎酒色，久不朝参，【遂】命枷【项】以徇。自此言官有 枷项 ［荷校］者。成化十五年，汪直诬陷［侍郎］马文升、［御史］牟俸等，【有】诏切责御史王濬等二十九人互相容隐，【各】廷杖二十。正德、嘉靖、万历、天启廷杖受祸其惨，更有不忍言者。《明史·刑法志三》①

宣德四年，吏部奏：第二甲进士王懋应授从七品官，其兄尝为御史，以误决死囚抵罪，懋乃极刑家属，当罢不录。上曰："士勤苦学问，始登一第，弃之可惜。"其以懋为州判官。《春明梦余录》卷四十四

内官同法司录囚，始于正统六年。凡大审录，内监奉旨出，则赍敕张黄盖骑导于大理寺，为三尺坛，中坐；尚书、都察院、大理寺以次左右列坐；御史、郎中下捧牍立，唯诺趋走惟谨。三法司视成案有所出入，若轻重俱目视太监意，太监意所不欲，不敢忤也。内监经奉命审录者死，则于墓寝画壁，南面坐，旁列法司及御史、刑部郎，引囚鞠躬，听命状悉图之，示后世为荣观焉。《春明梦余录》②

王振［方］用事，于谦巡抚梁、晋，每入京，未尝持一物交当路。又御史有姓名类谦者常忤振，振意以为谦，嗾言官劾之，罢为大理少卿。《明史纪事本末》卷二十九"王振用事"

正统十三年，状元彭时当上表谢恩。四鼓起俟，隐几不寤。纠仪御史奏，令锦衣卫拿。已奉旨，胡忠安从容出奏："状元彭时不到，合著锦衣卫寻。"上是之。《臣鉴录》（另见《宪章录校注》卷二十五"正统十三年"）

英宗之出也，备文武百官以行。六师覆于土木，将相大臣及从官死者不可胜数，御史则张洪、黄裳、魏贞、夏诚、申祐、尹竑、童存德、孙庆、

---

① 中华书局1974年版《明史·刑法志》原文载"诏责给事御史李俊、王濬辈五十六人容隐"，此处注释解释为，《宪宗实录》卷一百九十成化十五年五月："于是给事中李俊等二十七人、御史王濬等二十九人合词请罪，诏廷杖之二十，据改。"《南台旧闻》此条系参照《宪宗实录》。

② 在《钦定古今图书集成·方舆汇编·职方典》卷四十二中有记此条系来自《春明梦余录》，今查荟要本与乾隆内府原刻本《春明梦余录》，均未见此条记载，但在《钦定日下旧闻考》卷一百六十中有原文记载，故此条的资料来源存疑。

林祥凤。《明史·邓启传》

马炳为嘉鱼令，有盗数人焚掠公帑而去，其为首者多髯。适报团风镇，有舟载一十二人，踪迹可疑，侦之，中有长髯者。貌相似而实非也，马竟捕之，以盗治罪，斃于狱。后马擢御史，舟泊团风，夜为盗劫，举室皆死。《明史》①

韩雍弱冠为御史，出按江西。时有诏下镇守中官，而都御史误启其封，惧以咨雍，雍请宴中官而身为解之。明日伪为封识，而藏旧封于怀。俟会间，使邮卒持以付己，佯为不知而启之，稍读一二语，即惊曰："此非吾所当闻。"遽令吏还中官，则已潜易旧封矣。雍起谢罪，复欲杖邮卒，中官以为诚，反为救解，欢饮而罢。《续晨钟集》（另见《玉光剑气集》卷十二"才能"）

福建莆田黄深，景泰中拜监察御史，其子如金，成化时为南畿提学御史。盖四世甲科、二榜首、二监察，其荣遇真罕俪者。《使职文献》

姚绶，天顺中拜监察御史，成化初出知永宁府，解官归，作"沧江虹月之舟，游泛吴越间"，作室曰"丹邱"，自称"丹邱先生"。《明史列传》②

丁璿以工部主事谪潞河御史。张政过其居，值逻者云："闻公失彘，今已获盗者，公往证之。"璿曰："吾未尝失彘也。"逻者去，政问故，璿曰："时禁盗者死，宁亡吾彘，不忍盗之死也。"政叹曰："仁人也。"因荐为御史，巡按徐州，擒贼首张晋祥，卫辉盗起，复承命往缚渠魁，释其余。英宗嘉其能，升左佥都御史。《金陵人物志》

---

① 今查《明史》《国榷》《明通鉴》《明史纪事本末》《明一统志》中均有"马炳然"而无"马炳"，并且以《明史纪事本末》卷四十五记载为例，对该事件的描述几乎一笔带过，其言："湖广巡抚都御史马炳然携家赴官，贼遇之于烂泥铺，胁与俱至南京，炳怒骂之，遂遇害，略其家人。"此事在清人杨景仁所辑的《式敬编》以及觉罗乌尔通阿的《居官日省录》中将"马炳然"写成"马炳"，两种资料都写其"知嘉鱼县，为政明察"，所以"马然"应是"马炳然"的脱漏。从故事内容看，《南台旧闻》此条摘录内容与《居官日省录》卷三记载相同，但《式敬编》和《居官日省录》均晚于《南台旧闻》，所以《南台旧闻》此条出处不明，但非出自《明史》。

② 姚绶在《明史》中无传，该条内容多记载于诗话集，如《明诗综》《列朝诗集》《全浙诗话》。

徐完，江宁人。成化时官御史，以亲老乞改南御史就养，有风采。都御史多不法，凭奥援钳灼人，完抗疏劾，免之。《金陵人物志》

成化癸卯春，宪宗命内使王敬索珍玩于江南诸郡。敬至苏召府学诸生为写《沙涤经》，诸生不从，直前批敬颊而唾之。敬怒，奏行巡按御史鞠治诸生，以陆公完晚进而家多赀，遂谬以完为首，将有赀于完。适完魁乡榜得从轻贷，后举进士，被选三。原王公时为吏部指完以话诸属曰："此即以秀才之批王敬者。"得选御史。《续皇明通纪》（另见《刘氏鸿书》卷六十二）

弘治中，两京【武】乡试照先 年 [季] 团营武举例，兵部官出题，在外俱巡按御史出题。正德时，以兵部侍郎既知武举会考，难以再典武举乡试，于是两京应试，亦送各该御史考试， 汇 [类] 送兵部。《广治平略》卷三十四"军政篇"

古弹文，白纸为重，黄纸为轻，故云"臣辄用白简以闻"，今御史白简即其事轻，未闻有黄简者矣。《丹铅总录》（另见《文房四谱》卷三"纸谱"，《升庵集》卷五十）

宋景，弘治十八年进士，知睢州。正德五年入为河南道御史。故事，知州无改御史者，刘瑾创之也。《明史·宋景传》

考察朝觐官，既上奏，翰林学士吴俨家 [故] 富。刘瑾尝有所求，俨不与。御史杨南金者，都御史刘宇廷挞之，不堪辱，养病去，刘瑾矫旨缀奏尾，曰："学士俨，帷幪不修，其致仕。御史南金， 欺诈无病 [无病欺诈]，其为民。"《明史纪事本末》卷四十三"刘瑾用事"

刘瑾擅权，创用枷法。给事中吉时、御史王时中、郎中刘绎等，并摭小过，枷濒死，始释而戍之。瑾召 大学士以下 [群臣] 跪金水桥南，宣示奸党。御史陈琳、贡安甫、史良佐、曹 兰 [闵]、王弘、任诺、李熙、王蕃、葛浩、陆昆、张鸣凤、萧乾元、姚学礼、黄昭道、蒋钦、薄彦徽、潘镗、王良臣、赵佑、何天衢、徐珏、杨 章 [璋]、熊卓、朱廷声、刘玉等，

［皆］海内号忠直者也。有罪人溺水死，乃坐御史匡翼之罪。又察盐课，杖巡盐御史王润。复创罚米法，［尝］忤瑾者，［皆］谪发输边。御史张 律［津］、陈顺、乔恕、聂贤、曹来旬等悉破家，死者系其妻孥。［凡］入觐、出使［官］皆有厚献，其党张绦言："馈遗多系库金。"劝止之。会御史欧阳云等十余人［以故事］入赂，瑾皆举发致罪。乃遣科道十四人分道 监［盘］察，专务搏击，御史赵时中、阮吉、张彧、刘子厉，以无重劾下狱。或枷且死，李东阳疏救，始释为民。《明史·宦官列传一》

梁端肃材为御史时，值逆瑾诛，为榜谕天下及录付史馆皆公笔，为当时所称。《天山录》（另见《黄道周集》卷三十五"杂著"）

薛文清公瑄，自少即厌科举之学，慨然有求道志。为御史差监湖、广银场。手录《性理大全》，晨昏潜究，值雪盈几不辍。有得，则秉烛疾书，或通宵不寐，为世大儒。《明史》①《薛定向集》卷十三"薛文清公传"

刘大夏之父刘仁［宅］令瑞昌，与高安令严某同入觐。时杨溥当国，与刘严皆姻亲也。杨遣人往瞰，还报曰："严富厚，雅称一官。刘草席布被，瓦盆煤灶，犹然穷人耳。"杨心识。严先见，赆以金帛，杨麾之，刘嗣见，具茗一袋、蜜一缶耳。杨嘉纳之。寻擢仁为御史，居恒六七人共一马，更迭出入。岁享同僚一枯鱼而已。后杨公展墓还朝，便道造刘，问其子大夏曰："父在否？"曰："在道中。""母安否？"曰："在邻家磨面。"乃至其家，诣寝室，见床上惟蒲席布被，喜曰："可称真御史。"《明史·刘大夏传》②

席书弟春由庶吉士授御史，巡云南。以兄为都御史，改翰林检讨。预修《武宗实录》成，当进秩。内阁费宏以春由他官入，与检讨刘夔并拟按察佥事。夔亦故御史，以避兄侍郎龙改授者也。［书大怒］言："故事，无纂修书成，出为外任者。"［帝以书故］留春，擢修撰，而夔亦留，擢编修。

---

① 《明史》列传中不见，疑黄叔璥索引有误。此条载于《薛定向集》卷十三"薛文清公传"。
② 《明史·刘大夏传》中有其父刘仁宅的生平事迹，但无此事记载。今查此条事例在《杨园先生全集》卷四十六"先进遗风"中有载。

《明史·席春传》

毛伯温巡河南时，镇守内官动以讦。御史得直，愈自恣，而市猾倚之为奸。伯温至，捕市猾治之。阉怒将诘，伯温竟诣阉索饭曰："我未朝食。"阉强具饭。曰："必当宴乐。"阉强为设，饮酒半曰："外传公有违言，乃能待我若此！"阉大惭，谢伯温笑曰："吾固知无是也。闻公向讦御史，费金二万乃得直，而御史今益有名，公既失利，渠乃得名，固知公之有惩也。"阉力谢，无是欢饮而别。《明史·毛伯温传》①

世宗更定祀典，遂行皇后亲蚕礼。当时俱咎夏贵溪逢迎上意，御史冯恩，至谓后亲蚕于郊，不可示后世。然夏说未可非也，周、汉、唐、宋皇后亲蚕，皆先有事于先蚕。嘉靖之制，虽未尽合古，然农桑并举，固帝王所重。《万历野获编》卷三"亲蚕礼"

御史冯恩论斩，母吴氏击登闻鼓讼冤，子行伏阙，请以身代，上令法司更审。尚书聂贤、左都御史王廷相坐毁誉失当，减死戍雷州。太史邹守益、罗洪先、程文德题"四德流芳卷"赠焉，谓"君仁臣直，母慈子孝"。《南京都察院志》卷三十九"人物志"

杨爵用直言系狱，暴风连作，都城皆恐，人呼"杨御史风"。《越章》（另见《关学编（附续编）》卷四"斛山杨先生"）

嘉靖中，顺天巡按御史郑存仁檄府县，凡法司有所追取，不得辄发。尚书郑晓言："刑部追取人，府县不当却。存仁违制，宜罪。"存仁亦执自下而上之律，论晓欺罔。乃命在外者属有司，在京者属刑部。然自晓去位，民间词讼，五城御史辄受之，不复遵祖制矣。《明史·刑法志二》

嘉靖丁亥，御史吴仲请修通惠河，三月告成功。上登舟观之，大学士张璁等联句以闻，上喜，给光禄馔，又分御膳赐焉。吴仲出知处州府事，进《通惠河志》，被旨送史馆，采入《会典》，仍令刊行。《钦定日下旧闻

---

① 经查，《明史·毛伯温传》中无载，但在《石匮集》卷一百四十四《毛伯温列传》与《皇明书》卷二十六"毛伯温"中有载，经比照，《南台旧闻》此条应摘录自《皇明书》。

考》卷八十九

嘉靖六年六月十九日夜，京城雨 雪 ［电］交作，次早东江米巷大街南李学等家房上拾有铜钱八十四文，［每个］一一壁立瓦陇中。御史张璠具奏，钱进入库。《戒庵老人漫笔》卷一"京城雨钱"

嘉靖八年，廷议复申祖制，以举人监生阮徽、岁贡监生张澍为监察御史。《春明梦余录》卷五十四

陈侃任刑科给事中，从兄珏为监察御史，兄弟分任台谏，俱以刚直名。谈者羡其一门之盛。《使职文献》

包孝，嘉靖时为御史，抗疏论分宜祸且叵测。幸帝虔请乩仙，而乩仙答以爱惜人才为保养寿命之源。上颔之，批孝疏曰："包孝系是人才，免究。"得旨，遂请终养。《南京都察院》卷三十九"人物志"

御史谢少南上言："庆都有尧母墓，乞建祠寝，以光巡幸。"上从之，谓少南："建白可嘉，改授春坊司直兼翰林检讨。"《明书稗录》（另见《钦定古今图书集成·经济汇编·礼仪典》卷二百六）

华亭张弼号东海，为诸生时录遗见黜，归舟泊燕子矶，题诗于壁："杨 ［扬］子江头几问津，江花依旧客愁新。西飞白日忙于我，南去青山冷笑人。欹枕不离乡国梦，敝裘犹带帝京尘。交游落落多星散，直对秋风一怆神。"适直指某将赴留都监临，登矶上见诗，惊曰："此必士子失意所作，怨而不乱，其《小雅》之遗乎！"观其墨迹未干，即遣役迹之，至京口及其舟。东海固讳言也，讯舟子具以实告，役请亟返棹，不得已从之。至则直指尚舣舟以待也。既见，得其故，直指曰："子长于诗，得毋短于文乎？"因索录遗文，阅之，嗟赏不已，曰："微我几失子矣！彼视学者真无目耳。"遂送入闱，是年领乡荐联捷成进士理学经济，士林重之，惜直指逸其姓名。《檨坪闲录》

严嵩以总督侍郎王忬悯杨继盛死，衔之，忬子世贞又从继盛游，为之经纪其丧，吊以诗。嵩以是深憾忬。严世蕃尝求古画于忬，忬有临幅类真

者以献。世蕃知之，益怒。会滦河之警，鄢懋卿乃以嵩意为草，授御史方辂，[令]劾忭。嵩即拟旨逮系。爰书具，刑部尚书郑晓拟谪戍。奏上，竟以边吏陷城律弃市。《明史纪事本末》卷五十四"严嵩用事"

御史汪汝正籍罗龙文家，上【胡】宗宪手书，乃被劾时自拟旨授龙文以达世蕃者，遂逮下狱。宗宪自叙平贼功，言以献瑞得罪言官，且讦汝正受赃事。帝终怜之，并下汝正狱。宗宪竟瘐死，汝正得释。《明史·宗礼传》

嘉靖间，三水何维柏以御史按闽，疏论严嵩，被逮。闽人哀号攀送，有无数蝇，小而绿色，朋飞薨薨，如泣如诉。止于舆，止于桎梏，止于校人之衣，扑之不去，出郭十余里乃散。既抵京下狱，蝇集如前。高明罗一中，为撰《苍蝇传》。《广东新语》卷二十四"虫语"

吕高，嘉靖八才子，名最下，[历]官山东提学副使。乡试录文，旧多出学使[者]手，巡按御史叶经乞【唐】顺之文。高心憾，寓书[京师]友人言经纰缪。严嵩恶经，遂置之死。及后大计，诸御史谓经祸由高，乃斥归。《明史·文苑列传三》

尚书刘南垣公，请老家居。有直指使者，以饮食苛求属吏，郡县患之。公曰，于其来，款之。曰："老夫欲设席，恐妨公务，留此一饭，但老妻他往，无人治具，家常饭能对食乎？"直指以师命不敢辞。自朝过午，饭尚未出，直指饥甚。比食至，惟脱粟饭、豆腐一器而已，各食三碗，直指觉过饱。少顷，佳肴美醖，罗列盈前，不能下箸。公强之，对曰："已饱甚，不能也。"公笑曰："可见饮馔原无精粗，饥时易食，饱时难为味，时使然耳。"直指喻其训，后不敢以盘餐责人。《续晨钟集》（另见《清稗类钞》第一三册《饮食类》）

知府邓继曾，四川资县人，云给事时其亲某曰："君方入仕，切忌苟利。予巡按云南时至一地，身如芒刺，不可睡，秉烛独坐，突有一人在前，叱之，应曰：'我非人，为君守财神也，待君久矣。'予曰：'金何在？'神指座下视之，果有白金千两，因语之曰：'我为御史，如何将此物行［耶］？能为我送归否？'神曰：'但要乡贯票帖耳。'如言，写帖焚之，人遂不见。及至复命时，有同年某主事丁忧在家，因以保举一官为言，曰：'谢礼五百金，请公受二百金。'予拒之，主事有难色，予不得已而受，归家。数日，具牲礼，夜静将祷前事，则原神复至，出其金止八百两，予问之，则曰：'前某主事金是也。'悚然愧谢，未尝告人。今年八十，为君洩此，以见分定有数耳。"时嘉靖戊戌年也。《暗然录》（另见《七修类稿》卷五十"奇谲类"）

郊祀［原］诏博采公议主分祭者：御史王继礼、喻希礼、阴汝登、郭弘化、周襈、徐淮、虞守愚、倪绲、梁尚德、陆琳、李循义；主分祭而以成宪及时未可为言者：御史许廷桂、张惟恕、卢问之、傅汉臣、谢兰；主分祭而以山川坛为方邱者：御史傅炯、余鎬；主分祭而未［尝］以古礼为非者：御史谭缵、王衮、陈讲、王道、范安、王杲、赵兑、吴麟、□士翔、叶照、朱观方远廖自显。《嘉靖祀典》①

故事，诸司文移往还，及牧民官出教，用"照"字，言官上书无此体。穆宗时，御史詹仰庇巡视十库，疏言："内臣假上供名，恣意渔猎。不置簿籍，再照［人主奢俭］，前取户部银，尽创鳌山、修宫苑。群小［因］乾没，【有】累圣德。"宦官因指"再照人主"语，［为］大不敬。帝怒，曰："仰庇小臣，敢照及天子。"遂廷杖百，除名。《明史·詹仰庇传》

华亭包公节与弟孝，以兄弟进士为南北两台，其门联云："兄进士，弟进士，一天雨露；南御史，北御史，两地风霜。"《眉公见闻录》卷一

神宗即位，之［其］冬，妖星见，慈庆宫后延烧连房。御史胡㵆乞徧察掖廷中曾蒙先朝宠幸者，体恤优遇，其余毋［无］论老少一概放遣。奏中有"唐高不君，则天为虐"语。帝怒，问辅臣，二语所指为谁。张居正

---

① 原文出自《嘉靖祀典》，其中有人名一处"□士翔"原始有阙，该段记载收录于《钦定日下旧闻考》卷五十七。

对曰："溁言虽狂悖，心无他。"帝意未释，严旨谯让。溁惶恐请罪，斥为民。《明史·胡溁传》

都御史彭公泽奉命讨河南流贼，命辨士招降，开封府学经生苏某请行。苏至贼营，贼礼宴，呼"白大王"者与之谈古今，苏响应无穷，白敬服。或云："白即某处薛御史，以罪黜，入贼为主。"云："贼不服招，而回战书。"书尾有诗云："剑指青山山破裂，马饮长江江水竭。精兵指日下南阳，干戈尽染生民血。"《说听增记》（另见《说听》卷三）

王圻擢御史，忤时相，谪邛州判官。历[任][官]陕西[布政]参议，乞养归，筑室淞江之滨，种梅万树，目曰"梅花源"。以著书为事，年踰耄耋，犹篝灯帐中，丙夜不辍。《明史·王圻传》

金陵沈御史，越人称韩峰先生。公以直道忤时，罢归，杜门不入，公府笃行好学，至老不倦，所著《嘉隆闻纪》中纪人化曰隆庆。戊辰，山西太原府静乐县男化为女，是人初名李良，而已娶妻数年，因夫妇不和，将妻遂黜。后或卧病，遂化为女，与本村民白尚配为夫妇，时巡按宋纁勘明奏闻。《天都载》

夷陵刘一儒，拜南京工部尚书。甫半岁，移疾归。初，张居正女归一儒子，珠琲纨绮盈箱箧，一儒悉局[之]别室。居正死，赀产尽入官，一儒乃发向所缄物还之。南京御史李一阳请还一儒于朝，以厉恬让。帝可其奏，一儒竟不赴召。《明史·刘一儒传》

秀水姚思仁，万历巡按山东、河南，杀贼颇多。忽病中被摄入冥司，主者诘曰："尔为御史，何好杀如此?"姚曰："某为天子执法耳，非好杀也。"主者曰："此言过矣。凡为官当体上天好生恶杀之心，先王刑期无刑之意，今尔不以哀矜勿喜自省，理应受罪。"姚曰："固也。当两省凶荒，某曾上疏请赈，所活不下数千万，独不可相准乎?"主者曰："此尔幕宾贺灿然之所为也，已注其中年富贵矣。"姚曰："稿虽贺作，疏由某上，独不可分其半乎?"主者乃令其生还。贺亦秀水人，少年家贫，从姚于官，因见

凶荒，特作疏稿，劝姚上之。后贺四十年登第，累官蒙宰，姚亦官至工部尚书。《臣鉴录》

先君忯初以御史使河东，取道归里，所过遇抚按，必先顾答拜之。出酒食相款，必精腆而品不过繁，然亦不须下请刺也。今翰林科道过者，无不置席具启肃请矣。先君以御史请告里居，巡按来相访，则留饭，荤素不过十器，或少益以糖蜜果饵海味之属。进子鹅必去其首尾，而以鸡首尾盖之，曰"御史毋食鹅例也"。若迩年以来，则水陆毕陈，留连卜夜，至有用声乐者矣。先君巡按湖、广还，见诸大老，止以刻曾《南丰集》《大明律例》各一部为赘。严氏虽势张甚，亦无用币也。二年在楚，所投谒政府，绝不作书。当时匪直先君为然有用币者，知之则颇以为骇矣。《觚不觚录》

江西甘矮梅先生通《五经》，从游甚众。一日，其徒官行台御史谒于家，款语久之求退。先生曰："能少留蔬食否？"及设馔，唯葱汤麦饭而已。口占一诗畀之："葱汤麦饭丹田煖，麦饭葱汤也可怜。试向城楼高处望，人家几处未炊烟。"《辑园杂识》（另见《刘宗周全集·语类》卷三"考旋篇"）

丁俊任御史，持身清约。巡按福建，食唯豆腐，世以"豆腐御史"称之。《明通纪》（另见《万姓统谱》卷五十六）

御史王明［复］劾【吏科给事中】陈与郊并及【吏部尚书】杨巍，诏夺明俸，擢与郊太常少卿。都人为之语曰："欲京堂，须弹章。"《明史·王汝训传》

武定袁熙宇先生，讳化中，明天启中官御史，劾逆阉，与杨、左诸公同死诏狱，谥忠悯。余向李翰林丹书（牲麟）询其祠祀，访其子孙，则八十年来未有专祠，子孙寥落，夷为村农。丹书近考其遗事，为作传，又欲醵金立祠。特书以俟之。《分甘余话》卷四"袁熙宇"

梓州张侍御留孺出按中州，流寇尽豫之境，无不被蹂躏者，武弁拥兵玩寇，莫肯力战，侍御抗疏请于朝，愿易武阶，提袍鼓立军门，上报天子，枢府遂改换总戎，以侍御改总戎，明三百年未有也。戮力行间，大小二十余捷而不见褒录，裨将一跌遂以夺官。李如石先生为之传。《遂初堂集·文集》卷六"张雷孺侍御疏草序"

按：侍御名任学，安岳人。请易武阶，格于部议，帝命［授］署都佥事，为河南总兵官。谒熊文灿云："献忠狼子野心，终为国患，我以勤王为名，出其不意，可立待［缚］也。"文灿不能用。《明史·张任学传》

御史柳彦辉，贷陆坦银五十两，不立券，独柳子仲益知之。后彦辉卒，仲益戍辽阳，数年赦还，贫甚，丝积粒聚，得银五十两，拜坦墓，纳还金，坦子以无券辞，仲益曰："若虽不知，吾实知之，吾翁与若翁知之，吾弗偿，异日何面目见两翁于地下也。"《续晨钟集》（另见《明语林》卷二"德行下"）

三［沔］水县典史曾泉，以御史谪任，莅事勤能，劝学兴礼，督农事，稽女工。尤恤贫窭，无牛具者，贷与耕种；无木棉者，借与纺织。时历乡村，察其勤惰。《续晨钟集》（另见《皇明通纪》卷十二"正统三年"）

朱裳少励清节，贫苦旷如也，躬自炊。及为御史，寒约如故，人称为"长斋御史"。《吾学编·名臣记》卷十二

台中定约：一相拜风宪事宜，开载先年试职于老道长，相拜曾用手本，今俱用刺。□□一新咨道长及后三咨道长，于咨深道长初须面侯一次，穿素服，后不拘。□□一台中升京堂者，邸报到日前后，各具书仪五星线补一副，致贺不可太迟。升者受补，其书仪侯答席时作为折席，其转二司，郡守者，公送补二副、书一部，以存厚体，彼亦不答。□□一在京大九卿、三品以上或起用或升任到京者，正卿专请一席，亚卿以下敛分公请一席，总具一书仪，正卿五金、亚卿以下三金送至。□□一正卿加宫保转蒙宰，及亚卿升正卿，旧台中合举贺，用见升服色高补二副，不必具答。□□一台中有建言被斥或左迁为公论共与者，量送补二副以荣其行。□□一一切筵会不用乐、不用席、不用币、不用红柬、不用谢酒帖。送公礼止一帖回谢，不人各另帖。赴席期限以申刻，不必秉烛。席两人一座，不专席。馔限十器，饭三道，益以小菜十器，攒盒免办。□□一簿上敛分不论崇卑、

治属、乡年等项，俱止称某老道长，以见衙门之谊，唯称谓之间非别有情分者，晚辈称先辈曰"某老先生"，先辈称晚辈曰"某老道长"。《南京都察院志》卷二十六"仪注"

崇正［祯］十三年三月，策试诸贡士于皇极殿，奏封称旨者二十五人。胪传后，特授二甲进士陈羽白、陈纯德、魏景琦、冯垣登、吴邦臣为各道监察御史。其后，陈纯德、冯垣登殉节。《鸿一亭笔记》①

崇正［祯］壬申夏，华亭董先生召起入都，予请先生重书碑一通，先生展然曰，何必。然曩时盖书两碑，一其［其一］搥碎，其一王廷评应遴摹勒藏壁间，第搜而出之，足矣。余亟往物色之，则先是为某侍御辇而庋之中城察院署中，尚无恙也。《燕都游览志》②

首善书院者，御史台诸君所创。为南皋邹先生、少墟冯先生讲学所也。书院在大时，雍坊十四铺，买自民间，为金二［一］百八十两，皆五厅十三道，所输经纪其事者，司务吕君克孝、御史周君宗建。《苍霞余草》卷二

史良佐为御史，巡南京西城，而其家在东城，每出入，怒其里人不为起。乃执数人送东城，御史诘之，对曰："民等总被倪尚书误。"却官曰："何误耶？"曰："尚书亦南京人，其掌兵部，出入里中，人或超避，辄使人谕止之。"曰："与尔曹同乡里，吾不能过里门，下车乃烦尔曹起耶。［民］等甚愚，意史公犹倪公，遂不为起，不意逢彼怒也。"御史善其言，悉释之。《续晨钟集》（另见《钦定古今图书集成·明伦汇编·交谊典》卷二十九）

侍御乔可聘筑柘溪草堂，晚年更治陶园。课子《自书壁》云："无庄周之达，而知鱼乐；无茂叔之静，而爱莲香；无陶元亮之高，妄意羲皇一枕；无邵尧夫之学，漫吟雪月风花；无吴康斋之收敛身心，而羡绿阴清昼；无高云从之沉酣义理，而慕水居优游。内不足，外有余，君子所耻也，可不

---

① 此条摘录于《鸿一亭笔记》，原文收录于《钦定日下旧闻考》卷三十五。
② 此条摘录于《燕都游览志》，原文收录于《钦定日下旧闻考》卷四十九。

大惧乎？先儒以玩物为害道，所从来矣。儿辈莫托'丘壑'二字等闲看过。不以此自娱，日以此自警，庶几得之。"《（嘉庆）重修扬州府志》卷三十四"宝应县"

昔有御史怒其县令，县令密使嬖儿侍御史，［御史］瞯之，遂乘其间窃其箧中篆去。御史顾篆箧空，心疑县令所为，而不敢发，因称疾不视事。夜半于厨中发火，火光烛天，郡县俱赴救，御史持篆箧授县令，他官各有所授。及火灭，县令上篆箧，则篆在焉。《续晨钟集》

黄岗王思旻为县刑房吏，有被盗诬者陷狱中，王心知其枉，力言于令，获释。思旻后以三考为泰州判官。岁大水，值巡方御史至，思旻具饥民册，求请发赈，御史弗许，王抱册投水中。御史悯其意，令人急拯之，允所请。至今簪缨不绝。《黄岗县志》[①]

台中姓名不经见者，守御史爕玄图，明南康黄鑫（音歆）。由明经辟荐任余杭令，擢监察御史。洪武时，御史睢稼，请立学宫［官］卧碑。宣德中，御史回绩。《辑园杂识》（部分见《御定康熙字典》卷三十一）

[①] 此条摘录于《黄冈县志》，原文收录于《五种遗规·在官法戒录》卷三"法录下"。